国家社科基金
后期资助项目
GUOJIA SHEKE JIJIN HOUQI ZIZHU XIANGMU

U0719551

中国近现代武术思想史研究

刘祖辉 编著

科学出版社
北京

内 容 简 介

中国近现代武术思想的形成过程也是一种"文化再生产"的过程,要弄清这种文化再生产的过程依赖于对整个社会场的总体把握。武术发展也总是基于竞技思想、健身思想、教育思想、文化思想等四种思想的脉络在发展延续。本书运用文献法、比较法、调查法等方法全面梳理并解释了中国近现代武术思想史的生成脉络。

本书可供历史文化学领域的研究人员、民族传统体育学专业教师和研究生阅读参考。

图书在版编目(CIP)数据

中国近现代武术思想史研究 / 刘祖辉编著. —北京:
科学出版社,2024.9
国家社科基金后期资助项目
ISBN 978 - 7 - 03 - 077950 - 2

Ⅰ. ①中⋯　Ⅱ. ①刘⋯　Ⅲ. ①武术—体育运动—思想史—研究—中国—近现代　Ⅳ. ①G852.092

中国国家版本馆 CIP 数据核字(2024)第 031529 号

责任编辑:张佳仪 / 责任校对:谭宏宇
责任印制:黄晓鸣 / 封面设计:殷　靓

科学出版社 出版
北京东黄城根北街 16 号
邮政编码:100717
http://www.sciencep.com

南京展望文化发展有限公司排版
苏州市越洋印刷有限公司印刷
科学出版社发行　各地新华书店经销

*

2024 年 9 月第 一 版　开本:B5(720×1000)
2024 年 9 月第一次印刷　印张:15 1/4
字数:268 000

定价:100.00 元
(如有印装质量问题,我社负责调换)

国家社科基金后期资助项目
出版说明

  后期资助项目是国家社科基金设立的一类重要项目,旨在鼓励广大社科研究者潜心治学,支持基础研究多出优秀成果。它是经过严格评审,从接近完成的科研成果中遴选立项的。为扩大后期资助项目的影响,更好地推动学术发展,促进成果转化,全国哲学社会科学工作办公室按照"统一设计、统一标识、统一版式、形成系列"的总体要求,组织出版国家社科基金后期资助项目成果。

全国哲学社会科学工作办公室

序

　　曾在上海体育学院博士后流动站研究的刘祖辉教授,近期将其新作发来,希望当年的合作导师为其作序。读其二十余万字之作,既泛起陈年旧思,也推动其思的翻滚前行。

　　作为武术研究重要主题之一的武术现代化,如何在现有武术动作规范、武术教学训练竞赛、武术传播等研究成果的基础之上,进一步拓宽视野、丰富思路、深化研究,即成为该研究的出发点。为此,祖辉以思想史为研究方法,力图分析武术现代化发展诸种变化背后的思想动因:一方面,他以古今中外的双重论证不仅梳理了西方体育冲击下传统再造的武术现代化思想的四种面相,而且还在中国现代民族国家建设的背景下将武术现代化思想的动因归结为民族复兴。另一方面,他试图以文化再生产理论视角创新性地分析武术现代化思想的场域、资本、惯习。祖辉新作的两方面工作,形成了以下六方面成果。

　　第一,在传统武术擂台历史经验的基础上,面对进化论思潮,结合西方体育的竞技方式,从竞技内容上比打与比演(散打与套路),竞技方式上打的"点数与击倒"与演的"手眼身法步,姿势、动作、运劲,动作类别与数量、规格,运动时间"的完善,竞技结果上渐成散打"近打远踢贴身摔"与套路"高、难、美、新"的竞技武术运动特征,竞技目标上无论技分高低时都以比出争心与斗魂而服务于国民灵魂重塑与精神文明建设等,开发武术的竞技功能,形成武术现代化的竞技思想。

　　第二,在传统养生历史经验与文化传统的地基上,于近代的"病夫"意象与"强国强种"话语、现代的增强人民体质与全民健身目标中,先后从内外与动静之练的健身方式、科学化的健身目标、"内家拳、静坐、简化太极拳、气功、木兰拳、健身气功"等健身产品中,发掘武术的健身功能,形成武术现代化的健身思想。

　　第三,在武术文化实践"先习德"的传统、功夫与武德的双重修炼任务、武术人尚武崇德的品质,于近代新民说思潮中,在学校体育增授武术的呼吁与实践中,从教学内容套路与散打的组合、教学方法于分解教学基础上的口令化、组织教学于教学效益追求中的集体化、教学目标"身体与精神的双重训练、培育民族精神与传承文化的担当",教学系统与课程体系的构建等方面,挖掘武术的教育功能,形成武术现代化的教育思想。

第四,际遇西方后,时人在中西文化间进行的不同层面的文化比较,也是对自我的认知。武术现代化发展既有吸收外来的体育化新发展,也有进一步认识自我的文化化发展。为此,武术现代化以近代的"国术"之称、现代的"民族传统体育"之谓,以及 20 世纪的挖整、非遗运动,探索了返本开新的寻根式现代化发展之路,形成武术现代化的文化思想。

第五,在近代救亡与启蒙的主题下、现代"站起来,富起来,强起来"发展进程中,武术现代化先后以强国强种的话语、增强人民体质的使命将其与中国现代民族国家建设相关联,并以竞技思想的"竞攀精神培养"、健身思想的"摘掉'东亚病夫'帽子"、教育思想的"塑造民族复兴新民"、文化思想的"传承文化与弘扬民族精神",即尚武救国与文化自觉,服务于民族复兴的伟大事业。

第六,武术现代化思想的文化再生产,在民族复兴的目标下,以国家自上而下的权力运作,在军事、民间、教育(体育)的场域中,以散打、套路文化样式为资本,用"打"的进取与竞争心培养、"演"的自制与规矩养成,塑造了武术人进取与自制的惯习,也走出武术功能的竞技与健身、发展路径的体育与文化、文化样式的散打与套路等等并联式发展之路。

总之,作为以思想变革为基础的武术现代化,无论是其思想方式由"道出于一"而"道出于二"的变化,还是思想性质由"文化自省"而"文化自觉"的转变,都是武术现代化"不忘本来、吸收外来、面向未来"指导思想的一次调整。在此,希望祖辉综合思想史、观念史与概念史研究范式,进一步完善古今中外的多重论证,将武术思想史研究进行到底。

戴国斌

2023 年 6 月 6 日草于上海体育大学更名时

前　言

近代以来，中国武术发展经历了波澜壮阔的历史阶段，从尚武强国、科学化改造、百废待兴、停止整顿、曲折发展，到全民健身、文化传承使命等历史印记，短短的一百多年赋予了武术太多的含义。每一次的转折都是一次思想的变革，代表的是那个历史时刻人们对武术的期待与认识。但是，长期以来，博大精深的武术思想总是蕴藏于人类纷繁复杂的武术活动中，人们对武术思想的选择大多停留于感性认识的层面。在文化强国战略的背景下，面对信息革命、全球化发展带来的东西方文化碰撞加剧的时代，武术的发展如何顺应时代的需求，又该何去何从，成了亟待解决的问题。同时，我们也必须深刻反思：作为优秀民族文化的武术在文化强国时代应有的担当；竞技武术发展的模式与方向；面对学生体质连续二十年下降，学校武术教育改革的方向；如何将学校武术的发展作为中国式经验，进一步发掘武术教育的现代意义等。对于这些问题，本研究试图从武术思想观念的层面进行思考，以期找到合理的答案。这不仅因为武术实践总是有一定的思想根源，还由于各种外部因素，如政治、经济等，总是通过影响人们的思想观念这个中介起作用。

纵观近现代中国武术发展一百多年的历程，无论武术发展如何变幻莫测，总是基于四种思想的脉络在发展延续，即竞技思想、健身思想、教育思想、文化思想。同时，四种思想的形成与演变又始终围绕中华民族伟大复兴这个恒定的主题。武术竞技思想萌芽于民国时期的"张褚之争"，那场武术"比演"还是"比打"的争论虽然没有留下多少定性的价值，却由此开启了武术现代化之路。改革开放带来的思想解放，推动竞技武术比演日趋科学化，在竞技武术保障制度逐步完善的条件下，"比打""比演""打练结合"全方位发展。武术搭上竞技的"顺风车"，按照竞技化的要求规训了自己的身体，使武术进入了国家的视野，完成了"国家身体"的改造。

"融合养生术、讲求外练内养"，近代内家拳的逐步完善奠定了近代中国武术健身思想的形成。新中国成立初期，国家经济落后，百废待兴，武术健身"增强体质、防病治病"的功能得到了充分发掘。改革开放后,社会经济文化的快速发展,国家对促进人民健康的观念也日益加强,"丰富文化生活,服务全民健身"的武术健身观,成为很多人健身强体、防病治病手段的选择,满足了不同社会阶层的多元文化需求。"促进身心健康、实现自我调适"必将构成 21 世纪武术健身的主流观念。

近代中国武术教育思想是源于军国民教育浪潮下,武术界尚武强国意识的觉醒。而对于新中国武术来说,学校武术教育更意味着武者身份地位的转换,意味着古老技艺在现代社会关注视点与期待的转移。新中国成立以来,学校体育指导思想在不断地进行改革,但始终不变的一条就是"增强学生体质"的思想。这一思想也引领了学校武术教育六十多年来的改革演进。从 20 世纪 80 年代的"文化热"到 90 年代的"国学热",再到 21 世纪的"文化自信"。跟随这种潮流,传承传统文化逐渐成为学校武术教育的新的历史使命。对应这种新使命,看到学校武术教育事实上的困境,武术界开始重新反思几十年来武术教育存在问题的根源。当归结出"体育定位"是问题症结所在后,便义正词严地提出武术教育"国学定位"重构。

基于武术文化发展的三种路向,归结武术文化思想:两个张力(即"寻根、现代化")、一个趋势(即"返本开新")。近代以来,武术文化的寻根已经经历了近代尚武与国粹思潮下对传统武术科学化认识,改革开放后光大民族文化遗产中通过挖整寻根,以及进入 21 世纪后在文化强国的感召下的再次寻根三个阶段。一百多年来,现代化武术进程中,最大成果应该是将原本属于技击搏斗技术的传统武术进行了现代化的改造,创新出符合体育性质的竞技武术;以及进入 21 世纪后,众多站在全球化、国际化视野下研究的现代化武术议题。

中国近代武术思想传承与演变,始终围绕着实现民族复兴这样一个主题而展开。中国近代武术民族复兴思想通过尚武精神得以彰显,即通过尚武而"强兵、强种、强身"。现代武术民族复兴思想则在文化自觉中得以延续,即"自觉于社会意识、自觉于国家建设"。

中国近现代武术思想的演变也是一种文化再生产的过程。虽然元场域(包括政治、经济场域)风起云涌,武术场仍然保持稳固与深化。场域理论不仅解释了武术场的构成,而且诠释了不同场域下武术思想的衍生过程。武术实践者的活动是在惯习的支配下进行的。惯习作用于武术的主体——人身上,在惯习的限制下,人的思想、行为等产物自由地生成,因此武术惯习的再生产应是基于武术思想观念的再生产。惯习的持久性与历史性特征让中国近现代武术思想按照自身逻辑得以连续性表达;惯习的能动性又让四种武术思想能够伴随外部社会环境的变化,完成实践主体行为模式的再建构,并由此呈现出四种武术思想的阶段性特征。中国近现代武术思想的演变过程也是资本与权力斗争的过程,把握社会资本、创造经济资本、构建文化资本是四种武术思想延续"传统再造"的关键因素。

　　总之,中国近现代武术思想是武术近现代化中文化自觉的过程,在体育化发展过程中形成了民族性定位,也建成了专业学科,构建起独具东方文明特色的健身、养生知识结构。在其文化发展中,历经糟粕与精华的张力,将传统武术改造为现代的优秀传统文化,成为弘扬民族精神的载体,展示中国形象的国际名片,进而提升为我国文化软实力的重要组成部分。中国近现代武术思想是在中国式现代化建设框架中,基于现代/传统的张力下形成的,这种思想是中国武术一个多世纪发展的历史经验,将中国武术发展放到国家建设的框架中,继承与发扬中国近现代武术思想是推进其进一步发展的基础。

刘祖辉

2022 年 12 月 18 日

目　　录

绪　　论

鸦片战争后,战败的中国走上了屈辱、抗争和追赶的道路,如何"筹海防夷",回应西方列强的挑战则成为中国社会所面临的主要问题。也由此开启了中国人按照物资、制度、思想或文化这样的顺序向西方学习的道路。按照梁启超的"三期"说,从鸦片战争到甲午战争是物资上学习西方的时期;从甲午战争到辛亥革命及其失败,是制度上学习西方的时期;新文化运动,是思想或文化上学习西方的时期。但是近代种种救亡的学习探索最终都无一成功。在"技不如人、制度不如人、思想不如人"的思想总结之后,近代国家的衰弱被归结为了"身体不如人"。由此引发了"尚武救国""强国强种"等社会思想热潮。也就有了用体操(体育)对国民身体的改造,有了国人对土体育(国术)的种种期待,以国术表征为主线的武术现代化历程拉开了序幕。

中华人民共和国的成立,标志着中国进入了一个崭新的时代。七十多年来,中国共产党把为中国人民谋幸福、为中华民族谋复兴确立为自己的初心和使命,在党的领导下,中国发生了翻天覆地的变化。紧跟国家的发展步伐,新中国体育经历了从扔掉"东亚病夫"帽子构建人民共建共享群众体育基础,到"冲出亚洲,走向世界"再到"百年圆梦"北京奥运会的崛起,创造竞技体育奇迹,实现了中国体育的历史性跨越。

同样,源远流长的中华武术从历史中走来。近代以来,随着中国社会的急剧变革与西方文化思想的输入,中国传统武术在新思潮的冲击下亦发生了重大变革,特别是20世纪初以来,武术从思想、组织、技术、训练、竞赛、场馆器材以及武术在军队、学校、社会上的地位与作用,均发生了十分深刻的变化,而这些变化的核心,便是中国古代武术走向科学化、规范化、现代化的新历程。

武术实践总是有一定的思想根源,各种外部因素,如政治、经济等,总是通过影响人们的思想观念这个中介起作用。这让中国近现代武术思想研究有了重要的意义,其研究主要内容就是近代以来不同时期的国人在武术发展与实践中提出过哪些思想、观念或者主张,这些思想、观念或主张的提出是否引发武术发生某种变化,这种变化是通过何种途径生成的,由此寻找规律性的东西,总结其中的经验与教训。立足于武术现状,从思想的高度入手,溯本清源,会深化我们对武术事业与国家、民族命运息息相关的认识,理性思索已经取得的辉煌业绩,同时也坦然面对当下遭遇的困难,有利于揭示武术改革发展中的深层次问题。

推动近代中国社会或思想变迁的动力问题,学界历来存在外因决定论与内因决定论两种截然不同的观点。对于外因决定论来说,其观点主要是看到中国长久以来一直是东亚文明的中心,因此早就形成一种天生的优越感。封建社会长期的闭关锁国、故步自封,整天以"天朝"自居的安逸心态让社会早已失去变革的动力。如果没有来自西方挑战的"猛药",是无法让沉睡的狮子清醒过来的。而对于内因决定论来说,其逻辑观点来源于对中国几千年历史始终处于世界中心的信心,而近代的中国社会只不过是中华民族辉煌历史的一段插曲。基于此,即使没有来自西方的高强度挑战,中国历史的车轮必将沿着其自身的轨迹缓缓向前发展。两种观点的争鸣都具有极高的理论价值,但"合力论"或者说"综合动力"逐渐将两种不同观点进行了融合。认为外因与内因共同作用才是推动近代中国社会与实现不断发展变迁的动力。如果没有来自西方激烈的挑战,中国社会或思想难有破旧立新的勇气与动力。如果没有中华民族传统文化自身所具有的思想基因,在应对西方的挑战时也不可能发生多大的自我革命。对于百年武术发展历程具有同样的历史逻辑,无论是近代由"强国强种"引发的"土洋体育之争",到现代的源于西方竞技理念所创造的"竞技武术"与基于传统文化传承的"传统武术",甚至是基于武术本质之"打"或者是现代社会需要之"演",近代以来所有武术相关议题最终都归结为合二为一的一种"并联式"发展道路。

《习近平关于社会主义经济建设论述摘编》中提道:不同于西方发达国家用了二百多年先后经历工业化、城镇化、农业现代化、信息化的"串联式"发展,我国以"并联式"发展开辟了后发国家走向现代化的新道路。这也使中国武术现代化走出了立足国情、蕴含中国文化、形成了中国特色的文化逻辑,体现出中国特色而独立自主的现代化发展新道路。

武术千年的发展历史也是武术与中国传统文化不断纠缠相融的历史,因此透过武术考察中国社会是一种十分有价值的工作。研究武术思想发展逻辑进而发现中国变迁具有极大的复杂性与挑战性。有鉴于此,本研究突破以往思想史研究一体化模式,采取两种学术理论范式加工、润色中国近现代武术思想史。首先是采用实证主义范式。通过武术发展的整体把握,然后按照"思想发展的脉络"来阐述武术历史。也就是说,先归结出几种影响并规定了武术发展的思想主线,然后按照时间的顺序梳理素材以验证思想的萌芽、发展、起伏。这么做是试图让这些纷繁复杂的武术历史按照思想的逻辑有条理地得以分类,同时在彼此之间建立有效且普遍的联系,希望这种联系可以简单、高效、长久地维系整个武术历史的关系。其次是解释主义范式。即对中国近现代武术思想史进行解释性理解,强调的是阐释主义的传统。这种"解释"用葛兆光(2006)的语言来说是在"编织一种脉络",会有一种明显的"建构"的特征。这一部分的研究将武术视为一项身体的文化实践,将思想研究放到更加广阔的文化学理论语境中综合考察,依托"文化再生产"(皮埃尔·布迪厄,1997)的理论视角,解释近现代武术思想史的生成脉络。期待武术思想研究超越自身认知系统,从而让思想研究更有厚度。作为新的学术理论研究与写作的尝试,期待能对中国近现代武术思想史的研究有所裨益。

第一章　导　　论

第一节　中国近现代武术思想史研究的背景

1840年鸦片战争后,战争的惨败对中国社会来说是一种刻骨铭心的耻辱,一个具有悠久文明历史的国家从此走上了屈辱、抗争和追赶的道路。随着西方军事侵略的胜利,晚清政府割地赔款,开放商港,以坚船利炮为后盾的近代科学,以及以近代科学为特征之一的西方文化,开始被中国所认识。中西两种不同地域、不同时代内涵的文化在同一时空相遇了。面对"天朝"前所未有之大变局,国人开始了救亡探索之路,近代国家的衰弱被归结为了"身体不如人"。由此引发了"尚武救国""强国强种"等等社会思想狂潮。也就有了用体操(体育)对国民身体的改造,有了国人对土体育(国术)种种期待,以国术表征为主线的武术现代化历程拉开了序幕。

1949年中华人民共和国的成立,意味着新中国一幅撼人心魄的历史巨变画卷即将展开。中国革命的胜利彻底改变了政治秩序,更是揭开了整个社会的转型与重建的历史序幕。中国人民在中国共产党的正确领导下,实现了从半殖民地半封建社会到民族独立、人民当家作主的历史性转变;从新民主主义革命到社会主义革命和建设的转变;从高度集中的计划经济、半封闭状态到社会主义市场经济体制、全方位开放的历史性转变;直到当前的中国正迈开大步奔跑在寻求中国梦的时代,中国仍发生着翻天覆地的变化。紧跟国家的发展步伐,新中国体育经历了从扔掉"东亚病夫"帽子到"冲出亚洲,走向世界"再到北京奥运会"百年圆梦",实现了中国体育的历史性跨越。

国运盛、体育兴,体育兴、民族强。体育事业与国家、民族兴旺紧密相连。2008年北京奥运会取得举世瞩目成功,圆了中华民族百年奥运梦,促进奥林匹克思想与我国大众现实生活实践相连接,民族自信心与自豪感空前高涨,成为中华民族精神走向世界的桥梁,也为实现中华民族伟大复兴创造了新的起点。

新中国成立后,伴随国家社会、经济、文化的深刻变革,武术不仅从外在的表现形式发生了前所未有的历史巨变,而且延续其千百年传承的文化意涵也在阵阵改革的浪潮中悄然发生着变化。这种变化无论称其为一种"异化"也好,或者称其为"蜕变"也罢;无论说其是一种文化发展的"与时俱进"也好,或者说其是"返本开新",甚至言其"更多出于'道出于二'的大背景下,探索如何各存其道的蹊径"(罗志田,2013)。新中国武术的这种由外及里的全身变化,正以一往无前的姿态跟随新中国改革发展的车轮奔跑在历史的轨道上。

"考世系,知终始"。武术发展的历史同人类社会的发展是有规律可循的,进程同样也遵循一定的规律。"规律存在于历史发展的过程中,应当从历史发展过程的分析中来发展和证明规律。"武术源于人类的劳动实践,其发展规律隐含于具体的发展历史过程。因此,要探索武术演变的基本规律,必须对武术历史发展的实际过程有充分的把握。

立足于武术现状,从思想的高度入手,溯本清源,回顾近代以来中国武术事业发展历程,在武术的发展历程中来寻找某种可遵循的规律,把握中国武术思想的演变规律,会深化我们对武术事业与国家、民族命运息息相关的认识,理性思索已经取得的辉煌业绩,同时也坦然面对当下遭遇的困难,有利于揭示武术改革发展中的深层次问题。进而对修订武术的发展规划,为武术的未来制定一套有利于自身的、可持续的发展计划,使武术能够更好地前行提供一定的理论支持。中国近现代武术思想史研究对完善武术理论体系,促进武术传承与发展具有重要的理论价值和现实意义。

第二节 思想、思想史、武术思想史的含义

一、思想

思想是思维活动的结果,属于理性认识,一般也称作观念。人们的社会存在,决定人们的思想。一切根据和符合于客观事实的思想是正确的思想,它对客观事物的发展起促进作用;反之,则是错误思想,它对客观事物起阻碍作用。思想按照一般常识性的用法,可分为三个阶段:第一是指日常范围内个人考虑到的某种想法;第二是指经过深思熟虑而被汇集起来的见解;第三是指统一原理下的教义和理论。

二、思想史

思想史笼统地说来就是用历史的方法来研究思想。葛兆光先生在《思想史的写作》(2004)中用分类的方法解释了什么是思想史：他认为真正延绵至今而且时时影响着今天生活的历史可以分成两类。一类是几千年来不断增长的知识和技术，一类是几千年来反复思索的问题以及由此形成的观念。前一种是技术史，后一种就是思想史。他还提出："人类世世代代苦苦追寻的宇宙和人生的意义，费尽心思寻找的有关宇宙、社会、人生问题的观念和方法，影响着今天的思路，使今天的人依然常常沿着这些思想思索这些难解的问题，正是在这里，历史不断地重叠着历史。思想没有随着有形的器物、有限的生命一道消失，通过语言文字、通过耳濡目染、通过学校内的教育和学校外的熏染，一代一代地在时间中延续下来，由于这种延续，今人还可以重温古人的思索，古人的思索对于今人还存有意义。"思想史的写作也因此有了意义。

三、武术思想史

武术界目前对"武术思想"一词尚未有过明确统一的定义。但其他学科对思想的研究已经较为成熟。在关于思想研究的领域中，通过理解其他学科思想研究概念的界定，进而为全面把握武术思想的定义提供借鉴。

社会思想(王处辉，2000)是人们在社会生产和生活实践中所形成的关于社会生活、社会问题、社会模式的观念、构想或理论。

法律思想(栗劲等，1983)是历史上各个阶段的思想家、政治家关于法学科学的观点，以及关于立法、司法制度的观点和主张。

教育思想(吴式颖等，2002)是关于教育的意义、目的、内容、制度、方法和手段的理想、观点和理论的体现。

体育思想(苏肖晴等，1993)指人们对于体育问题的总的认识，它包括对体育的本质、构成、价值和方法四个方面的基本认识。

不同学科对思想研究的定义都有宽窄之别，但有一个共同点，即都是对不同研究对象的一种认识、观点和理论。因此本书将武术思想定义为人们在武术实践中对武术本质、功能、价值以及武术发展等一系列基本问题的观点、构想或理论。

那么，中国近现代武术思想史就是研究近代以来人们在武术实践中对武术本质、功能、价值以及武术发展等一系列基本问题的观点、构想或理论。

对于这个定义的理解应该包括以下几个方面：① 武术思想来源于武术实践，这是坚持了马克思主义历史唯物主义的基本观点。② 在定义中使用"观点、构想或理论"的说法，旨在表明两重意义，一是不苛求古人对这些方面形成"理论体系"，也不用现代的所谓"实证科学"的尺度去要求历代武术思想家，所以称之为"观点"；二是在历代武术家的论述中或人们在武术实践中所表现出来的各种思想中，凡涉及我们上述所指任何一点的，都可称武术思想，而不必是一套系统的理论。当然，如果他们已经成为系统的理论则最好，而且事实上很多武术家的思想确实是自成一套系统理论的。

上述在解释"武术思想"定义中所指出的范围，既是我们在研究中国近现代武术思想时对原始资料的收录范围，也是中国近现代武术思想的研究范围。

第三节　研　究　方　法

中国近现代武术思想研究是考察中国近现代武术思想发生、发展、衰落和新旧思想互相斗争的内在规律性。它是一项社会科学研究，因此必须建立在科学的研究方法之上。研究的方法又可以分为三个层次：一是指导性方法；二是技术性方法；三是具体方法。

一、指导性方法

所谓指导性方法，即是一个方法论问题，也就是要用马克思主义的立场、观点和方法指导我们研究的具体问题。马克思主义的唯物史观，使历史学变成了科学，为我们今天的武术思想的研究提供了科学的思想理论。我们只有在唯物史观的指导下，才能深入地研究武术思想发展的特殊规律性。这些指导性方法包括两个最基本的方面。

（一）要历史地看问题

从现象上看，武术思想的发展表现为思想更替的历史。但是，如果我们寻找这种思想更替的根源及其规律性的话，就会发现，单从武术思想自身的发展来说明武术思想的历史是远远不够的，也是说不清楚的。武术思想是一种社会意识，作为社会意识，它的发生和发展的根源隐藏于社会存在之中，所以武术思想发展的根源不在它的自身之中，而在社会存在之中，即在丰富多彩的社会生活之中。"人类几千年来反复思索的问题以及由此形成的观念，影响着今天人的思路，使今天的人依然常常沿着这些思路思索这些难解的问题,正是在这里,历史不断重叠历史,这就构成了思想的历史,思想没有随着有形的器物、有限的生命一道消失,通过语言、文字,通过耳濡目染,通过学校内的教育和学校外的熏染,一代一代地在时间中延续下来,由于这种延续,今人还可以重温古人的思索,古人的思索对今人还存有意义。"柯林伍德说:"一切历史都是思想史。"更重要的是,历史学的方法源泉是思想。因为"思想是否为历史发展(historical development)的本源,难以断言,思想导致历史研究(historical research),则是可以断言的"。所以说对武术思想演变的研究,也是对武术历史的研究,即通过历史的现象、事件、人物去剖析时人的思想、观念。

同时,武术思想的发展过程受社会历史条件的制约,社会历史条件的变化不能不反映到武术思想当中。人们对于武术思想的认识,是一个随着时代的进步而不断深化的认识过程。因此,我们在研究与评价历史上的武术思想时,不能以今天的标准苛求过去,不应采取简单的肯定或否定的态度,而是要将其置身于具体的历史条件和社会背景中分析,考察其历史作用与地位。

(二)要逻辑地看问题

即,要用逻辑思维的方法看问题。根据事实材料,遵循逻辑规律、规则形成概念、做出判断和进行推理的方法。主要有形式逻辑的方法(如比较、分析、综合、抽象、演绎、归纳)和辩证逻辑的方法(如分析和综合相结合的方法、逻辑的和历史的相结合的方法)。武术思想的发展过程中,各种武术思想是相互发生作用的,这种相互的作用与一定的历史条件相结合便产生了武术思想自身的发展逻辑。

逻辑发展的规律其实就是历史发展的规律。研究武术思想自身发展的逻辑规律性,不能不研究武术思想自身发展客观历史过程。恩格斯曾经明确地指出:"历史从哪里开始,思想进程也应当从哪里开始,而思想进程的进一步发展不过是历史进程在抽象的、理论上前后一贯的形式的反映;这种反映是经过修正的,然而是按照现实的历史过程本身的规律修正的……"因此,武术思想发展的逻辑过程与它的历史发展过程是统一的。但是,由于武术思想的逻辑运动过程已经对它的自然历史过程进行了理论的抽象。所以对武术思想的研究需要用武术学科本身的范畴和概念体系,以抽象的理论形式再现它的历史发展过程。

二、技术性方法

武术思想的研究要进行资料的收集归纳、分析,需要一套具体的技术性方法,这些方法包括阶段划分法和人物研究法。

（一）阶段划分法

阶段划分法是以一定的历史发展阶段作为一个研究的整体对象,一个阶段、一个阶段地进行研究的方法。本研究以武术在各个时期发展中所形成的阶段特征作为划分的依据。这种方法便于把握武术思想与当时社会历史环境的全面状况的关系。

（二）人物研究法

这是一种以思想家作为研究的整体对象,逐一地对思想家进行研究的方法。通过研究武术思想家,审定他们的思想对前人有什么重大发展,而且这些思想家的论述经常代表了一定时期、一定阶段的武术思想。因此它是最具体、最现实的。运用这种方法,有利于我们更深入、更细致地进行武术思想研究。

三、具体方法

（一）文献资料研究法

通过对国内外有关的书籍、刊物、光盘和互联网的检索,收集与本研究有关的文献资料,了解与本研究有关的理论和方法,为选题、调研、分析和撰写本书提供参考。查阅涉及哲学、心理学、社会学、体育文化等领域相关的文献、著作。内容主要涉及:思想研究领域、价值学研究领域、史学领域、体育文化研究领域。通过了解前人的研究,开阔了思路,丰富了研究内容,为顺利完成本研究的研究奠定了基础。

（二）调查访问法

通过拜访相关武术专家和其他领域专家,获得他们对本研究相关主题的看法,了解我国当前武术存在的问题与改革的趋势等问题。从中获得相关资料,对本研究的观点进行必要的补充,同时也进一步验证所总结的一些事实现象的根源。

（三）比较法

人们认识事物是从区分事物开始的,要区分就需要比较。本研究采用了历史比较法和类型比较法。通过对掌握的文献资料与访谈得到的一手资料进行分析,就武术价值取向的时代特征进行纵向与横向的比较,认识武术思想演变的基本特征。

（四）考据法

即搜集与考订材料的方法。在历史学研究过程中,常常会遇到某些观点分歧甚大的情况,只能求同存异,评论史学著作的优劣得失,不能不集中在材料的多少以及对材料的使用方面。这样,历史学的考据方法不能不成为古今中外共同承认的一个基本方法。本研究使用了考据法对众多相关材料进行了筛选,以便去粗取精,尽可能地还原历史的真实。

第四节　研究范式、学术素材:近现代武术思想史研究的难点

中国近现代武术伴随着国家走过了一百多年发展变迁的风雨路程。对于拥有数千年文明史的中华民族来说,一百多年只是短暂的一瞬间。但是,若将其置身于追求国家富强、民族复兴的近代中国强国之路而言,一百多年的历史又显得那么翻天覆地、波澜壮阔,成为人们回顾思考的标志性历史时刻,犹如千禧年来临之际的百年情思。

中国近现代武术思想史是一个复杂的难度颇大的研究领域。言其复杂,首先是研究者所处立场不同,其学术倾向自然不一致,同时,由于研究范式的差异也会带来观点的不同。其次,因为思想史包罗的内容非常广泛甚至庞杂,如何取舍便是一个难度很大的问题。具体而言,哪些思想、理论、观点或哪些领域的问题和探讨,应该纳入、摄取,或者应该详细评介、简略提及,令人十分头疼。因为,它或它们必须是在不同程度上能够反映武术思想宏观走向的问题。

一、近现代武术思想研究范式

20 世纪 80 年代后,经济全球化带来世界文化多元化发展的历史潮流,激发与增强了人们的民族意识和对民族文化的认同感。在"和合不同"思想的感召下,武术研究也被卷入多种相互不可通约,甚至相互冲突的价值观念和理论范式的论战。现代武术的"异化说"与"返本开新说"、竞技武术与传统武术的不可调和论等相关问题一次次被推到舆论的风口浪尖。武术研究者受到"后现代"影响,不得不承认,各种理论言说难以站在真正"中立"的立场做到绝对"客观","研究"其实就是在"写文化"。当前的武术研究已经从以往的技术动作和与其他传统文化关系的探寻,转到了解在应对世界全球化中,作为民族传统文化的武术能给多极世界文化注入中国经验。武术研究领域学者各自有其不同的理论立场及其学术倾向。研究者通常会运用实证主义与解释主义两种学术理论范式加工、润色其观点的"真实性",因此如何在两种研究范式之间建立起一种理解的桥梁是首先要面对的问题。

运用某些"技术性"的手段(如相关验证),合理地检验研究结果与过程,这种实证主义的方法往往被应用于对所关注对象的描述。注重对研究现象做后实证的、经验主义的考察和分析,强调的是自然主义的传统,注重对研究结果的"真实性"和"可靠性"进行探究。接受西方竞技体育规则要求的竞技武术,一直以来在探索一条能体现竞赛水平"真实性"的"可比性"与"可操作性"道路。值得注意的是,这种"真实性"只能说是尽量接近,其原因主要是一只传统文化的无形之手始终在牵制着竞技武术规则的演变。中国传统文化注重整体的思维方式,通过对事物的多样性和矛盾的分析达到对宇宙的整体性和过程性的认识。因此,最初武术套路竞赛的规则出现了"劲力顺达、精神贯注、刚柔相济"等依靠整体印象打分的描述性术语,这种评判方法至少走出了"神化、通微、精熟"等武术演练要求的感官评定。但是,注重整体的传统思辨方法一般只关注矛盾普遍性、绝对性的分析,而不注重对矛盾特殊性的分析,具有笼统性的严重缺陷。注重后实证的考察与分析,推动了竞技武术规则迈出了更大的步伐,也由此引出了"切块打分"等措施的相继出台。同样,对于一百多年来的武术思想研究而言,运用文献法、考据法等后实证手段仍然是不可或缺的研究路径。

实证主义关注对现象进行描述,假设武术思想的发展演变有其内在联系,研究者对自己行为的动机和意义十分清楚,如果采取严谨的方法,可以理解武术当事人的行为和意义解释。但后实证主义存在一定弱点,"这种对当事人观点绝对尊重的态度不仅反映了研究者天真幼稚的'现实主义'立场,隐藏了研究者在理解中不可避免的'主观性',而且很容易导致相对主义,使研究者群体失去衡量研究质量的标准"。基于此,研究决定用另外一种范式,试图以解释主义立场研究以弥补上述研究弱点。

解释主义的立场,要求研究者对研究对象进行解释性理解,强调的是阐释主义的传统,解释研究者观念中规则与社会习俗都是人为建构而产生的对客观真实的否定,"注意到研究者在理解和解释中的能动作用,使研究成为一种生成的过程。"在葛兆光(2006)看来,思想史叙事是在"编织一种脉络",都会有一种明显的"建构"的特征,即为了某种需要而建构一个能够满足这种需要的思想史。所有的思想史的书写,都是书写者根据自我认识和历史时代需要所进行的思想重建工作。"意识到任何研究都受到一定政治、文化、性别和社会阶层的影响,注意研究中的权力关系,注重研究对知识建构和社会改革的重要作用,因此它又具有一种后现代的批判意识。"

这一部分的研究将武术视为一项身体的文化实践,将思想研究放到更加广阔的文化学理论语境中综合考察,依托"文化再生产"中提取出的理论视角,通过分析"场域""惯习""资本""权力"等概念生成及其在当前理论研究中的应用,解释近现代武术思想史的生成脉络。从实证主义立场的事实描述到解释主义立场的意义解释,从宏大理论到地域性知识,开阔研究视野有利于武术思想研究超越自身认识系统,从而让思想研究更有厚度。

值得注意的是,解释主义在理论上似乎无懈可击,为研究提供了无限广阔的空间和创造的可能性,但也存在弱点。如在"场域"的研究中发现了武术场存在的三种特征:武术技击连续性的军事场、功能多样化的民间场、传播专断力下的教育场。不同场域下武术各自作用不同,社会不同的人各取所需,提出武术之所以流传长远,是不断博采众长的结果,但是在实践层面却困难重重。在解释主义者的眼中,一切都在流动之中,"这种理论很难提出一套可供后人遵循的方法原则,而且无法设立明确的衡量研究质量的标准",只有此时此刻才是"真实"的。这也许是伽达默尔认为阐释学不是"方法"甚至"方法论",而是"哲学"的重要原因之一。

二、历史研究的复杂性

在学科专业日趋细致、研究日益深入的情况下,要对每个领域及各个领域之间的相互关系的问题,均有该专业所应有的研究深度和广度几乎是不可能的。这里就产生了一个问题,那就是,本研究的框架内对某个专业问题的解说有可能(特别是在该专业领域的学者看来)并不严谨、周全甚至可能是误读。此外,写入文本中的思想问题,是被认为能够反映整个中国近现代武术思想走向的观点或探讨。还有很多问题,没有写入。那么,它们是否真的就不反映武术思想的走向呢? 退一步讲,即使不反映思想的总体走向,它们是否就没有价值呢? 如果有价值,为什么不写呢? 这确实是个棘手的问题。由于本人的学识和功力所限,由于写作的宏观视角,由于篇幅的限制,我只能留下这一遗憾。

中国古代史学向来以资治为首要目标,却又有一个传统:当代人不治当代史。中国近现代武术思想所涉及的当代性问题也是本研究的困难所在。它是刚刚过去甚至还未完全过去的历史,是我们不同程度地经历的过去。"当代人不治当代史"这句流行的话,并非没有道理。这有其深刻的历史智慧——"不识庐山真面目,只缘身在此山中";"当局者迷,旁观者清"——只有拉开距离,一个历史事件的意义,才能在丰富的历史联系中自然呈现。撇开现实的、政治的制约因素不谈,单从学术研究、学者的立场上说,由于时间距离太短,有些问题难免看不清楚、说不清楚,评价难免偏颇,论点和结论可能经不住考验。

　　然而从另一角度说,也因为是刚刚过去的历史,正因为是亲历者,正因为"身在庐山",因而对某些问题的体认也许就更为具体、深切和独到。因此,现代中国史学似乎已经超越"当代人不治当代史"的传统。"早在20世纪二三十年代,在经历了对于西方历史从部分到整体、从制度形式到思想理论的移植之后,为了追求历史和学术独立,也为了给迫在眉睫的社会问题把脉、定向,晚清以来的现代史(或近代史)逐渐成为中国史学研究的兴奋中心之一。作为延续和发展这一趋势的产物,现代史还成了大学、科研所的重要学科或研究领域,并与古代史分庭抗礼。"

　　另外还需关注的是武术思想涉及体育、教育、文化、哲学、历史等众多学科领域和纷繁复杂的社会思潮。时代特征与社会结构决定着武术事业的发展进步,如何理顺武术面临的问题与社会环境之间的问题,这也是武术研究者关注的重点。研究者借助不同的方法手段揭示武术发展过程出现的困境,尝试关联困境背后的历史背景及其构建武术困境的社会网络。将武术的发展作为历史和社会的参与者,理解人类社会选择及形成有关"武术"的各种错综复杂的方式和关系。研究者不再把武术文化当成是一个独立的系统,而是与习武个人的自我中最深层的部分紧密相连的、个人在世界上安身立命的方式。在这个意义上,武术研究已经从方法论的个体主义走向了关系主义,在个人与文化之间、现在与过去之间分析问题。

第五节　历史性与文化性：近现代武术思想研究所把握的脉络

一、历史研究的"历时性"与"共时性"

　　"历时性"与"共时性"是系统观察研究的两个不同的方向。历时性,就是一个系统发展的历史性变化情况(过去—现在—将来);而共时性,就是在某一特定时刻该系统内部各因素之间的关系。这些因素,可能是经过不同的历史演变而形成的,甚至属于不同的历史发展阶段。但是,既然它们共存于一个系统之中,那么它们的历史演变情况就暂居背景地位,显现的是各因素共时并存而形成的系统关系。

　　纵观现有的武术史研究,有一个共同的特点就是"按照时间的脉络"来阐述武术历史。也就是说,是把武术发展分割为若干时间阶段,然后将某一个阶段的武术大事件、武术人物、规章制度等等分门别类地逐一罗列。也就是先"历时性"再"共时性"研究。这种研究方法的优点在于让读者感受到武术整体发展的延续性,时间脉络非常清晰,是武术经历过的时间与空间的集合,即某个历史阶段,武术发生了什么。这种写法能清晰告诉人们武术"是什么"。

本研究的武术思想史试图先通过对武术发展的整体把握,然后按照"思想发展的脉络"来阐述武术历史。也就是说,先归结出几种影响并规定了武术发展的思想主线,然后按照时间的顺序梳理思想的萌芽、发展、起伏。这么做是试图让这些纷繁复杂的武术历史按照思想的逻辑有条理地得以分类,同时在彼此之间建立有效且普遍的联系,希望这种联系可以简单、高效、长久地维系整个武术历史的关系。这种写法即先"共时性"再"历时性"研究。期待不仅告诉了人们武术历史"是什么",更能回答"为什么"。

二、思想研究的"精英思想"与"一般知识、思想与信仰世界"

思想史研究有一种提法,即思想史就是思想家的思想体系史,每个时代的代表性观念就是通过这个时代的若干的大思想家的思想体系呈现出来的。现代社会各种单位组织垄断了"话语权力",这种单位组织从大到小由三个方面组成。首先是合法的意识形态占有者——国家政党;其次是传播媒体,包括互联网、广播电视、报纸杂志等;最后还有教育系统,包括学校教育系统、校外儿童教育系统以及成人文化教育系统等等。

例如,竞技体育政策作为一种话语体系,是特定时期内国家对竞技体育发展规划的文本陈述,其所发布传播的信息包含了竞技体育发展理念、审批制度、管理办法等大政方针。为了理解新中国成立以来的系列竞技体育政策的话语及内隐信息,需要"透过文本的记忆",进入文本背后的演进过程。基于"话语行为的本质是作为一种社会实践存在的,而社会实践反映到政策中就是对社会现实与发展预期的观照,这种预期和观照体现在政策文本的主题之中"。因此,通过研究分析政策的主题才能得以理解系列政策文本。毕竟,这些系列文本彰显的是国家组织管理竞技体育发展的话语行为权力。

研究者意识到任何研究都受到一定政治、文化、性别和社会阶层的影响,注意研究中的权力关系,注重研究对知识建构和社会改革的重要作用,因此它又同时具有一种后现代的批判意识。也正是基于这种权力意识,让人们对几十年来竞技武术的一枝独秀多了一层政治前途与命运的关怀。

然而,仅从精英的政策思路去阐释武术思想史也是有问题的。正是基于上述认识,当前武术史研究,大多习惯于通过国家的视野,记录武术发展的历史逻辑,往往侧重于大事件的决策、规章制度的形成、国家需要与武术精英的观点。以宏大叙事的手法构建起武术发展伟大历程。这种意识让武术历史研究无论在"尚武强国"下武术科学化认识，或是"武术挖掘整理"中的寻根，还是在"武术加入奥运会大家庭"的现代化过程中，往往拘泥于民族情感视野的"宏大叙事"，而真正影响学术研究的"一般知识、思想与信仰世界"却被学者忽视或成为不愿涉及的边缘领域。以这种思路所得到的研究结论，追求的是类似于西方大思想家所作出的贡献，将基于社会组织的全面的结构变革所逐步形成的理性化的思维形式加以净化，并借助于它们将人类存在"点鬼簿"的基础推向前进。他们对他人进行有关世界和有关自己更为明晰的介绍，担当"社会合唱团"的解释者。然而他们是流行于他们那个社会的思维模式的"首创者"。因此，他们不是我们称为"合理思维"的创造者。

正如葛兆光先生所言："思想史并不只是给他们评功摆好，因为思想史并不是我所理解的思想史要讨论的经典思想，也不只是单本的有署名权和专利权的著作，在各种典籍中常常有各种各样思想的交汇。思想史不是给古人排座次，评出古代哪个思想界最高明或最伟大，也不是给思想做年表，与其他国家的思想界争个发明权或著作权，我在想，真正的阅读者需要知道的，不是那些仅仅可以背诵的人名和年代，或者那些只能用于考试的'甲乙丙丁'，而是现代中国的知识、思想与信仰，究竟是如何从古代中国延续下来的，古代中国的知识、思想与信仰是在什么样的思路中延续的，在那个知识、思想和信仰的连续性的思路中，还有什么资源可以被今天的思想重新阐释。"

基于此，本研究期望能更多地涉足大众的视野，寻找大量民间的、非经典文献的材料，试图以一种学习福柯的写法，例如"疯狂"的历史、临床医学的历史等等。寻找武术大事件背后的貌似"不入流"的故事，用他者的眼光，通过大众经历者的体验与记忆构建，追溯武术思想的脉络。这些故事与记忆往往来源于大众经历者的口述，或者记载于那些不入流文本中的片言只语。然而，研究它却能使史料更加鲜活、历史研究更加具体生动，增添了历史研究的活力，甚至还可以填补重大历史事件和普通生活经历中那些没有文字记载的空白。如在欣赏完"1953年的民族民间体育大会"后，群众有感而发对武术"形态美"的宣扬，似乎昭示了新中国成立以后"比演"的武术套路逐渐成了主流。20世纪80年代由瞿金生设计却未被派上用场的"分指手套"，却无声地记录了群众对"打练结合"的呼唤。

改革开放使现代史逐步恢复了它明真、存真的学术尊严。近些年来，中国武术史研究得到了前所未有的开拓，如杨祥全《中国武术思想史纲要》、张志勇《中国武术思想概论》等等。这与新一代武术学者的历史学养和日趋强烈的"致用"情结不无关系,更与几十年来日益开放的言真空间密切关联。如谈到竞技武术的意义时,武术队教练所言一针见血,"如果不是有一年一度的全国比赛,我们的武术队就要解散了"。还有,《国家体委关于深化体育改革的意见》中提到,要根据"奥运战略"的需要压缩全运会项目。仅仅从这些片言只语中就可以让人深刻体会到竞技武术几十年发展的"难"字。凭借改革开放"百家争鸣"的大好时机,当代中国武术研究者勇于承担起探索"真实"武术思想史的历史任务。"开放社会的显著标志之一是:学(学术)、政(政治)、俗(大众)三大话语系统既相对独立、各言其所欲言,又彼此关注、相互回应,结成一种'和而不同'的关系。"三种结构不同的文化为武术思想史研究提供了广阔的思想空间,相对独立的思想观念背后是诸多与众不同的"素材",而这些"素材"又是建立在一个国家的基础上,因此必然存在着某种千丝万缕的联系。因此研究这种素材背后的关系,比起单一描述中国武术政策文件、学术话语更有可能接近中国武术思想的"真实"。因此,研究将以大众与精英的话语相结合进行讨论,并在其与政治和大众话语的适当关联中,呈现中国一百多年来武术思想的演变与问题。

第二章　中国近现代武术竞技思想

武术是中国古老的传统文化,而竞技却是一个十分晚近的词汇,充其量一百多年的历史。一定意义上,中国的竞技体育发展历史,就是一个武术与竞技体育纠结融合的发展历史。20世纪20年代,一场发生在武术与西方竞技体育之间的对比,所引发的"土洋体育之争",直至今日,仍然是"中西文化"对比的样板,甚至可以说一百多年前的那场争论远未终结。也正是思想发展的这种延续性,赋予了思想研究以科学意义。

竞技武术的发展之路是个不断摸索、不断完善的过程,其萌芽应该追溯到民国时期的"张褚之争"。那场武术"比演"还是"比打"的争论虽然没有留下多少定性的价值,却由此开启了武术现代化之路。新中国成立后,在增强体质的社会背景下,第一届全国民族形式体育运动会开创了竞技武术"比演"的成功范例,第一部《武术竞赛规则》出台让新中国成立后的几十年竞技武术"比演"定型。改革开放带来的思想解放,推动竞技武术比演日趋科学化,也让噤声多年的武术技击重出江湖,竞技武术"比打"崛起,更为重要的是早已公开呼吁,却一直未有动静的"打练结合"开始有了探索实践的舞台。至此,在竞技武术保障制度逐步完善的条件下,"比打""比演""打练结合"全方位发展,构建起具有中国特色的民族传统体育竞技发展模式。

新中国成立以来,竞技因为其"国力象征""凝聚人心"等重大意义,始终是我国一项重要的政治任务,"举国体制"保障下的竞技体育不负众望,不断地通过摘金夺银实现着国人的梦想。新中国民主与法治的不断推进,随着"野地"逐步清除,源于草根社会,带有粗野、封建残余的武艺与生俱来的"野性"也随之消失。无论是国际层面的"保持文化多样性"的呼吁还是国家层面的"非物质文化遗产保护"等相关系列措施出台,直至民间层面"献技献艺、奔走相告"风风火火场面的昙花一现,与传统野地相比,这些都属于雅化的"规训"或者根本就是传统视野下的"他者",传统武术式微无法避免。传统武术搭上竞技体育的顺风车,按照竞技化的要求规训了自己的身体,使武术进入了国家的视野,完成了"国家身体"的改造。在全球化、市场化的今天,武术一旦脱离举国体制下竞技体育的顺风车,其可以预见的未来充其量是类似失去野地的天桥艺人撂地打场的归宿。

第一节　竞技武术:定义、地位与意义

一、竞技体育与竞技武术的定义

竞技体育是体育的重要组成部分,是以体育竞赛为主要特征,以创造优异运动成绩、夺取比赛优胜为主要目标的社会体育活动。作为文化现象的竞技体育在建设现代化强国中,其价值作用是以提升整体运动竞技实力及其所蕴含的文化精神得以展示。竞技实力是外显的表层现象,借助竞技体育本质属性而彰显的文化精神及其民族特征才是其内在的核心。

新中国成立之初,中华人民共和国体育运动委员会(以下简称"国家体委")第一位主任贺龙同志就提出:"过去洋人骂我们是'东亚病夫',现在中国人民站起来了,这顶帽子要摘掉。谁来摘呢? 搞体育工作的人来摘嘛! 这个任务很艰巨,也很光荣,体育事业是人民的一项事业,我们不去干还算是共产党员吗?"在中国竞技体育的初创阶段他就明确地提出"国内练兵,一致对外"是竞技体育工作的基本方针,充分发挥竞技体育在增强民族凝聚力、振奋民族精神、提高民族自信心等方面特有的功能价值,目的是促进国内的竞技体育工作为在国际竞技体育大赛中取得胜利而服务,为"为国争光"的总目标服务。一个要屹立于世界民族之林的民族,需要一种强大精神驱动,竞技体育就是这种理想的载体,它能高扬爱国主义旗帜与激发奋发向上的民族精神。中国竞技体育六十多年从弱到强的发展历史,在国际竞技体育大赛中取得的一个又一个胜利的事实,充分证明了竞技体育在激发民族精神、鼓舞民族精神、振奋民族精神、增强民族凝聚力和爱国主义精神等方面具有极大的作用。

竞技体育首要任务是提高整体竞技水平,而其根本目标在于以竞技体育的发展进步培养和激发民族的乃至人类的精神,创造民族文化,通过完善人的意志品质,进而实现人的生命与自由的追求。竞技体育通过激发人体的潜能增强人的生理和心理素质,提升人的实践能力。人们在竞技体育"胜不骄,败不馁"的实践中,满足了自我情感的宣泄与升华,不仅体验到成功的快乐、奋斗的艰辛,更能感受到拼搏之后超越自我的快乐,进而激发人们奋发向上,超越现实面向未来。竞技体育就是以这样一种对人类精神的展示来促进人类自身的不断发展的。

基于公平、公正的竞争是竞技体育获得社会广泛关注的重要保障。公平公正的获得需要依托竞技规则，它是"为进行运动竞赛而制定的统一规范和准则"，能够切实、高效地保证公平竞争，实现竞赛秩序与竞赛目标。规则的公正性是竞技体育公正性表现的前提。规则制约了竞技体育参与者的行为，追求人类活动的理想化目标，使竞技体育不因各种竞赛环境因素和主体因素而陷于"失范"的状态，保证竞赛活动按照程序规定和赛程安排进行。人类理性所需要的竞争是建立在合理有效的规则之上的，是所有组织化行为得以进行的前提，竞技体育所追求的公平、公正的理想化境界也是人类社会生活规范化、法律化的"预演"。

所以说竞技体育以创造优异成绩为目的，以"最大限度地发挥竞赛者自身体能、运动技能等方面的潜力"为主要特征，并且为使"比赛必须严格根据规程和规则的要求来进行"，连平时的训练也要按照规则的要求来进行，参加比赛的所有人员的一切与比赛有关的行为，都是在规则的限制下进行的。从竞技体育的基本内容、表现形式及发展过程来看，竞技体育具有主体比较性，身体活动性，规则制约性，竞争公正、公开性，社会承认性等五个特点。

竞技体育的这些特性决定了某项运动项目要获得快速普及发展，竞技化是不二的选择。武术运动也是如此。新中国武术的竞技化之路也是武术快速普及与发展的过程。竞技武术指在现代竞技运动制度作用下，为了最大限度地发挥个人及集体的运动能力，争取优异运动成绩而进行的武术运动训练和竞赛活动。它是新中国成立后以长拳技术体系为主体而建构的一种体育运动形式。它的基本形式源于中国传统武术，根据目前竞赛的形式，竞技武术运动主要有套路运动、散打运动。竞技武术是中国整个竞技体育的一部分，所以竞技武术是随着中国的竞技体育的发展而发展的，包括竞赛制度、武术运动队的组建、裁判员和运动员的培养及管理办法等一系列的工作，都是按照中国竞技体育发展的模式进行的。

武术作为"本土体育"要与现代竞技运动接轨，首先就是要按照现代竞技运动的要求，在追求公正、公平竞争的基础上制定出符合武术项目特点、统一技术规范的竞赛规则。武术拳种林立，门派繁多，由原国家体委组织的全国普查的结果显示，经过分类归纳可以记录造册的拳种多达120多个，由此产生的武术技术五花八门。如此庞杂的拳种和流派不可能统统搬到比赛场上同时较量。为了适应国内和国际竞技体育的要求，国家确定了少数有代表性的拳种用于正式比赛。在国际武术联合会成立后，为了便于在世界范围推广武术,确定了 7 个武术套路和 9 个级别的武术散手作为比赛项目。这也就是通常所说的竞技武术了。竞技武术的产生,是适应现代竞技体育的一个大趋势,是武术发展的一大步。所以,竞技武术的确立,是走向现代竞技体育和国际奥林匹克运动的一条必由之路。

二、竞技比赛推动武术迅速普及

新中国成立后,全国人民的生活水平有了较大的提高,健康状况有了较明显的改善。但是,一个民族身体健康水平的提高是一个渐进的过程。由于旧中国社会政治、经济、文化的落后,人民的体质和健康状况一般都很不好。如果中国人民没有强健的身体,就不能适应现代化国防建设的需要。人民的健康状况不迅速改变也不能适应当前生产的需要。因此,加强体育锻炼是必要的手段和途径,而开展竞技比赛是推动人民参加体育锻炼的有效手段。

新中国成立初期,国家体委在工作报告中指出"开展各厂矿、学校、机关等基层单位的运动竞赛。运动竞赛是开展群众性体育运动和提高运动技术水平的重要方式之一"。加强竞赛活动,尤其是要注意开展基层的各种竞赛活动或举行单项竞赛,以便通过竞赛活动,使群众性的体育运动更加普及,在普及的基础上发现和培养优秀的运动员,提高运动技术水平,并逐步走向制度化。

武术源于搏杀,但随着冷兵器逐步退出军事阵仗的舞台,武术强身健身的价值功能成了其主要的价值。作为体育事业一个重要组成部分的武术,随着新中国的成立,其性质也发生了变化,决定武术事业的任务、目标,也相应发生了根本性的改变。国家与社会的需求,让武术借助竞技体育行列得到快速的普及发展。在新中国成立的最初 1 年,党和政府基于国家政权的整体利益而采取的有选择地发展武术的方针和措施,让武术逐步走向正规化的道路。1950 年,中华全国体育总会在北京召开了武术工作座谈会。1952 年,国家体委成立之初就将武术列为推广的体育项目,并设置专门机构——民族形式体育运动委员会,规划与领导武术运动的发展。1953 年在天津举行的全国民族形式体育表演及竞赛大会上,武术作为重要内容大放异彩,并以这次比赛优秀运动员为基础组建了新中国第一支国家武术队。这次全国民族形式体育表演和竞赛大会的成功举办,对武术运动的深入开展起到了巨大的推动作用,我国民族形式体育有了长足的进步,各地武术组织和群众活动得到了迅速、蓬勃的发展。

由于 1953 年天津民族形式体育运动表演及竞赛大会的影响和推动,武术运动在不少地区初步开展起来。根据上海、天津、青岛三个城市的调查，参加有组织的武术锻炼的主要是工人、学生和干部。据不完全统计，上海市在参加武术运动的 3446 人中，工人为 1876 人，学生为 745 人；天津市在参加武术运动的 2726 人中，工人为 1227 人，学生为 890 人；青岛市在 1033 人中，工人为 508 人，学生为 310 人。三个城市参加锻炼的成分比例大体相同，合计起来，工人占总人数的 50.16%，学生占 26.99%，干部占 4.09%，工人、学生和干部共计占总人数的 81.24%。说明了工人、学生和干部是城市武术运动的主要支持者。城市中参加民族形式体育的人也一天比一天多。例如上海市参加武术团体并经常练习的，1951 年是 300 多人，1952 年是 500 多人，1953 年则增加到 1000 多人了。

1954 年，国家体委在赴京武术表演团的基础上，选拔了部分优秀运动员和教练员，在中央体育学院（北京体育大学的前身）组建了竞技指导科武术队。此后，陆续组织了"十二单位武术表演大会"（1956 年）、"全国武术评奖观摩大会"（1957 年）、"全国武术运动会"（1958 年）。由此，中华武术开始了现代竞技比赛之旅。

几十年来，随着竞技武术不断发展壮大，武术逐步成为国人喜闻乐见的文化与健身运动，成为全民健身运动的重要组成部分。通过竞技比赛，武术走出了国门，被世界单项体育联合会接纳为会员，说明武术已经在世界范围内得到了广泛公认，标志着武术进入了世界高层次竞赛的行列，武术的国际化发展进入了一个新的阶段，也为武术进入奥运会项目奠定了坚实的基础。

三、竞技比赛事关中国武术的社会地位

新中国成立以来，我国竞技体育能够取得快速发展，离不开举国体制的推动。充分利用有限的资源，集中精力优先发展广受关注的项目，是这一体制的重要特征。由此，各个竞技项目都必须极力规划好自身的发展，以获得相关部门的支持。武术也不例外，更何况武术属于"非奥运项目"，在举国体制下想要进入发展的快车道，更是离不开相关领导的重视。对于这一点，长期以来武术界始终有着深切的认识。

由于"左"的思想干扰，"文化大革命"期间，武术只能作为全国表演项目。第五届全国运动会上，确定武术是表演项目，武术界对此意见很大，反映到国家体委。但是主管国家体委工作的荣高棠、李梦华都表态："表演其实是最广大的比赛，不是不要武术比赛了。"

1978 年底，正值党的十一届三中全会期间，武术处工作人员走访了一

些省市。在北京、天津、湖南举行了座谈会,参加者多为老拳师,有 120 余人。在座谈会上,发言者普遍认为,上级目前对武术运动不够重视,有人说了一句:"老拳师教了半辈子武术,到头来还不如一个算命的。"大家普遍要求摆正武术运动的位置。武术队教练说,"如果不是有一年一度的全国比赛,我们的武术队就要解散了",认为武术运动员在结束运动生涯后,在分配工作方面都比较困难。

武术发展要抓住两个方面工作,一是专业队的竞技形式,二是群众性的武术观摩交流大会。没有正式竞技比赛和群众性的交流会,就得不到各地体育主管部门(体委)的重视。领导是关键,得不到领导部门的重视,武术就得不到迅速的发展。正式比赛是龙头,能调动群众的积极性,促进武术技艺的提高。1980 年前后,国家体委有关领导曾提出武术不搞比赛了。没有赛事,各省市武术队面临解散的状态,各大院校的武术专业设施、师资和培养方向,也在张望。可见民族武术走进体育竞赛体坛是多么不易。从事武术专业的人,都向张山同志反映情况,希望向领导汇报意见,恢复武术的赛事。之后,在张山的努力下,荣高棠、徐寅生、张文广、马贤达、习云太、门慧丰等人在工人体育场举行了一次会谈。会谈的结果是领导同意武术举行交流大会,还是不同意举办比赛,而群众要求恢复比赛。

张山大胆设想,在武术未改成正式比赛之前,能否在表演后面,加一个"赛"字,变成"武术表演赛"。于是,在 1980~1983 年的全国武术表演大会规程中,在"表演"二字后面加了一个"赛"字,这一规程就增加了比赛的内容,并照样设金、银、铜牌,录取前 6 名。1982 年,国家体委在北京召开了各省(自治区、直辖市)体委主任汇报会议。时任国家体委主任的李梦华同志专门就武术问题提出:"希望大家重视武术,摆到重要位置上来。对武术要挖掘、整理、继承、提高,当前主要任务是挖掘继承下来,从长远看,武术是要作为一项竞技体育项目好好发展的。"终于,从第六届全运会起,武术恢复成为正式比赛项目,这样一来,各省(自治区、直辖市)的武术队不仅保住了,而且有了新的发展,也推动了业余体校及群众性武术活动的发展,各级体育领导也对武术运动更为重视了。这是张山同志巧妙地将武术"挤入"正式比赛项目,进而"挤入"全运会所费的苦心。

把武术纳入现代体育范围,让武术走进现代竞技场、进入高等学府,这是共和国成立后为民族体育武术的发展立下的不可磨灭的功勋。

在体育战线高喊"百废待兴",逐步恢复各个运动项目正常比赛的当口,在 1980 年初召开的全国体育工作会议上,国家体委决定取消武术比赛,改成表演,给武术动了个"小手术"。看来,这是国家体委决策层缓解社会压力、纠正武术发展方向的一个并不成熟的姿态。

新中国成立后,按照其他运动项目的模式逐步发展起来的武术专业运动队,到20世纪70年代前后已经是分布全国25个省区市的400余人的队伍了。久在体育界的人都知道,没有比赛任务,不能为省市拿牌得分的专业队是难以立足的;没有专业队的教练员、运动员在中国现行体制下是难有作为的。尽管国家体委出于按"百花齐放"方针发展武术而决定取消武术比赛,传到各省区市体委势必危及武术队的"生死",无疑是关系到已存在了二三十年的400余人的前途命运。因此,理所当然引起专业武术队和一些武术成绩较高的省区市体委的不安。于是,那些"不安分"的教练员们为了维护自己的生存权利,便联名向国家体委大声疾呼"手下留情"。1980年1月11日,湖南的潘清福、北京的李俊峰、云南的何福生和任继华、江苏的钱源泽等多名武术教练员联名给国家体委王猛主任和荣高棠、徐寅生、李梦华副主任上书,提出六条建议,其中关键是第五条。他们写道:"奥运会的项目必须搞,而且要全力搞好,它关系到我国的声誉,意义是非常重大的,但是一年一度的全国武术比赛和观摩交流大会也必须坚持。特别是历届全运会上,都应有武术参加。否则,如果一个国家举行的大型运动会上没有本国的传统项目,光是围绕奥运会拿金牌的话,那就太不全面了,甚至有失国体,有失国内外的众望。武术既然是中国的国宝,那么就不能用一般的体育眼光看待它,就必须突出它的特点,给予应有的地位。听说第五届全运会上取消了武术,我们认为不符合国内外的需要。它造成的影响是很大的,不仅影响国内,而且影响国外。从这个意义上讲,第五届全运会上要不要武术也有个国际影响问题。因此,我们建议还是维持前四届一样,都有武术参加为好。"这封建议书代表了维护以专业队为主体的现行武术运动的倾向,是从另一个方面扑向国家体委的飓风。提醒各省、区、市要保留武术队。给它过渡到武术院。总的来讲,国家体委对武术是重视的,我们不能让武术在我们这一代失传,说严重一点,如果我们把武术搞没了,削弱了,那我们就成了中华民族的罪人。①

武术研究院1989年11月起草的《关于在1993年第七届全运会中设立

---

① 资料来源:赵双进.对八十年代武术工作的回顾与随想.体育文化导刊[J].2003(1):58-59.

散手项目的报告》于 11 月 14 日送往国家体委综合司,但很快就被驳回。理由是:"全运会是按奥运会设项的,武术不是奥运会项目,已将武术套路列入全运会比赛项目,第七届全运会安排的都是奥运会项目参赛,这次全运会已经照顾了武术项目,你们应该知足了,别再争了。"事后,张山同志再次向分管武术的副主任徐寅生争取,只希望在七运会上增加一枚散打(散手)团体金牌。虽然对于为了散手运动奋斗 10 多年的武术界来说,在全运会上只设置一枚金牌,似乎无以偿付长久的期待,但是"一块就能救活散手,就是对这项运动最大的支持。"最终,如愿以偿,散手项目获得七运会一张团体的入场券。

从那以后,散手运动的发展面目一新。各省、区、市纷纷组建正式的武术散手运动队,加大了对散手项目人力、物力的投入,群众基础更加雄厚。散手还走出国门,正稳健走向亚洲和世界。

1992 年 12 月 5 日,徐才在第二次全国武术工作会议上谈及,因为"武术不是奥运会项目,很自然地不会把它看得很重,今后一个时期恐怕也是如此。"国家体委深化体育改革意见提到,根据"奥运战略"的需要压缩全运会项目。虽然到了八运会武术还不可能成为奥运会项目,但到那时武术会得到特殊厚爱的。同时,武术界要做好"万一碰到困难"的准备。

全国运动会的举行对竞技体育的发展,对竞技武术的发展产生过,并至今仍然产生着巨大推动作用是不可否认的,如果没有全国运动会,如果武术不被列入全国运动会的项目中,就不可能有今天的竞技武术,这也就决定了不可能有今天的整个武术运动的社会地位。想一想张之江先生所说的"再回想本馆去年举行国考的时候,更是'观经鸿都尚填咽,坐见举国来奔波',这样一来,不但政府方面,知道'国术',就是民众方面,也就个个知道从前把式的,今尽尊称'国术'了,那么,'国术'同志的人格,岂不大为提高了吗"。

新中国成立以来竞技武术之所以能得到较快的发展,进入现代竞技体育行列,是由于竞技武术是在主管体育的行政部门的直接领导和积极推动下发展起来的,我国体育有关部门为提倡中华民族传统体育所作出的巨大贡献,可以说在很大程度上是受到国家行为的强有力支持的,是有计划、有目的的一系列工作的结果,这种支持的力度是其他运动项目发展过程中少有的。

举办奥运会不仅会使奥林匹克精神在占世界近四分之一人口的 12 亿人中普及,促进世界的和平与友谊,而且会使世界了解具有五千年历史的中华文明古国的灿烂文化和当今改革开放的矫健步伐,促进中国的现代化建设。正因如此,"开放的中国盼奥运",12亿人民的心声到处激荡。如果说,1990年北京亚运会为武术带来大好机遇,登上了洲级奥运会舞台,那么要是北京申办2000年奥运会成功,将会为武术带来一个更大的机遇,使武术在奥运会上显示中华文化的古朴风采。

翻开历史的篇章,武术界在57年前,就曾与奥运会初结良缘。当年柏林奥运会,武术虽未被列入比赛项目,但是中国体育代表团里的9名武术运动员在奥运会期间作的十几场表演,却征服了海外观众的心,使他们倾倒、喝彩。令人惋惜的是,此后的奥运会武术未受到青睐,初结之缘只是昙花一现,造成了很大的历史遗憾。半个世纪弹指一挥间匆匆过去。当年意气风发到柏林奥运会表演的9名武术运动员多数抱着终生的遗憾离世了。至今健在的几位也已年过古稀,他们抱憾却又殷切地期望着有一天武术能在奥林匹克运动中展示风貌。令人欣慰的是54年后在北京亚运会上,武术敲开了洲级奥运会的大门,被亚奥理事会定为正式比赛项目。当年参加柏林奥运会的老武术家们乐了,乐得不能自己。中国武术界、亚洲武术界和世界武术界的朋友也乐了,乐得弹冠相庆。亚运会上第一次有了中国人创造的运动项目,哪一个中国人不乐?而今人们热切期望的是进一步把武术推向世界级的奥运会,或许因种种条件的限制不能很快被列为正式比赛项目,那么表演一下显示风采也是足以暖人心的。当然,中国武术界、亚洲武术界和世界武术界翘首盼望的是早日登上奥运会的殿堂。"谋事在人,成事在天。"这需要世界武林人士加倍又加倍地努力谋事,共同奋斗。①

第二节　竞技武术的萌芽:张褚之争

一、竞技比赛、催发兴会

从1912~1949年,是中国近代史上的中华民国时期,也是中国近代体育的发展和兴盛时期。经过新文化运动的洗礼,军国民体育开始受到质疑,以军国民体育为标志的强兵、强种、强国的体育观念开始遭受挑战,在上海召开的第二届远东运动会和教会学校体育活动成就了一场体育观念的启蒙,

① 资料来源:徐才.徐才武术文集[M].北京:人民体育出版社,1995,11:347-348.

近代中国人开始试图从体育的本质去认识体育和定义体育。由此,原本在以军国民体育为基础上形成的强兵、强种、强国体育观念开始转向为健身、娱乐、竞技的体育观念。

创建于 1888 年的金陵大学十分注重"三育并重",体育活动开展得十分有成效。该校校史记载:"教会学校也是引进西方体育运动的先锋。早在 20 世纪初期,许多教会学校便开展了诸如田径、棒球、足球等体育运动。开始学生不乐意参加,认为'举止不高雅',后来在实践中感到它有助于身体健康,改变了弯腰驼背的形象,便渐渐为学生接受了。"该校的金大足球队,堪称上乘。1915 年,金大足球队在南京小学与向中国投降的德国潜水兵队的一场比赛,全城约有 2 万人观看,盛况空前。

随着体育观念的转变,许多有识之士看到通过运动会比赛的方式,能够使某种体育运动方式得到迅速普及与发展。中华民国首任教育总长蔡元培先生认为:"人类的行为,不能专靠理智。在理智上我们固然知道运动的必要,但没有催发兴会的作用,或者鼓励不起来。鼓励的作用,就在运动会。不但喜欢运动的人借此增加高兴,不至厌倦;就是不大喜欢运动的人,受了刺激,也可以奋起一点。"

作为我国近代体育先驱——马约翰先生,他对近代体育运动会的理解尤具代表性。1905 年,第一次大规模的公共田径运动会在上海基督教青年会的督理下,在一个巨大的露天场地上举行。上海的所有大中院校都被邀请参加,而且所有的公众也都有机会参加这次公开运动会。通过青年会巧妙的广告宣传,人们都成群结队地前来观看大会,观众大约有 50000 人。这个盛况空前的大会具有共同的社会意图,它的效果和价值是什么呢?首先,人们是带着进行一次享乐的目的而来的;其次,它明显地促进了一年一度的运动会的召开,大大唤起了学校在体育方面的兴趣;最后,它同时表露出真正的民族和爱国感情。由此可以看出,在马约翰看来,开展体育运动会的作用已经远远超越了身体运动的本身,其激励国民的斗志,增强民族凝聚力的巨大作用是不可比拟的。

著名体育家董守义也极力推崇运动比赛,他主张:"举办运动会可以引起对运动的兴趣,使人人有运动的机会。为达到这一理想,他建议各地学校除了举办全校运动会之外,也要为新生及非代表队选手举办运动会,为落选的选手、校友组织社团或举办活动。同时,各种比赛可按年龄、身高、体重等分级办理,尽量鼓励每一个人参与。"

由此可以看出,民国期间,通过竞技比赛来推动体育运动的方式已经广受社会有识之士推崇,学校运动会、地区性运动会、全国运动会逐渐成为当时人们文化生活的一部分。这种比赛的风潮也刮到了武术界,从 1921 年第一届全国武术比赛开始,我国土生土长的武术朝着西方体育比赛的方式,开始了漫长的摸索道路。

二、国术之性质本为竞技运动

中国新文化运动风起云涌之时,西方现代体育运动借军国民教育的东风开始在中国传播。西方体育与土生土长的传统体育开始了一次面对面的激烈碰撞。当时,被视为国粹的中华武术在民族传统体育项目中最具代表性,自然而然地被推到历史的前台。

马良作为体育界国粹思潮的代言人,为提倡与宣传武术做了大量的工作。其中,通过组织武术运动会比赛,极大地提高了武术的社会地位,扩大了武术影响力。

1923 年由马良建议,邀请许禹生、唐豪等人为发起人,并联络全国武术界人士共同发起组织举办了一次全国性的武术运动会,正式名称为“中华全国武术运动大会”,从而彻底改变了传统的庙会献技、擂台打擂的武术竞赛形式。该会以发扬武术教育,征求武术名家,并以增进我同胞尚武,发展我同胞体育为主旨。由各界并武术团体、武术专家共同组织,专事表演各种武术,毫无比赛性质。全国各界人士,凡娴擅我国武术者,无论各门各派均可加入本会表演其技能。参加这次运动会的 400 多人来自全国 20 多个武术社团,是武术史和中国体育史上的第一次武术单项运动会。大会以团体、单练、对练三种形式设置了 100 多个项目。虽然说这次比赛以表演为主,没有制定评判规则,甚至都没有设置裁判来审定优劣,因此还谈不上近代竞技运动会意味。但这次活动的成功举办为接下来的武术观摩交流和武术竞技活动开辟了先河,促进武术迈向竞技比赛的行列。

据郎晋犀在《赴中华全国武术运动大会记》一文中记载。

本次大会于 4 月 14、15、16 等日在上海开会,参加的单位有精武体育总会、北京体育研究社、天津进德武术研究会、上海武德会、山东武术传习所、江苏常州正德国技学社等五个省市的 16 个单位。北京体育研究社推定许禹生、程海庭、吴鉴泉、刘彩臣、周秀峰、钱伯渊、李剑华、许绍先、郎豫增等九人赴沪与会,并附带调查沪上体育状况。13 日,大会在公共运动场特开各武术团体及武术专家茶话会,到会者有北京、天津、济南、松江、常州等处武术家四百余人。许禹生发表演说,对武术提出了三种希望:其一,融合各派门户之见;其二,希望与会诸君将各派武术优点有所著述,作为将来研究之资料;其三,使武术成为有系统、有学理之体育。14 日开会,同人表演,许禹生表演纯阳剑,程海庭演示八卦掌,吴鉴泉表演太极拳,刘彩臣是形意拳和八式飞龙剑,周秀峰插拳,李剑华雄拳,许绍先二郎拳等,同时还散布了太极拳术、八卦拳术说明书。①

时任中央国术馆馆长张之江视武术为强国强种的必要手段,在他的主持下,中央国术馆曾经举行了两届国术国考,根据《国术考试条例》规定,国术考试包括有套路演练、短兵、长兵、散手、摔跤等项目,这五个项目构成了"国术"的竞技体系,国术考试具备竞赛性质,与张之江本人对武术解读不无关系,他认为:"按国术之性质,本为竞技运动,非重比赛,无以判优劣……之江积二年来之经验,认定国术之锻炼,除有一部分体育价值外,应注重比赛……若提倡国术而不使之竞技化,则单纯之演习,既管攻守之经验,无裨自卫之实用。"

三、张褚之争

要将传承千年的传统武术搬上运动会比赛的舞台,首先当然要解决的问题就是"比什么"与"怎么比"的问题。也就是说,由运动会表演赛到比赛,人们遇到了"比什么"的竞赛内容选择问题。自古以来,中华武术就具有以演练为主的套路和以克敌制胜为主的搏斗技能两种文化形态,要将武术进行现代意义上的比赛,自然离不开套路的竞技化和搏斗的竞技化。但是,民国时期人们对武术的理解也常常将两者混为一谈,因此也就出现了"张褚之争"的"比打"和"比演"抉择之矛盾。

（一）"比打"的惯习

作为一种搏杀技术发展而来的武术,在当时社会环境下,武术比赛要比个高低,人们首先想到的是借鉴祖先流传下来的擂台打擂方式,即要凭借真打实斗,打倒对手才算是比赛的胜利。对于"比什么",当时中央国术馆馆长张之江先生始终认为,提倡国术不能是通过演练达到部分的体育价值,更重要的是要注重"自卫之实用"。"最近上海特别是不练习对比,考试也不比赛;那么,万一外国来了几个武术家要与中国人比武,我们因为不能比赛的原因,当然退避三舍,这才真是丢人呢!"由此可以看出,经过"土洋体育之争",张之江先生当时受到洋体育的影响,对武术健康价值已经有了认识,但

---

① 资料来源:郎晋犀.赴中华全国武术运动大会记[J].体育丛刊,1924.

是张先生更为看重的是武术的"比赛"，即真打实斗。毕竟，如果练习武术却缺乏"攻守之经验"，将会是一件丢人的事情。有了这样一种共识，当时中央国术馆开始思考"如何打"的问题，为开展对抗性项目做好铺垫，要求国术馆学员必须"摔、打、练"样样精通。

对于如何"比打"，从民国时期开始，武术界就开始漫长的武术对抗性比赛规则的制订过程。中央国术馆曾经举行了两届国术国考。国术考试分为"县考""省（市）考"和"国考"三级。第一次"国考"于 1928 年 10 月在南京公共体育场举行，内容主要是散打，以抽签方式，点名上台打斗。比赛者面戴铁丝罩，拳打脚踢，无所限制，规定击中对方一拳得 1 分，踢中一脚得 2 分，击倒对方得 4 分，三打两胜，淘汰制产生最优 15 名、优等 30 名。授予前三名"国士"、"侠士"和"武士"的称号，后改发一纸奖状。这次"国考"基本上是一次大规模的封建擂台式比武。由于宗派门户之见严重，加之缺乏必要的规则和安全措施，不少人被打得血流满面，断筋折骨。有的拳师根本不参加这种野蛮的打斗，只作壁上观而已。

第二次"国考"于 1933 年 10 月仍在南京公共体育场举行。这次考试大体是按《国术考试条例》和《国术考试细则》进行的。考试内容分学、术两科。学科包括党义、国文、国术源流；术科包括拳术、长兵、短兵、摔跤和搏击（散打）。比赛规定拳术、长兵、短兵等套路"及格"者，才能参加搏击。搏击赛按体重分为重量级、中量级和轻量级三组分别进行。这次"国考"虽增加了套路比赛，但因无详细的裁判规则，裁判员多是凭印象给分。至于搏击，作为一个运动竞赛项目，仍然不能算是成功的，要么出现伤害事故，要么不能赛出真实水平。这个问题一直未能解决。因此，在 1948 年第七届"全运会"的"国术"比赛中，便取消搏击而仅存套路比赛。

在上述两次"国术国考"前后，一些省（自治区、直辖市）也举行了"国术考试"。这些"考试"更没有什么规则与安全措施了。上台比武，"拳打不知"，党同伐异的派别斗争更形激烈而趋于表面化。通过大大小小的"国术考试"，国民党的军阀官僚们，罗致了大批军警教官和保镖打手。

这种"比打"的方式出现了种种让人难以满意的比赛场面。武术竞技化"比打"的赛事在民国期间举办过一次游艺会（杭州国术游艺会）、两次国考（第一、二届国术国考）。1929 年"杭州国术游艺大会"，在第一天以"打点取胜"时大家一味退让；在第二天规则变为"被打倒为负"，于是出现了"头破血流""拼命地比赛"；1933 年第二届"国术国考"，这次比赛因为强调了以点取胜，所以双方都不敢轻易进攻。躲闪逃避者为多，就如同当时报纸评说："国术场成了斗鸡场"，因此未能考出真正水平。

竞技武术这三次"比打"的赛事,留下诸多问题,比如比赛的得分与击倒规则如何界定,又如赛事怎样才能满足人们心目中对武术技击的期待。无论如何,民国期间三次"比打"的武术竞技化思路破灭了人们心中神话般的"国粹",传统武术的魅力也只能是人们茶余饭后的谈资。

（二）比演的呼吁

20 世纪 30 年代,褚民谊以担任行政院幕僚长之便,大力推广体育运动,发表了许多有关体育方面的文章,其体育思想在当时有一定的影响。在第六届全国运动会上,他以《本届全国运动会之真意义》为题,提出了对我国开展体育的看法:"从运动意义言之,乃以平均发展每个人的体魄为目的,因此应排除过分的激烈运动,以免身体的损伤,也不要以锦标之得失为参与目的,而需让全民皆有平均发达身体的机会。"同时,他也十分重视国术,在1929 年《国术》杂志第一期上发表《国术之重要》,"国术的提倡,是很重要的……体育和国家及民族的关系很大,现在我们说德育,智育,体育。在中国古时,孔子已经谈到智仁勇的教育了,'有勇知方''见义不为无勇也'的话,就是说勇可以求智,勇可以行仁,我们可以知道体育是德育智育的根本,国术是体育中最好和最适宜的方法。"

> 第五届全运会举行于首都,既有两千三百六十名小学生之表演,博得好评,嗣又成立太极操协会班,造就师范数百人,分赴各地辗转传授,如京沪、沪杭、平津、平汉各路,附近各地之各级学校,以及民众团体,对于太极操相当认识,尤以海军全体,均已采用多年。去年第六届全运会,举行于上海,开幕之日,三千小学生整齐服装表演操,印象颇佳,十万观众,表演鼓掌不断。[1]

褚民谊重视体育运动对增进健康的作用,但是他认为如果因为运动而产生内伤或外伤,实就变成牺牲健康,"今日学校体育,仅知造就少数选手,以为学校争光,而忽视了其他多数学子,此实大谬,与体育本旨背道而驰"。他对于当时锦标主义盛行持消极的态度,甚至主张"消除比赛制"。基于褚民谊这些体育思想认识,不难看出他对发展武术所持有的观点主张。他认为,中国古代的拳术虽然很发达,但多用来自卫,就方法上看来,并非在健康方面着想,而是在攻击方面着想。因此,他认为发展武术应该以强身保健为首要目标,反对以拳械对试的真打实斗方式进行武术比赛,而这却与张之江

---

① 资料来源:褚民谊.褚民谊先生武术言论集[M].国术统一月刊社,1936:87.

"将自卫和卫国列为推广国术运动的首要任务,要求拳械对试,以适应作战能力"的主张相悖了。为此,他甚至在中央国术馆举办第二届国术考试时,谢绝了担任副评判长的邀请。

针对"比打"的"闹得乱七八糟",褚民谊决定用表演方式以定分数,"分门比赛",先后进行了四场实践:第一场是1924年举行的民国第三届全运会,首次将武术套路列为表演项目,制定了按手、眼、身、法、步五项技法进行评分的简单规则。1928年和1933年举行的"国术国考"预试中,也采用了类似的规则。在这期间的表演赛和各级国术考试预试中,比赛不分男女,也不分项目。第二场是1934年举行的第十八届华北运动会,武术表演赛改进为分单练拳术、对练拳术、单练器械、对练器械四项,进行分项比赛评奖。较之以前不分项比赛的做法,前进了一步。第三场1935年举行的民国第六届全运会武术表演赛,将评分标准修订为按姿势、动作、运劲三项进行评分。这个标准虽仍是简单而不具体的笼统条文,但它包括了对静姿、动态的要求,还包括了对体现武术特色的劲法要求,较之以前有了进展。1936年由中华全国体育进会审定的《国术比赛规则》中对武术套路的评分标准为:"……(五)表演成绩,以姿势、动作及运动三种为标准,每种均以一百分计算,再以三种之总分平均之,即为应得之分数"。第四场是1948年第七届全运会,按照姿势、动作、运劲三种动作总和的平均数作为最后成绩。但第四场"演"赛事遇到一个问题:如何区分不同拳种、不同套路演练水平的高低?对此,具体负责上海全运会武术比赛的徐致一说:"国术门派太多了,使我们无所遵循,希望将来能产生出一套东西来,我们大家都去练它。"也就是说,民国比演的技击化比出了"一个期望":"大家练之、比之"的"一套东西"。

1932年10月10日,第十六届华北运动会在河南举行。本来张之江想把中央国术馆国考并在华北运动会中举行,许禹生认为国考是全国的考试,若在华北一隅举行,其他各省恐怕无法参加,建议在华北运动会时加国术,取表演式,由华北各省市派员参加,得到张之江的首肯,河南省国术馆陈峻峰也表赞同,后来河南省国术馆向华北运动会筹备委员会建议并通过。第十六届华北运动会因为第一次将国术列为项目,所以在国术界是一次标志性的运动会。1933年第十七届华北运动会后,制定了华北运动会国术规则。这个规则中规定,业余运动员规则不适用于华北运动会,保证了所有练习国术的人都有参加华北运动会的资格。规则规定国术项目分拳术表演(单人、对打)、器械表演(单人、对打)、摔跤比赛、特别技能表演。表演评判标准为姿势、精神、动作、其他(如体力、修养、武德等)。根据这几届的比赛,全运会的武术规则基本定型,武术表演赛被保留下来,地区性的运动会的国术比赛也都是表演性质的比赛,与全运会的规则相似,武术得到群众的认可。

第三节　新中国成立初期竞技武术
雏形的建构：比演

一、增强体质：比演的社会背景

新中国成立初期,台湾还未解放,仍处在帝国主义包围之中,美帝国主义仍然在进行战争挑衅,试图运用各种手段来破坏新中国的建设,中国人民必须加强国防力量,随时提高警惕。如果中国人民没有强健的身体,就不能适应现代化国防建设的需要。广大农民群众健康状况普遍较差;由于职工身体不好,不能正常工作,直接影响了生产进度,降低了劳动生产率;在校学生由于疾病无法坚持学习而中途辍学的屡见不鲜;机关干部健康问题主要反映在神经衰弱带来的头晕头疼等问题。因此,如果不迅速改善全国人民的身体健康将无法适应生产劳动及学习生活。

这对新中国的建设事业产生了不利的影响,亟须设法改进。根据北京大学在 1952 年的调查数据,在 316 名学生中,染有肺病的占 10%。在技术学校中,患神经衰弱的几乎是很普遍的,如长春邮电学校动力班 46 人中,有 40 人患神经衰弱。很多女学生患妇女病。学生因病休学的人数也是惊人的：东北师范大学三年来在 3374 名学生中,休学的占 8.1%。在工人中,体质一般都较弱,因病缺勤的很多。据重庆 61 个工厂企业单位调查：职工 38731 人中,患肺结核、胃病等慢性病者达 3286 人,占总人数的 8.48%。在南京永利铔厂,1952 年 1~9 月因病缺勤而损失的工作日达 8751 天,等于全厂停工 6 天。由于工人病假多和体力差,严重影响和降低了生产效率。机关干部的健康状况也不好：根据天津、北京、山西各银行的材料统计,肺病患者一般占 10%。在报社、银行、贸易系统的员工中,神经衰弱患者很普遍。

半殖民地半封建社会孕育的武术运动,虽然经过欧、美近代体育的熏陶和影响有所改进,但是,武术中宗派门户之见、仙传神授之说、陈规陋习之恶,直到新中国成立后一段时间还充斥于武术运动的各个领域。保守落后的观念、有损健康的动作和某些项目,亟待改造和纠正。据当时在北京对武术社团的调查,在拳社中普遍称呼"师父、师母",进门鞠躬礼拜。有个"杨家将武术社"挂着师父化装成如来佛打坐模样、徒弟两旁侍立的照片。在招生广告上还贴着"普济众生"。吉林市有一个拳师出布告"教会飞檐走壁，收费100万（旧币）"；教工人学腾空，为了打工会主席。大连市修剑痴收徒弟，不让徒弟称他为"师父"要称"师爷"，还经常鼓励徒弟出去打架。再据一个城市的统计，全市专业拳师中间反动党团会道门分子就占80%以上。其他如利用迷信玄虚欺骗群众、进门要叩头拜师、过年过节要徒弟送钱送礼、轮流请师父大吃大喝的现象，在全国各地都较普遍地存在着。

对于武术发展过程中出现的种种混乱现象，国家采取了果断的措施，对武术进行整顿。1955年，时任国家体委副主任的蔡树藩在工作报告中谈道："贸然提倡武术工作，引起各地聚众结社、开堂收徒、发展会道门、隐藏反革命，造成混乱现象……武术工作根据主观力量和客观情况，目前只能进行一些整理和研究。提出一些与体育有关的对健康有益的又能推行的项目。为了把这件工作做好，而不是捣乱、搞坏，目前这项工作只能由中央体委来做。省、市体委，不建立这方面的机构，也不进行这项工作。厂矿、企业、学校、机关原有的武术锻炼小组，要加以整顿，没有的，暂不建立。农村中坚决停止发展原有的武术活动，可由区乡政府、青年团加以领导，不要被坏分子利用做坏事；至于少数民族中所固有的一些体育活动，如骑马、摔跤、射箭等，应当提倡，并应很好地加以领导。社会上的一些拳社和武术联谊会等组织必须停止发展，其中，有些假借武术之名，实际上教人偷盗，强奸妇女，发展会道门，隐藏反革命，应该由政府加以取缔，这些犯罪应当受到法律制裁。"

在这场整顿之后，武术的发展出现的最大的变化，就是人们对武术价值取向出现了明显的一边倒现象，即强调对武术功能价值的追求，尤其偏重为健康服务的套路演练及欣赏价值的观点占有主导地位。1957年6月，在北京举行的全国武术评奖观摩大会上，国家体委运动司司长李梦华在一次简短的报告中说："从生理学的观点看，武术的动作大多数是好的，但也有不合生理的……今后谈到武术的价值时，不必强调自卫应敌等，而应该强调它对于人民健康的作用。因为增强人民体质就是对国防有益、对生产有益。即便是练习枪刀剑棍，也不应理解为战斗武器，而应理解为运动器械。"蔡龙云在《新体育》1957年第2期刊登了《我对武术的看法》，认为武术在今天的任务不再是"防身杀敌立功"，而是和其他体育项目一样是为增强人民体质。在关于武术性质问题的讨论会上，蔡龙云再次强调了："我是承认武术在今天是体育的，武术在今天能成为目的在于增强人民体质的体育运动项目，是由于人民群众的需要和武术本身的可能。"在这次会上刘世明也认为："武术的性质，我认为是民族形式体育的内容之一，是健康身体的方法,是属于身体教育的一种手段,是体育"。"体育的目的与任务是同教育的目的与任务一样,随着社会的发展而有所不同……武术也是这样。在卫国方面不应该理解为拿着大刀救国,重要的是以武术为手段,把身体锻炼得更结实、更健康,为保卫祖国准备条件。"吴高明的发言更是强调了武术的锻炼价值,"武术实际上从创始到现在,都存在着体育价值,我们就应该承认它从创始到现在都起着体育的作用,不能片面地从某些人为了打人防身而发明武术,或者学习武术的动机和目的是技击。武术是体育竞赛项目,在目前限于条件,我们只能侧重在表演方面,将来迟早要在表演之外同时进行竞赛的。因此我们在表演规则,竞赛规则,以及评判员的培养问题等也应该赶紧组织力量,进行更广泛的和更深入的专门研究,来适应目前和日后的殷切需要。在武术运动中,我们对于评判,也应该提出同样的要求。"

新中国成立后,武术运动在曲折发展中确立了武术的体育价值定位,再加上当时阵阵的"唯技击论"批判声,更使一批不同意见者不寒而栗。如著名武术教练吴彬在谈起 1963 年在体校任教时的情景时说:"武术的动作是拳、掌,这些拳打脚踢都是用法,再加上擒拿,到了学校后,我们教小孩,他们不让,不让教实用,一教实用就是犯错误,说武术只能锻炼身体,不能讲用法。"

新中国成立初期,国民健康状况较差,影响了正常的学习、工作。武术成了人民增进健康的工具,其体育健身价值得到充分的发挥。与此同时,刚从旧社会中走来的武术,仍然带着诸多陈规陋习,甚至一度成为社会不稳定的根源。经过国家的治理整顿,武术的技击特质被暂时削弱,成为人们不愿提及的话题。正是以上两方面的历史原因,武术开始朝着健身、娱乐的功能方向发展,也奠定了武术竞技发展的方向——"比演"。

二、民族运动会:比演的成功范例

1953 年 11 月 8~12 日在天津举行了全国民族形式体育表演及竞赛大会,目的在于加快武术及其他民族形式体育的发展步伐。参加大会的有六大行政区、火车头体育协会等 7 个单位,汇集了汉族、满族、蒙古族、回族、维吾尔族、哈萨克族、塔塔尔族、苗族、傣族、朝鲜族等 10 个民族的体育选手。这次大会的内容分为:竞赛、表演和特邀表演三大部分。竞赛方面有拳击、摔跤、举重、短兵、射箭等五项;表演方面有武术、民间体育、骑术等三项;特邀表演项目有中国杂技团带有体育性质的杂技表演,内蒙古和中国人民解放军的马球表演,蒙古式的摔跤、舞狮、沙袋球以及击剑等。在 5 天的表演与竞赛中，许多少数民族运动员向观众展示了各自的文娱体育项目，其中有些项目经过上千年流传，已经发展成为本民族的绝技。如傣族的"象脚鼓舞"、维吾尔族的"踩绳"、蒙古族的"布鲁投远"、朝鲜族妇女的"跳板"、苗族的"葫芦笙舞"等。他们精湛的技艺、热情洋溢的表演给观众留下了深刻的记忆。

这次大会上最丰富、最受欢迎的项目当属武术。在每天的活动日程中，参加武术比赛、表演的人次最多，武术裁判也最为繁忙，擂台上精彩的表演、惊险的动作常常令观众发出阵阵欢呼声。有145名运动员做了332个项目的表演。仅拳术就有少林拳、罗汉拳、八极拳、猴拳、绵拳、查拳、八卦掌、太极拳、通臂拳、螳螂拳等139项。此外，还有器械、对练、散手、短兵等，充分展示了传统武术的丰富多彩。各种风格、各具特色的武术套路和器械的表演精彩纷呈，其花样之多，范围之广，是人们预先所想不到的。天津李文贞的太极十三剑、西南体院讲师蓝素贞的自然剑、绵拳和华北选手80岁高龄的高紫云、西北青海回族选手苗玉龙等表演的项目，动作优美，气势雄壮，每一个技击动作或腾空，或落地，或前进，或后退，或左顾右盼都充分显示出民族深邃的传统文化底蕴，既显示出一代武侠的风采，又显示出我国各族人民当家作主的新一代精神风貌。

为了彼此观摩和学习，大会评判员和20多名运动员，在比赛的最后一天，也向大会作了表演。主要项目有：剑术、对擒拿、飞叉、螳螂拳、梅花枪、双剑、空手夺枪、双刀进枪等武术项目。这些评判员们对武术都是有一定的研究，他们的表演自然异常精彩。所表演的项目给诸多武术界人士研究武术运动的发展开拓了思路，留下很深的启发。特别是集体推手表演，10位评判员分作五组，两人一对，彼此作交打的柔韧动作，动作看似简单，但很优美，这为竞技武术今后的发展提供了样板，奠定了我国竞技武术接下来几十年的发展道路。

新中国成立初期，我国竞技体育正处于摸索中发展的阶段，就各项运动项目的比赛而言，均没有多少可以借鉴的经验。对于首次民族形式体育表演和竞赛大会，无论是组织方式、比赛规则，还是场地设施等等方面的要求，更是摸着石头过河。这次大会参加的运动员多，项目十分复杂，同时又没有较为详尽的竞赛规则，在竞技体育所要求的可比性、可操作性等方面都处于初次尝试阶段。但就其历史意义来说，这次运动会是一次中国武术观摩交流的民族大团结的盛会，给人们带来了一场欣赏、学习中国武术的视觉盛宴。仅从这一角度看，这次运动会成为以"比演"的方式进行武术竞赛成功的范例，为以后竞技武术的发展写下了伏笔。

三、武术欣赏评价：比演评论

大众传播的各类题材、各种形式作品均不能回避舆论,而评论是最鲜明、最直接表明观点的体裁。因此,评论一向被人们视作引导舆论的旗帜。新闻在整个报道的过程中是引导观众去理解和思考,通过评论,不仅快速地告诉受众当前热切关心的事实和问题,更要剖析其内在的原因及其发展的逻辑,从而在社会上引起广泛注意和强烈反响。

马克思认为:"报刊最适当的使命就是向公众介绍当前形势、研究变革条件、讨论改良的方法、形成舆论、给共同意志指出一个正确的方向。"同样,新闻评论引导舆论具体表现为把受众的意志统一起来,这就需要它在表达意见时,通过一系列生动的事实报道和言论,不断提高自身舆论的真实色彩,并赋予舆论某种权威性,指导人们正确认识这种舆论的力量和意义。

回顾新中国成立初期的武术发展,当时希望将武术打造成现代竞技运动的想法,普通群众对于这一新鲜事物并没有任何既有的主观印象。这种情况下,通过新闻媒体的传播所形成的舆论,将古老的武术以一种全新的面貌展示在了群众面前,让人们在评论中逐步了解了作为竞技体育的武术比赛的方式、欣赏的视角、未来的发展走向的一系列认知。作为新中国最早的新闻媒体之一——《体育报》,在新中国成立初期武术舆论宣传中发挥重要的作用,众多相关评论报道,不仅宣传了竞技武术知识,而且引导了人们对武术欣赏评价的认识,对竞技武术"比演"赛制的形成打下了良好的社会基础。

> 　　运动场周围,挤满了观众,一阵阵地响起噼噼啪啪的掌声。场子中一个女子,以轻盈、矫健的步子,来回舞动。她时而软得像一根柳枝,时而又像一支钢针笔直地插在地面,观众赞声啧啧。有的说这动作好像艺术体操,有的说这明明是优美的舞蹈。原来它既不是纯粹的体操,也不是完全的舞蹈,而是结合了两者动作,广泛流传在我国民间的一种武术运动——绵拳。这是在 1953 年 11 月在天津举行的民间体育运动第一次盛会——全国民族形式体育表演及竞赛大会上,由西南区武术运动员蓝素贞表演的一个精彩场面。①
>
> 　　看体操和武术表演,运动员们塑造的种种优美形象,确实是给人以美的享受。唐代的著名书法家张旭,观看了公孙大娘的剑器舞(浑脱

① 　资料来源:佚名.千年古树喜逢春.体育报[N].1959 - 09 - 19.

舞),从中吸取了不少矫健、妙曼的舞姿,书法得到长足的进步。现代的体操和武术动作,更具有强烈的造型艺术美。从事武术锻炼要求神气贯注,精神奕奕,手、眼、身、步法紧密相连,而且运转自如。这种圆、曲、收的主调,既表现了持久不懈的力量,又蕴含着锐不可当的爆发力。武术与体操,锻炼出了健美的人,也使看精湛的技艺表演的观众获得美的情操。①

北京市青少年业余武术学校的学生,在北海体育场作一场精彩的表演。一个灵巧的侧空翻,场上跳出一只"小猴"。他来回蹦跳,步履轻捷,出拳迅疾,身法灵活。最后一个节目是"集体三级剑"。十名十一二岁的小姑娘在一起翩翩起舞,做着跳跃、翻转、平衡动作。"击与舞"融合一处,柔中有刚,静中有动。②

上海市的武术运动员邵善康、胡汉平、蔡鸿祥等人为了迎接全运会,几个月来集思广益,创作了许多新套路。这一天,著名的京剧艺人盖叫天和上海的许多武术界前辈都应邀到场参观了表演,并对上海武术运动员提出了一些有益的意见和指点。③

这些武术评论,不仅仅是对武术欣赏的描写,更是引导了欣赏武术竞技比赛的一种舆论导向。对于刚刚从旧中国走过来的人民群众来说,逐步改变了传统武术搏杀蛮打、街头卖艺的技击认识。形成了在新社会环境下,武术的价值脱胎换骨式的认知。武术比赛舆论的宣传不仅仅停留于直观欣赏层面,随着"比演"规则的逐步完善,引导群众认识规则,学会在科学规范的规则框架下认识武术竞赛,成为武术界先驱当务之急的使命。

1956年11月在北京举行了十二单位武术表演大会,会上试用了给运动员打分的办法,第一次比较具体地区分出运动员成绩的多少。尽管这种办法还存在种种不足之处,但它毕竟是武术运动项目走向正式比赛的开端,先前迈出了关键的一步。这次比赛,采用一种新的评分方法,由于裁判员严肃认真地学习了规则,运动员对评分满意。安徽刘桂兰青龙枪表演完,当主任裁判叫举分时,四个裁判同时举牌都是7.9分,此时,观众和运动员报以热烈欢迎的掌声。④

① 资料来源:傅天仇.未知.体育报[N].1961 - 11 - 20.
② 资料来源:陈克敬.武术后辈当众显技.体育报[N].1961 - 08 - 24.
③ 资料来源:佚名.上海武术家集思广益创作新套路.体育报[N].1959 - 07 - 30.
④ 资料来源:佚名.刀光剑影 棍起枪落.体育报[N].1959 - 09 - 23.

蔡龙云先生以《观赏武术的门道》为题,较为系统向大家介绍了武术套路中刀、枪、剑、棍的规则。用一种通俗易懂的写法让人们对"比演"的竞技武术有了初步的认识。

"内行看门道"。如果您能够懂得一些武术的"门径",那么,在看武术比赛的时候,就可以增添观赏兴趣。

当一个纵跳翻腾动作非常激烈的长拳类的套路表演的时候,人们也许会被那种扣人心弦的火爆的表演感动得热烈地鼓起掌来。在这时候,您应该注意运动员脚底下是否稳,身体是否正,出拳是否准,踢腿是否柔,因为火爆的表演往往容易藏拙,把稳、正、准、柔的许多缺点隐藏下来,使您难以发现。

武术规则对这些方面提出了严格的要求。比如:做一个平衡动作,脚底下稍有移动,就要扣0.1~0.2分;如果跳动了三步还没站稳,就要扣0.6~1分。在身法上,不许斜顶、歪项、耸肩、缩胸、弓背、弯腰、撅臀、挺腹,如果不合要求,影响整个动作姿势的完整和圆满,那就被认为严重错误。出拳必须与肩齐高;出掌时掌指必须与眉齐高。踢腿时前踢腿的脚尖要接近前额,侧踢腿要贴近身侧,与上身平直,如果不柔软,离规定部位差二十厘米以内者,就要扣分。

一个好的剑术表演,应该是身与剑合,剑与神合,能够给人一种"逡巡潜虬跃,郁律惊左右。霆电满室光,蛟龙绕身走"的雄气勃然。所以在规则中规定:在动作中,身体的转动,顺肩、腰、眼神等配合得不好,步型、步法配合得不协调,剑到步没到,都要扣分。

在刀术的运动过程中,左手如果处理不当,就会使运动的结构、姿势的造型遭到破坏,规则中阐明:空手在动作中配合得不够协调就要扣分。

"枪是器中之贼",古代的名将使枪者居多。衡量这个项目的好坏,基本的标准是:后把要稳重,出枪要准。扎枪时,必须使枪直出,力量要达于枪尖,使之颤动;后手必须触及前手……平枪必须成水平,上枪高不过头、低不过肩,下枪高不过膝、低不触地。

"棍打一大片",棍术表演可以从"狠"字去观察它。狠并不是凶杀恶斗的意思,而是有力的意思。不论是拨、云、扫、穿、盖、压、托、挑,都必须使力量贯于棍端或棍身。一个缺乏力量、缺乏迅速的棍术表演,它的得分是不会高的。①

---

① 资料来源:蔡龙云.观赏武术的门道.体育报[N].1959-09-22.

　　今年的规则中规定：运动员如被地台的边缘绊倒,被风沙迷眼或其他原因摔倒,经裁判长许可时,可以重做一次,不减分;器械脱手落地,拾起后,仍能继续做下去者,每次扣 1 分。不像过去那样 1 分也不给。

　　发现运动员的套路比规定的动作数量少了一个动作,就遵照规则扣了 0.5 分;在表演过程中,又发现运动员漏作了一个"旋风脚",便又扣了 1 分;在运用表演结束时,他一看表,表演时间超出了规定时间 5 秒,速度不够标准,就又扣了 0.2 分。①

　　武术家与新闻记者站在更高的角度瞭望武术,体察武术发展的潮流,对于武术发展热点题材的关注,在一定程度上是满足观众了解武术、学习武术的需要。更重要的是,通过对武术竞赛的现象、形势的评论,并不仅仅是复述武术赛场的新闻事实,而且通过分析其发展的趋势,告诉观众与武术爱好者武术发展将会怎样。

四、"比演"规则的探索

　　竞赛规则是竞技比赛重要的组成部分,是竞技体育运动训练的导向和运动技术发展的指南,是保证比赛公平竞争、评判技术高低的准绳。

　　要想使武术成为一个真正的现代竞技体育项目,制定一部全新的竞赛规则是势在必行的,因为规则是进行比赛的基本文件,是判定成绩和决定胜负的依据,没有科学可行的武术竞赛规则,不利于武术技术水平的发展。章伟川先生早在 20 世纪 30 年代就说过:"适者生存,不适者淘汰,这是物竞天择万物进化的规律。我国的国术,虽有几千年悠久的历史,但是在几千年来,非但未曾有些微的改进,反有逆水行舟,不进而退的现象。无怪一自西洋运动随欧风东吹而来,国术便受大众漠视,而行将绝灭了! 试观西洋运动之能昌盛,半亦以比赛规则之严密,及裁判之认真也。故鄙意为不欲改进国术之科学则已,欲使国术科学化者,则对于详定比赛规则,认为毋庸忽视也。"

　　作为新中国武术发展改革的践行者——毛伯浩认为:由于各种套路是应顺着人民的需要和喜爱而产生的。在长期的实践中,一些好的套路流传发展,普及各地。有些套路在流传中改变了原来的形态。现在流行于各地的拳套,少林拳、罗汉拳、六合拳、查拳占绝大多数。太极拳也日益在武术中

---

① 资料来源:蔡龙云.观赏武术的门道.体育报[N].1959–09–23.

占据重要地位。在器械套路中,古代几十种兵器自然淘汰成为以刀、枪、剑、棍四种最为普遍。这些都是武术在历史上经过了漫长的自然演变过程的结果。今天为了适应人民的需要,还必须进一步加强整理研究,要求对普遍公认的长拳(或叫少林拳)和太极拳,根据其不同的特点和对象,明确其锻炼目的性,综合各地创造的优势,制定系统的技术细则,动作规格。确定表演规则和评判方法,简明地总结其指导原理,为普及和传播武术运动创造条件。"技击"是古代人民练功习武的目的。但是现在要把它作为体育项目的一种,并且进行竞赛,必须有共同的技术基础,共同的方法、规则以及共同遵守的体育道德,竞赛必须以锻炼身体提高技术水平为目的。

在 1953 年全国民族形式体育运动大会以后,又举行了一些全国性的武术活动,如 1956 年全国武术表演大会、1957 年全国武术评奖观摩大会、1958 年全国武术运动会,这些大型的武术活动,无论是组织工作,还是规则的修订、裁判员的培训,都有了长足的进步,但由于没有严格的竞赛规则,仍然是多种拳种、多种项目在一起演练评比,不仅项目不分组,连运动员的性别也不分组。

1956 年 11 月,在北京举行了由北京、四川、天津、上海、辽宁、山东、河北、湖北、陕西、黑龙江、湖南、浙江共 12 家单位 92 名运动员参加的"十二单位武术表演大会",评判委员会主任为原中央国术馆馆长张之江,比赛不分男女,分评议项目和表演项目两类,分别进行拳术和器械的演练。值得注意的是,这次大会对评议项目试行了"5 条 40 字"的评分标准,给运动员的成绩进行打分的办法,第一次比较具体地区分出运动员获得成绩的优劣,最后评选项目有 26 人在 8 分以上,表演项目有 13 人在 8 分以上。这种方法对后来武术规则的制定奠定了基础。

1957 年 1 月 17 日通过的《关于 1956 年体育总结及 1957 年工作的要求》中认为:"武术是我们民族文化遗产的一部分,我们应当根据党和政府对民族文化遗产的方针来对待武术工作,同时作为一个运动项目继续推行。过去在这一工作中的主要缺点是缺乏领导和没有团结更多的人共同来做,发生了一些混乱和自流现象。这是应该改进的。""今后,不论工人、农民、学生或机关干部,凡是爱好武术的,都可以像其他项目一样,自愿地组成锻炼小组或单独进行锻炼。各地可以举办武术表演,或将武术表演和体操比赛结合举行,以互相观摩和提高。"

这是国家体委针对以往武术发展过程中的问题提出的改进意见,它不仅承认武术应该作为一项体育项目来发展、支持各地进行武术锻炼和组织武术表演,而且提出了武术和体操互相借鉴、共同提高的问题。

1957年举行了全国武术观摩大会,由于这次大会基本上是属于表演性质的,各种流派、各个拳种在比赛时都没有一个统一的标准,只能在裁判执行时,依据拟定的一些规定作为评判依据。这些规定,一般比较简单、粗糙。武术评判中的这些问题,突出反映:迫切需要有一个统一的规范准则、判罚尺度来作为依据,以保障比赛的顺利进行,也使运动员能在同一条件下公平合理地进行比赛。

1958年,在国家体委领导下,邀请、组织部分武术工作者,着手研究武术规则的制定工作。当时参加的有张文广、毛伯浩等同志。大家首先遵照毛泽东提出的古为今用、推陈出新等文化建设方针,对这项具有悠久历史和民族传统的体育项目进行研究。经过讨论,确定了拟制起草规则的原则,即:武术竞赛规则的制定应根据武术运动的发展和全国武术表演和比赛的实际,以武术比赛时的套路内容、动作数量、完成时间、动作技术标准等为主,进行统一;同时,参考竞技体操规则,制定评分方法。以长拳、短器械、长器械套路(自选、规定)为主要竞赛内容。原则、指导思想明确后,又进行了任务分工,几个人分头开始撰写。其间大家不时凑在一起探讨、研究,究竟怎么规定才符合武术运动的竞技特点?才能充分发挥运动员的技术水平?如何评判,才能体现出公平竞争的合理?大家颇费心思地琢磨、研究着,都想尽快拿出一部反映我国武术运动技术水平,适合武术运动开展,又能引导和推动武术运动的裁判规则。

1959年以前的竞技武术比赛项目十分庞杂,没有形成较为系统的规则。比赛不分年龄性别混合进行,对套路完成时间、完成内容以及动作规格无详细要求。当时只能根据一些简单的评分标准,对运动员的功力、武术修养等临场表现做出相应的评判。最后不同年龄性别组的运动员,通过不同拳种和器械的比赛,以得分的多少混合录取,以评定得奖的等级。由于当时对西方竞技体育比赛模式和办法的研究与借鉴不深入,无法制定出严谨的竞赛规则来组织合理的比赛,武术的比赛更多的是以评奖方式进行,不计名次,这在严格意义上还不符合现代竞技比赛的要求,所举行的武术赛事实际上只是一种表演评奖式的竞赛活动。

五、第一部《武术竞赛规则》:比演的定型

根据1958年6月21日颁发的《中华人民共和国体育运动竞赛制度(草案)》中第三条"全国各种竞赛项目的规定",武术已经成为每年各举行一次锦标赛的24个运动项目之一。这就意味着在国家的相关制度层面确认了武术作为竞技体育项目,也为武术成为第一届全运会的项目创造了条件。

经过多方的努力,起草于 1958 年的《武术竞赛规则》,终于在 1959 年由国家体委正式批准公布施行。这是武术成为一项竞技体育项目所迈出的关键的一步。具有现代科学化意义的第一部武术规则,其系统地阐述了武术竞赛的组织机构,组织比赛的方法,主体内容包括:① 项目设置;② 评分方法:明确规定最高分值 10 分;③ 内容数量:对套路的内容数量有明确规定(50~60 个动作);时间规定:规定了完成套路的时间的上限(该项规定是希望改变当时有些套路太长,有些运动员动作速度慢,姿势不稳,运动强度小的状况);动作组别要求:规定了动作正确规格标准,以及错误动作扣分标准,使武术第一次有了在相同条件下进行竞赛的规定和比较具体的评分标准。

尤为可贵的是,在经过对门派林立、风格各异的武术拳种套路进行精心筛选后,终于摸索出适合进行竞技比赛的武术动作与套路。由此开始,随着武术科学化训练的发展,逐渐加大负荷强度,武术跳跃动作出现了难度大、跳得高、落得稳的趋势,"难度大、质量高、形象美"的技术发展方向摆上了武术套路发展的议事日程,武术套路结构布局日趋合理,动作内容创新层出不穷。《武术竞赛规则》的实施标志着武术竞赛正式迈向科学化的现代竞技体育发展方向,也意味着竞技武术的正式确立。其构建起的 5 大部分主体内容成为日后武术规则进一步发展完善的基础,引导着武术运动发展的方向。

第四节　竞技武术的完善

一、比演:套路竞赛逐步完善

(一)难度大、质量高、形象美

20 世纪 50 年代,竞技武术虽然经历了几次不同规模、不同级别比赛的摸索,但对于如何科学合理地进行"比演"始终没有形成一个导向性的模式。毕竟,对于琳琅满目、风格各异的流派拳种,制定出一个可以让大家接受的,并且具有可操作、可比性的规则的确需要有一个具有划时代意识的思想去推动。1959 年举行"全国青少年武术运动会"后,当时的运动司司长李梦华在总结会上讲:"这次我在广州开了体操教练会议,研究了体操的问题,提出的口号是:难度大、质量高、形象美。是否适合我们的武术,大家考虑。这是技术提高的方向。武术运动不讲哪种拳,提高难度才能反映出水平不断地提高。永远停留在一个难度上是不成的",李梦华提出了"要难度大,豪放、舒展、轻松愉快、动作要美。假如动作不美,不会有好的印象。要有美的特征,你们去研究","难度与质量是基础,美又不能忽视"。这是主管领导关于武术技术发展方向的最早的论述。一定意义上,这一次总结讲话,奠定了竞技武术套路技术的"高、难、美"的发展思路,成为竞技武术未来发展氤氲。

1959年国家实施第一部《武术竞赛规则》,规则以长拳类的拳、器械套路(规定套路和自选套路)为竞赛对象。1960年的武术比赛在长拳、太极拳的基础上增加了南拳项目,由此确立了武术套路竞赛以南拳、太极拳、长拳为主的竞赛格局。这一时期,国家体委提出武术技术发展的方向为"难度大、质量高、形象美",鼓励教练员、运动员创编自选套路,使长拳、器械套路的动作、组合、难度、布局等方面在继承传统中有了新的发展。

在这一方针的指引下,这一时期的武术优秀运动队技术训练主要在"高、难、美"上下功夫,技术有了新的突破和创新。其突出表现主要为:套路编排的结构布局新颖多变,动作速度加快,运动负荷增大,动作造型美观,跳跃腾空高,落地平衡稳定。

　　这次比赛,出现了一个"百花齐放、推陈出新"的崭新面貌。各队都改编了套路,加大了运动量,提高了动作难度,使动作力臻完美。因此在比赛中,名将老手谁也不能一马当先过关斩将,在短器械中,各路群英一直比武到最后一场才见分晓。近几年来,经过整理,研究出的武术规则,通过这次施行,大大促进了技术水平的提高。①

　　各派老少英杰表现出的美妙技艺,把人们引向一个战斗的、抒情的诗画境地。在场上,只见刀光剑影,棍起枪落,精彩百出,美不胜收。②

这一期间,技术创新主要表现在长拳类项目,随着训练水平的提高,身体素质的不断进步,运动员在原有跳跃动作的基础上进行了动作连接创新,创新出了腾空摆莲接坐盘、侧空翻接劈叉、腾空旋风脚接劈叉等一系列连接难度,完成这些动作不仅需要腾空高,还要求落得稳。在武术比赛中出现了一种新技术——"空中塑型",引起了武术界的广泛注意。

　　"空中塑型"借助于套路中的跳跃(飞脚、旋风脚、侧空翻、击步或踏步上跳纵身等),使身体腾空,然后在空中再完成一种优美、舒展、匀

---

① 资料来源:佚名.百花齐放、推陈出新.体育报[N].1958-09-01.
② 资料来源:佚名.刀光剑影　棍起枪落.体育报[N].1959-09-23.

称的动作形象;但也有用原地纵身俗称"旱地拔葱"来完成的。例如吉林运动员韩明南表演的"六合刀",但见他在银光闪烁中,突然向前上方做一个冲力极大的侧空翻,当身体腾起,两腿高摆在上空、头顶朝下的时候,右手的单刀在头下迅速地横扫一圈,准确地完成了难度很大的"秋风扫落叶"的动作,博得全场观众的赞叹。吉林运动员高正谊打的旋风脚也确有独到之处。他的动作是跳起后腾空转体击拍,在未落地之前"马步冲拳"动作已在空中"亮好",落地时稳如泰山。比以前是两脚站稳以后,再亮冲拳的动作更为精彩。此外,山东徐学义的"望月观天";辽宁徐其成的"盘龙回首";吉林严广才的"孤雁出群"等,也都各有千秋,优美动人。这些"空中塑型"的新技术是在党的领导和群众创造下诞生的,它将促使武术运动进一步向难度大、质量高、形象美的方向发展。①

运动员不仅通过"空中塑型"来展示武术特有的美,更试图通过所设计创新动作的"难"以及演练的"快"所带来的视觉冲击,将观众的武术审美引入一种新的境界。

1961 年 8 月在上海举行了华东区武术比赛,男子短兵比赛中山东徐学义演出的一套追风刀,表现了快速勇猛的特点,他用 1 分 9 秒 8 的时间将由六十多个动作组成的一套刀表演完了,而且准确美观,取得 8.86 分。但是,后来上场的邵善康表演的一套风火刀,却只用了 1 分 1 秒 5 就完成了包括跳跃、翻腾、翻滚各种难度极高的整套动作,以 8.9 分赢得了冠军。

上海的邵善康打了一趟关东拳,这趟拳包括了好几个空翻动作,难度很高,这要有高度的训练素养才能完成。邵善康果然出色完成了整套动作,得了 9 分。

吉林队的严广才出场,他的一套劈虎拳,从开始到最后收势,都做得干脆利落,手法的严谨,弓马步的沉实,跳跃动作的轻灵和平衡动作的稳定,都达到了很高的水平,全场以雷动的掌声祝贺他获得 9.1 分。②

20 世纪 70 年代,自选长拳类套路有了进一步发展,腾空动作不仅有高

---

① 资料来源:成传悦.略谈武术运动的新技术——"空中塑型".体育报[N].1959 – 11 – 28.
② 资料来源:小秀.新的成绩 新的水平——看华东区武术比赛.体育报[N].1961 – 09 – 07.

度,还出现了旋风脚接劈叉、腾空摆莲接坐盘、二起脚接侧空翻、侧空翻接劈叉、旋子转体360度等创新的高难动作。这是智慧与实践的结果,是广大教练员、运动员通过训练竞赛创造性地表现出套路运动的新水平、新面貌。

1972年11月在济南举行了"全国武术表演大会",大会通过并实施了《全国武术表演大会评议、测验暂行规定》《表演通则及评议方法》。这次大会,武术技术上又有新发展:① 自选项目在结构、难度、腾空和跳跃上有了很大发展,还出现了旋风脚接各种步型的动作;② 动作突出了快字,使动作节奏对比更鲜明;③ 运动员和教练员大胆创新,敢于突破,许多运动员都表现出了较高的竞技水平。

从20世纪60年代到70年代,武术运动向"难度大、质量高、形象美"的方向迅速地发展。各地武术工作者大量吸取了戏剧、舞蹈等艺术形式里的动作,丰富了武术运动的内容,也对武术运动做了大胆的革新,这是令人可喜的现象。与此同时,这种技术发展导向所带来的不利影响也逐渐显露出来。

对这一时期武术套路发展所出现的问题,马振邦有着较为全面的认识。

如单纯追求速度快和形象美,而忽略了一招一式的功架、规格和精神以及劲力、攻防特点;在对武术运动的革新中,将一些非武术动作引进到套路中,削弱、淡化了武术固有的风格特点。加到武术套路里的其他艺术形式的动作,有些牵强附会,与原来拳械套路不够协调,有些甚至使原来套路(拳种)的风格变了形,这样做就值得重视和研究了。在提高武术动作的难度上很多运动员使用了快速的腾空跳跃和空翻等动作,这当然是好的。但为了完成这些难度大的动作,却忽视了套路中基本动作的质量,造成在表演过程中,腾跳腾翻得很好,而基本动作或手、眼、身法、步却显得毛糙,交代不清,形成了喧宾夺主之势。在1961年8月下旬,在上海举行的华东区武术运动会上,出现了这一些情况:① 武术运动员在做国家规定套路中拳和剑中"行步"时,没有做到行步的基本要求,有的采取了舞蹈中的先提两个足跟,接着快速地跑过去的动作;这不但没有"根劲",在形式也没有给人一种飘逸轻快的行步艺术美感。"行步"不能如日常走路,更不能像田径中的百米跑。② 在做拳术中最基本的"马步架冲拳"时,在没有达到大腿略高于胯的基本要求时,就一闪而过。③ 南拳向来是以多于变化发劲弹整的短手见称的。我们看到南拳套路特殊风格的表演中,加上一个侧手翻。这不但没有增加难度,反而是有损其拳种的风格。试想若在太极拳中,加一个侧手翻,给人的印象又是怎样呢?④ 在长兵如枪中,采用舞蹈中的"前脚掌平碾步"的"背枪平圆转"动作,这不仅在步法上不合规矩要求,在枪法上更不成规范。因此我认为,我们要学习戏剧舞蹈或其他形式中的一些难度动作,应将这些动作糅合到武术套路中去,变成武术自己的东西。生搬硬套反会造成弄巧成拙,适得其反的。武术动作要讲究美观大方,但不能单纯地追求形式的美,把它变成舞蹈动作,这样就会忽视武术中各种"劲"的发挥和基本要求。武术中所讲的"劲"——各种刚柔及变化不同的劲(如扣劲、抖劲,等等),是以足为根,以腰为轴的,忽略了这点,就违反了武术的固有要求。有些武术运动员,为了追求舞台效果,有时在表演器械中本末倒置,失掉了武术的原貌。像在剑术表演中,应以剑法为主,穗剑并重才是。但有些运动员却意在舞穗,即使舞得再花哨,也是不合剑术中"方法应明确、力达于械的基本要求的"。

　　总之,武术应该从戏剧舞蹈和生活中吸取营养,加以充实和发展。但要想创造武术的新风格,必须使技术革新与武术优良传统很好地结合,使武术沿着传统的势法并重,神(神态、意识)形(动作)兼备即华而实的要求向前发展,才是正确的途径。①

(二)强化攻防意识、严格动作规格、突出项目特点

　　竞技武术"比演"历经 30 多年的实践总结,针对"高、难、美"的技术发展所带来的种种问题,国家相关部门在多方调研后,认为需要适时改革武术套路技术发展方向。

　　1986 年国家体委在北京召开了全国武术训练工作座谈会,明确提出了"突出项目特点,加强攻防技能、严格动作规格"的武术技术训练发展方向。并明确规定在套路技术比赛中,参赛队必须参加集体基本攻防动作的比赛,通过训练促进套路运动员理解和掌握攻防动作和攻防技能,所得成绩计入各队团体总分,以加强套路运动员对攻防动作的理解和攻防技能的掌握。通过这些有效的措施,在武术技术训练中出现的一些不利发展的倾向得到了遏制,涌现出一批基本功扎实,项目特点突出的优秀运动员。

　　1986 年 6 月,来自全国 24 个省(自治区、直辖市)以及 5 所体育学院的三百余名运动员汇集山东省济南市参加全国武术比赛,这次比赛对动作规格、技击意识等都提出了严格的要求。竞赛规则为此专门作了若干个补充规定。如所有的竞赛项目,只允许选做一种、出现一次劈叉腿法;跪滑、胸

①　资料来源:马振邦.关于武术运动风格的一点浅见.体育报[N].1962 - 07 - 02.

滑、团身背转等动作不得选做;"腾空蹬腿仰身平衡"这个动作只能地躺拳选做,其他拳禁用;剑术、枪术的竞赛项目,不允许选做跌扑滚翻动作;其他器械类的各个项目,除醉剑、猴棍外,也只允许选做 3 种、出现 3 次跌扑滚翻动作;任何翻腾跳跃动作不允许连做 3 个,等等。这些补充规定,显然是为了限制非武术动作的出现,突出武术的技击性而设的。总起来看这些补充规定,对阻止武术向"舞术"演化起到了积极的作用。但也给个别的传统武术器械项目(如九节鞭)带来的难题,使它们失去了固有的色彩。

这一时期,武术技术发展存在问题主要体现在两个方面。一方面是运动员的基本功训练不扎实,为了追求动作速度,创造演练气氛,而忽视了动作规范要求与技术方法。另一方面是套路编排布局不合理,套路结构雷同缺乏创新。

（三）高、难、美、新

对于提高的理解,贺龙认为:"不外是两个方法:一是从现有的基础上开拓新境界;一是博采他人的擅长。只有经过刻苦认真的揣摩,道路才能越走越宽;掌握好了前人的技艺,也才能在自己手里发扬光大,取得更大、更多的成效。"贺龙同志这段语重心长的讲话,促使武术工作者潜心研究,将诸多具备竞赛条件的、群众喜闻乐见的武术套路搬上了竞技比赛的舞台,创新出一系列较为固定的武术竞赛套路内容,并以这些套路为导向进一步提升演练水平,为传统武术发展创新开辟广阔的发展空间。

1994 年 12 月在天津举行了全国武术训练工作会议。这次会议适逢国家体委提出"全民健身计划"和"奥运争光计划"的头一年。武术,在这两个计划中都肩负着特殊的使命。它既可发挥健身功能,又可促进进一步向奥运会进军。这次会议进一步明确武术的技术发展方向,着力改革和完善武术的竞赛办法,明确了当前套路技术应在保持武术本质特性的前提下,坚持"突出项目特点、严格动作规格、强化攻防意识"以及"继承、发展、创新"的原则,体现竞技武术套路运动"高、难、美、新"的技术发展方向。

1996 年国家体委对《武术套路竞赛规则》做出重大调整,这次调整是在以往多次修改规则的基础上,武术界一次力度空前的自我挑战。最终规则最大的变化表现在两个方面。其一为了增加武术套路竞赛评判的区分度,借用花样游泳、艺术体操、体操、跳水等竞技体育难美项群的评分方法,首次推出"切块评分",即动作规格(给分)、演练水平(扣分)、创新难度动作(加分)。其二加强难度动作创新,通过规则引导鼓励运动员、教练员加强训练,提高指定动作的完成质量,进一步引导竞技武术套路往"高、难、美、新"的方向发展。

2000 年 3 月青岛全国武术训练工作会议提出"突出竞技特点,提高艺术水平,鼓励发展创新"的新指导思想,继续坚持"高、难、美、新"的技术发展方向,明确了"高、难、美、新"四个方面内容及含义。

"高"指的是套路演练技术水平与艺术水平的高质量,在演练套路的过程中动作姿势、方向、功力等方面完成的质量要高标准,做到动作规范、方法准确、造型优美、发力到位。

"难"是讲动作的"难度",指的就是必须是具备较高的专项素质与专项技能才能完成的动作、组合和衔接。

"美"是指武术套路之美,关键在它不仅要求完成动作时造型美,更重要的是把体现武术内涵意识的美融合在一起,达到武术套路的艺术之美。包括武术动作演练的变化美、造型美、个性美等方面内容。

"新"是指要突破框框,要创新。鼓励创新意识,从传统武术内容中吸取精华,结合现代新鲜元素,创造出新颖的动作组合、新颖的动作难度。

从以上表述可以看出,"高、难、美、新"是一种一以贯之的连续追求。"高、难"展示的是一种能力,一种源于力量、速度、柔韧、耐力的不懈努力,没有这种能力就无法进一步发展套路动作的"美、新"。一定意义上,"高、难"是"美、新"的基础支撑,而"美、新"是武术套路更高层次的追求。通过运动员新颖的动作设计,波澜起伏的套路编排,营造出时而激情四射、斗志昂扬,时而悄无声息、柔情似水的武术套路赛场氛围,让观众体验到一种运动带来的愉悦,体验到奋发有为的精神力量。只有充分认识"高、难、美、新"及其发展的重要性,才能更好地把武术套路运动技术提高到一个新的水平、新的高度,使之早日进入奥运大家庭。

2001 年第 9 届全国运动会之后,国家体育总局武术运动管理中心在工作总结中指出:"武术若要成为奥运项目,规则必须简化,易于操作,并要以规则带动运动技术的发展,带动教练员、裁判员和竞赛管理人员综合素质的提高,给运动员、教练员一个更大的发挥能力的空间。"同时,"应立即组织人员,进行调查研究,在现有方案和科研课题的基础上,进一步修改完善,制定出新的规则。力争使武术竞赛规则更加科学,更符合奥林匹克运动的要求,为争取竞技武术进入奥运会创造条件。"2003 年国家武术管理部门出台了第 8 版《武术竞赛规则》,2004 年举办了新规则培训班。纵观竞技武术套路技术发展趋势,套路比赛评判的核心内容,已经转向突出注重动作质量的高规格性、动作完成的质量优劣。跳跃难度动作和连接难度力求体现出动作难度的准确性和超众的平衡及控制能力,在千变万化的节奏变化中突出高难惊险的动作难度,这种趋势引领几年来国内套路技术水平发展的新潮流,也使国际武术比赛逐步接近和适应"难度"的比赛。

二、比打：竞技武术格斗崛起

武术的最初功能是技击,然而新中国成立后由于社会的各种原因,片面强调武术健身功能和观赏性。中华武术只是按照套路表演和功法练习的内容及形式进行传承和发展,至于对抗实战类项目只是纸上谈兵而已,在某种程度上,忽视了武术的技击功能。甚至在一段时间里,谈论武术中的"技击、实战"这些字眼都是忌讳的。1978 年,在我国改革开放的大好形势下,随着再度兴起的"国内武术热",武术界内有识之士对"武术本质问题"的大讨论也愈加激烈。国家体委运动司武术处的领导,适时地组织武术界的专家、学者对武术的本质问题进行了广泛深入的讨论。同年,国家体委运动司武术处开始考虑开展以对抗性的徒手搏击为主要形式的武术散手运动。1978年,国家体委运动司武术处成立了武术散手调研组,开始武术技击运动比赛的前期准备工作。1979 年 1 月,由张山主持完成的《对当前武术运动中存在的问题及以后意见的调查报告》中提出了"开展技击比赛"的建议。国家体委李梦华在 1979 年举行的武术座谈会上明确指出:"散手运动可以小范围试点,但一定要把握'安全第一、积极稳妥'的原则"。随即,国家体委委托浙江省体委、武汉体育学院与北京体育学院等单位着手准备武术技击技术方面研究试点工作。张山与河北的瞿金生南下广东,观看粤、港搏击表演赛,录制现场比赛资料。从香港队教练梁克明那里详细了解了裁判方法、规则、训练材料等事项。

随着全国武术运动的蓬勃发展,使武术攻防格斗技术在比赛中得到进一步的体现。本着"积极稳妥"的发展原则,国家体委首先委托了北京体院、武汉体院以及上海、浙江、黑龙江等省市体委对武术对抗性项目进行研究、整理。1980 年 10 月,在昆明举行的全国武术表演赛期间,国家体委调集试点单位的有关人员着手研究、讨论、制定武术散手竞赛规则的工作,拟定了《全国武术散手竞赛规则(征求意见稿)》。通过实验修改,1982 年 1 月制定了《武术散手竞赛规则(初稿)》,并且按照此规则在北京工人体育馆举行了首届"全国武术对抗项目表演赛",全国近 20 个省、区、市派队参加了比赛。1982 年 11 月 7 日,第一次全国武术工作会议上正式提出了武术散手的问题,"关于技击,它兼有健身和防身的作用,是武术的一种形式。但多年里我们没有开展。有人说武术就要讲打,只有技击才有真功夫。这种说法是不全面的","技击尚处在实验阶段,要逐步积累经验。对待技击的开展要取慎重稳妥的态度。"至此,武术散手本着"积极、慎重、稳妥"的精神,每年都举行一次"全国武术对抗性项目(散手)表演赛"。随着散手运动逐渐开展,有的省市开始举办地方性和行业性散手比赛。

试点阶段的散手技术方法、得分标准和禁用方法等几经曲折和变化,比赛也分为戴头盔允许击头和不戴头盔不允许击头两种,最后逐渐取得一致。1988年9月,在甘肃省兰州市举行的全国散手擂台赛中,首次采用设擂台(高60厘米,长宽各为8米,中间有非常醒目的太极图)比赛的方式,至此,武术散手作为一个比赛项目,已基本成形。与此同时,散手成为正式比赛项目的呼声被摆上议事日程。经中国武术研究院院长徐才批准,技术研究部主任吴彬邀请了习云太、江百龙等专家云集北京,由陈国荣具体操办研究散手的"解冻问题"。会议由吴彬主持,会上各试点单位汇报了实验情况及群众反映。散手运动经过十年的实验证明是安全的。会议上大家一致认为散手运动可以"解冻"。最后由江百龙执笔起草报告,由吴彬定稿后逐级上报,散手运动终于成为国家的正式比赛项目。

1989年10月全国武术散手擂台赛在江西宜春举行,同时实施《武术散手竞赛规则》。来自全国21个省、区、市的代表队和上海、成都、武汉、沈阳等地的四所体育学院及前卫体协共26支代表队的137名男运动员参加了九个级别的较量。比赛的成功举办标志着以武术散手和武术竞赛套路竞赛、表演为基本框架的新的全国武术竞赛体制的形成。

1990年国家体委出台《武术散手运动员技术等级标准》,同年批准首批散手武英级运动员和国家级散手裁判员。经过多年的发展,中国散手的技术与训练基本规范化、系统化,运动员的临场发挥基本成型,技术水平有了层次之分,理论方面作了较为系统的总结,初步形成了一支散手裁判员队伍。1991年北京举办国际武术散手邀请赛,将经过多年实践趋于成熟的"技击"武术中的散手运动介绍给国外武术爱好者。如今散打竞赛已经是中国武术竞赛体制的组成部分,散打运动经历了数届世界武术锦标赛,是中国武术竞技运动的又一支生力军。散打运动和套路运动一样,成了全运会项目,不仅有男子比赛,而且也有女子比赛。从而改变了以往竞技武术竞赛仅仅以套路为主的单一竞赛模式,丰富了武术竞赛的内容。

另外,将太极推手纳入竞技的尝试由来已久。1962年国家体委武术处提出在上海试验太极拳推手比赛,并制定规则。1979年,散手对抗赛、短兵、太极拳推手等对抗项目开始在锦标赛试点。1982年,国家体委先后两次邀请全国各地有实战经验的武术工作者聚集北京讨论制定太极拳推手的暂行竞赛规则及裁判法的初稿。经过多年充分的准备,1982年11月,全国首届武术对抗项目——散打、太极拳推手表演赛在北京举行。这标志着太极拳推手终于在多年的筹备后进入对抗,进入竞赛,还原了太极的技击属性。

1994年《武术太极推手竞赛规则》的颁布,标志着太极推手成为我国竞技体育竞赛项目,极大激发了太极拳运动爱好者的习武热情。这一规则导向作用下,太极推手比赛过程运动员消极次数明显减少了,而运用落空、快发、掷放技术展示太极推手的八法技术成为赛场的新热点。

历经多年的磨砺,有着深厚群众基础的散打运动与太极推手运动携手登上现代竞技体育舞台。新中国成立初期由于种种历史原因,经历"停止、整顿"的中国武术"技击"终于冲破思想的禁区,厚积薄发,用多年的实践证明传统武术"搏杀术"是可以经过科学化改造服务于现代生活需求的。这是一种对中国传统武术的继承和发展,更是一种符合时代的创新。从此之后,套路、散打和推手共同构成了现代武术运动的竞技体系,也就是人们所说的"新武术"。

三、打练并进：竞技武术完美构想

新中国成立以后,将传统武术竞技化改造之路始终在曲折中不断发展。从新中国成立初期,竞技武术"比演"的发展思路,到改革开放后"比打"的逐渐崛起。长期以来,在"演"与"打"的纠结争论中,竞技武术不知不觉地走上了两条截然不同的发展轨道:以套路比赛为主的比演和以散打比赛为主的比打。正是这两条看似永远走不到一起的竞技武术发展路线,割裂了中华武术文化传承之根本。因为"演"与"打"是武术相互依存、相辅相成的两个方面,是武术之所以长久流传的重要因素。

"演"是套路运动的外在表现,依靠"演"出功力,"演"出风格特征,但其一拳一脚,一击一刺的简单动作却蕴含着攻防技击的本质。"打"是对抗性运动的表现形式,是将套路动作中的"踢、打、摔、拿"按规则的要求运用于竞技比赛。那些"徒虚支架"花招取材于攻防动作的内容,加上了动作连接与基于审美体验的定势造型。套路是培养攻防技击能力必要过程,对抗性运动则是检验套路习练功力的直接手段。所以说,套路练习与攻防技击练习表现形式不同,但是其同属于一个技术体系,构成一个不可分割的整体,是相互依存、相互促进的关系。来习武的人都不会把套路练习和对抗性练习决然分开,往往是兼而习之。正如拳谚所说:"练时无敌当有敌、用时有敌当无敌",若分而不合,则不能全面系统地掌握武术。然而,现在竞技武术发展的事实是,长期只练套路的运动员对抗能力不足,而长期只练散打的运动员不会展演。打练分家造成武术运动走上两种截然不同发展轨道,至少在外在表现上割裂了其根本的文化内涵。

一方面,现代竞技武术套路朝着"高、难、美、新"的方向发展,竞技套路运动员着力于"高、难、美、新"演练水平的追求,套路攻防技击本性正悄然退化。其规则更多的是"参照体操的比赛规则来制定和修改规则",这虽然方便了裁判的可操作性,也减少和杜绝了暗箱操作,但却牺牲了武术套路本身的文化魅力,失去了中国武术一脉相承的"精、气、神",因为没有拟想的打的目标,使得武术套路本来的攻防意识被淡化,使中国武术失去了文化神韵。舞蹈化、体操化的中国武术正逐步失去原本的技击含义,种种"被发明"出来的创新动作成为许多人眼中中看不中用的花拳绣腿,甚至根本就是"穿着唐装"练体操。

另一方面,代表着我国功法技击发展方向的散打运动,也面临许多传统武术习练者的质疑。"远踢、近打、贴身摔"作为散打运动的主要技术,类似来自跆拳道、拳击、摔跤的技术翻版。从动作表现及技术要领来看,散打运动腿法中的旋风腿、横踢等模仿了跆拳道关键的腿法技术;散打运动"直、摆、勾"等拳法训练手段方法更是源于西方拳击;国外流行搏击术中用于提高步法灵敏性的跳绳训练法也成为散打运动步法的必练手段。虽然散打运动继承了部分传统武术技击方法,融合了一些传统武术的"绝招",但总体而言,招法单一、零碎攻防技击的运用在整体上看不出传统武术技击之精华。传统武术技法训练讲求"外遵天道自然的法规、规律;内顺自身内外各部位器官的情形",追求一种全方位的攻防技击方法。而散打运动整体表现一种外在的"手、眼、身法、步"与内在的"精、气、神"脱节,最终导致散打运动成为"摔不过摔跤、踢不过跆拳道、打不过拳击"的"四不像"。

看到当前竞技武术发展所面临的种种困境,分析其原因,许多专家将问题归结为由于打练分离,把中国武术撕裂为两个完全独立的发展体系造成的。因此有专家提出,竞技武术要发展,必须走"打练结合"之路。

"打练结合"就是把现代散打技术与武术功力练习、技击组合练习和套路练习结合起来,提高散打运动员对抗能力的训练及实践过程。"练"是以提高人体对抗能力为目的的训练,因此说"练"是服务于"打","练"是"打"的基础。而"打"是以战胜为目的,是对"练"之效果的检验,"打"也引导着"练"的方法、原则、技巧。二者是一种紧密联系,相互促进的关系。"打练结合"对提高武术运动技术训练水平有着重要的意义。

对此,温力(1987)提出这样的设想:"在进行武术套路比赛的同时,将武术的套路练习和对抗性练习结合起来,运动员在比赛中既能进行套路比赛,又进行对抗性项目的比赛,使武术成为一个既古老又新颖的全能比赛项目"。

自南宁举行第一次全国武术观摩交流大会上,开始试验散手、短兵以来,翟金生(1986)就在其所在的河北省男武术套路运动队中进行散手及时的试练,结果不但提高了武术套路运动员的对抗能力,而且武术套路水平和对练也有大幅度的提升。为此,他认为"在当前的形势下,应该向体用兼备、练打结合的方向发展"。另外,为充分体现中国武术的风格特点,1989年翟金生还撰文建议散手采用分指手套。

对于打练结合的建议直到1992年,陕西省体总常务副主席马贤达教授依然提到这个问题,他认为"练者不(会)打,打者不(会)练"是令人费解的事情,"练与打之间的截然脱节,是值得深思的"。他分析认为"这不是运动员的问题,作为一代社会现象,我们不能不从已经和当今指导武术发展的政策上找找原因"。

有专家甚至提出了"套路练习和对抗性练习相结合可以成为国际武术比赛的一种形式"的设想。这种设想在当时和以后都引起广泛的讨论,但并没有引起有关部门的重视,一直没有进行过认真的试验,结果是对其可行性还不甚了了的时候就胎死腹中。从这件事中,可以看出逢事决策的重要性和权威性。

值得期待的是,武术界对"打练结合"的竞技武术发展之路的探索始终没有停止。田金龙等专家(2012)希望通过武术段位制教程的探索,摸索出一条"打练结合"的新的技术模式。"打练合一是中国传统武术的技术模式,它不仅解决了中国武术的技术特长与技术风格的问题,也是世界上唯一的技术模式。在这个模式中,可以自我研习,可以两人交流,可以实战对抗,可以强身健体,可以愉悦身心,可以修身养性。这种融多功能于一体的鲜明的技术特色是中国人对武术的理解,也是中国人对世界武术的贡献。"

四、竞技武术保障制度逐步完善

(一)武术竞赛制度的完善

"文化大革命"结束后,中国的体育事业迅速走向正规化,竞技体育得到党和国家领导人的高度重视。随着《中华人民共和国运动员技术等级制度(草案)》《中华人民共和国裁判员技术等级制度(草案)》《中华人民共和国教练员技术等级制度(草案)》,以及《全国学生体育运动竞赛制度》《高等学校体育工作暂行规定(试行草案)》《中、小学体育工作暂行规定(试行草案)》《少年儿童业余体育学校章程》等规章制度的颁布实施,我国的竞技体育开始踏上了快车道。尤其是《全国学生体育运动竞赛制度》对大、中、小学及各级形式少年业余体校的竞赛项目,全国性竞赛的种类、次数等9个方面做了具体规定,并指出武术是着重发展的项目之一。

面对我国武术运动新的历史任务,国家陆续推出多项针对性的发展举措。首先是逐步完善武术竞赛体系。自从1957年武术套路被列为竞赛项目以来,武术套路比赛比什么,怎么比等谈论始终伴随左右。为了让更多的人参与武术套路运动,国家体委逐步完善了针对不同人群不同训练水平的武术赛制,包括青少年武术比赛,全国少年“武士杯”比赛,全国太极拳、剑、推手比赛,全国传统武术比赛等赛事。不仅有以优秀运动队为主参加的锦标赛,还有以不同层次的人才为主,具有在普及基础上提高性质的各种比赛。形成较为完善的武术竞赛体系,这有力地推动了竞技武术的发展。其次是武术竞赛逐步进入多个国家级体育运动会,成为正式比赛项目,包括全国大学生运动会、全国农民运动会和全国少数民族运动会等大型运动盛会。尤其值得关注的是,自从第六届全国运动会上武术被列为竞赛项目以来,武术始终是这一代表我国最高竞技水平运动盛会中的重要项目。最后,武术竞赛走出亚洲,走向世界。1984年武汉国际太极拳邀请赛是我国举办的第一次国际性单项武术赛事。由此开始,从亚洲武术锦标赛到世界武术锦标赛,正式武术赛事举办区域不断延伸,级别不断扩大。

随着这些举措的逐步推进,各省(自治区、直辖市)的积极性被极大调动起来,推动竞技武术快速向前发展,确立了竞技武术比赛的地位。这种发展局面正是得益于国家体育总局对武术的重视,得益于国家发展进步,是“举国体制”下竞技体育思想在武术运动中的体现。

(二)《武术裁判员暂行管理办法》的颁布

1987年以前武术裁判员技术等级执行的是国家体委制定的《裁判员技术等级制度》。为加强对武术裁判员的管理,提高整个裁判队伍的素质,适应国内武术运动发展和走向世界的需要,制定武术裁判员管理办法势在必行。根据国家体委公布的《裁判员技术等级制度》和《裁判员守则》,结合武术运动的特点,《武术裁判员暂行管理办法》于1987年3月5日公布,1987年7月1日起执行。该办法对武术裁判员的聘用等问题进行了规定,改变了以往武术裁判员技术等级执行国家体委制定的《裁判员技术等级制度》的状况。

武术裁判员技术等级分国家级、一级、二级、三级4个级别,另设荣誉裁判员称号。国际武术联合会成立后,又增设了国际武术裁判员这一级别。武术裁判员的审批权限为：国家级裁判员由国家体委批准授予；一级裁判员除由各省（自治区、直辖市）体委批准授予外，国家体委直属体院、中国火车头体育协会也可批准本单位、本系统一级以下各级裁判员；二级裁判员、三级裁判员除由地（市）、县体委批准授予外，省市所属体育学院，也可批准本单位二级、三级裁判员。体育学院批准的裁判员应报当地体委备案。另外，必要时，各级体委有权审批应由下级体委审批的各级裁判员。

（三）《武术运动员技术等级标准》的制定

从 1980 年起，有关部门对武术运动员技术等级标准的制订进行了调查研究。1983 年全国武术比赛期间，曾组织召开了教练员、运动员座谈会，院校教师研讨会研讨运动员技术等级的设置问题。最初为体现武术的民族传统特色，曾设想以"状元""榜眼""探花"的称号来定武术运动员等级。但这与武术作为一个体育项目与当时通行的运动员等级相差太大，就此张山就提出："武术运动员等级称号，不但要有传统特点，还要参照其他体育项目，既要和其他运动项目相吻合，又要考虑自身特点"。后来张山的这种观点得到了大家的一致认同，1984 年 12 月 31 日，国家体委颁布了《运动员技术等级制度》（1985 年 1 月 1 日起执行）。以此为基础，1985 年 1 月 25 日，国家体委颁布实行我国武术史上第一个等级标准《武术运动员技术等级试行标准（试行）》，其等级分为武英级、一级武士、二级武士、三级武士和武童级 5 个级别。这种五级划分法既体现了民族特点，又注意了与其他项目的衔接，反映了广大武术工作者和爱好者的心愿。这是一个促进广大武术运动员刻苦训练，不断提高套路竞技水平的激励机制。

五、竞技武术教学训练、评判技术科学化

在科技日益发展的时代，竞技武术训练除了依靠传统的"口传身授"外，还应该利用好科技给我们带来的便利，利用各种精密的仪器，以物理量的量值为依据，对运动员进行更为科学、客观的指导。仪器的选用上，应该具备精度高、成本低、体积小及不影响习练等特点。

目前，我国竞技武术教学训练方法手段研究层出不穷。研究主要集中在对表象训练法、念动训练法探索，另外还包括视频教学法、配乐教学法、传媒教学法等方法的推陈出新。相比传统的重复训练法和讲解示范法，这些研究对改进竞技武术教学训练有一定的帮助。但总体而言，当前的竞技武术教学训练仍然停留在主观判断与自我"体悟"阶段，脱离不了传统口传身授的习练方法。这种方法靠传授者正确的讲解示范、口传身授，习练者反复模仿,形成初步的技术动作,接着经过长时间的练习纠正错误动作,形成主观体验、身体感悟,在身体、动作、呼吸、意念配合下逐步达到竞技武术风格要求。

运用传统的重复训练、讲解示范等教学训练方法指导竞技武术运动员,固然可以提高他们的技术动作水平,但遇到较为细微的技术动作,单凭肉眼的观察、语音的解释,很难做出准确的判断。武术训练不仅需要传授人员准确的语音描述,娴熟的技术动作示范,合理的训练方法,更需要队员天赋,因为传统武术对人体"三节、四梢、六合"的理解是需要习练者长期的感悟。尤其是当前"文化自信"的背景下,武术作为中华传统文化载体正广受世界关注。在向非汉语国家人民传授武术技术过程中,如果仍然仅仅采用"神通精微""用力顺达""圆活连贯"等隐晦的技术语言,显然不利于国际友人学习掌握。因此,借助现代科学技术手段,研发一种新的辅助武术教学训练工具日益成为相关领域科研人员积极探索的课题。

我国对于竞技武术评判的研究主要集中在武术赛事中的评分研究。1959 年《武术竞赛规则》制定并施行,在赛制方面确定了一个相对模糊的评价标准,但这标志着竞技武术竞赛赛制从无到有,是我国竞技武术竞赛赛制的发展基石,评分细则已初步确立。1996 年相关专家对评分模式的突破性改善体现在将整体评分的模式优化至切块评分模式,增强评分客观性。2002 年和 2003 年,国家武术管理中心对评分模式再细化,大幅度增加裁判人数,并进行分组,使裁判员各司其职,减轻负担,大大提高评分客观性。对竞技武术或同属健美类的自由体操、花样滑冰等项目的研究主要集中在如何更客观评分的大方向上,对于评价运动员技术动作的规格要求与演练风格上,大多依靠肉眼观察、录像回放做最后的评判。再完美的评分细则或者再丰富的经验,也要依靠人的执行来体现,人作为独立的个体,对于技术动作的理解、自身的经验以及其他因素的综合作用,不同的指导者在同一问题上对被指导者下达的指令会存在一些偏差。同样,不同的评判人员对一个技术动作的理解及其观看视角偏差势必影响运动员最终的成绩。所以需要一个将技术动作转化为数据形式的技术来为评判者提供参考。

评判人员在评价竞技武术运动员技术动作的过程中,需要借助现代仪器设备的功能,凭借评判人员自身经验外,综合物理量的量值作为对竞技武术运动员技术动作正确与否的判断依据。这种综合性的评判方式,相比传统的肉眼观察、摄像回放等方式更有利于推动竞技武术评判向客观化、可视化方向发展,是竞技武术成为奥运会正式比赛项目的必由之路。

第五节　竞技武术的历史功绩

一、失去"野地"的传统，式微无法避免

从历史的长视野来看，传统武术经历了从古代的军事武艺到近代的看家护院本领与街头卖艺杂耍的演变过程。仅就这一认识，传统武术与我国众多传统文化现象一样，它们的发展都是与传统社会环境、乡土气息本色息息相关、密不可分的。"在野地里，一种植物及其害虫继续共同进化，这是一种抵抗与征服的共同舞蹈，不会有最后的胜利者。但是，在嫁接品种的果园里，共同进化停止了，因为这些品种从遗传上来讲一代代都是同一的。"

在新中国成立后，民主与法制的建设不断推进。随着民主与法治社会的到来，"野地"逐步消失，街头艺人与观众被日渐隔离，技击本领与法制要求格格不入，这些鲜活的、粗野的武艺原本与"野地"同在的"野性"也随之消失，以谋生为主要目的的街头艺人之"卑从的艺术"不是变得"自由"了，反而变得更加"媚俗"，失去了生命力。以搏杀技能为主要存在理由的武术也逐步退出历史舞台。然而，这种处于"全景敞视"下的传统武术，无论是登上雅化的表演舞台，还是步入驯化的竞技赛场，都已经逐步远离传统意义上的"野地"。

"被发明的传统"意味着一整套通常由于被公开或私下接受的规则所控制的实践活动，具有一种仪式或象征特性，试图通过重复来灌输一定的价值和行为规范，而且必须暗含与过去的连续性。它们采取参照旧形势的方式来回应新形势，或是通过近年强制性的重复来建立它们自己的过去。

因此，无论是国际层面的"保持文化多样性"的呼吁还是国家层面的"非物质文化遗产保护"等相关系列措施出台，直至民间层面"献技献艺、奔走相告"风风火火场面的昙花一现，与传统"野地"相比，这些都属于雅化的"规训"或者根本就是传统视野下的"他者"，传统武术走向式微之势无法避免。

二、从下里巴人到阳春白雪：竞技武术的历史功绩

源于旧社会草根文化的武术，到了新中国成为一种服务人民大众的体育，因而被列入体育部门管理，武术有了自身的"单位组织"。"武术从一个过去主要在民间底层流传的项目逐渐成为一项造福于民的体育运动，可以

说发生了翻天覆地的变化。"

　　中国的单位组织构成了一种独特的社会现象,这种独特的社会现象表现在个人、单位组织与国家紧密关联,个人依赖于单位组织,单位组织依赖于国家政府,国家政府通过单位组织实现对个人全程管理。每个社会成员经过双向选择被安排到不同的、适合个人发展的"单位组织"中,凭借着国家政府作为"坚强的后盾",个人依法、依规,行使公民权利及其单位赋予的保障。单位组织作为国家政府最为基本的机构协助国家政府管理社会。依附于这种单位组织,武术开始了其在新制度下的历史进程。国家通过这种单位组织对传统武术进行管理,单位组织越大,国家赋予它们实际支配的资源或财产越多。单位组织的行政级别带来的是特定的权力,这种权利虽然不是对财产和资源的"产权",但它作为命令权力和依仗利益权力的混合,可以间接的方式为单位组织实际占有更多的资源和财产创造条件。

　　竞技体育是国家国力的标志。在走向强国之路的今天,竞技体育仍然是国家制度优越性展示的窗口。一个要屹立于世界民族之林的民族,需要一种强大精神驱动,竞技体育就是这种理想的载体,它能高扬爱国主义旗帜与激发奋发向上的民族精神。传统武术搭上"举国体制"的便车,开始其竞技化道路。由于现代竞技体育的最高规格盛会是奥运会,奥运会对竞技运动项目的要求也就反映了现代竞技体育的一般发展规律。也就是说竞技武术实际上就是在按奥运会对其比赛项目的要求在发展。无论竞技武术最后能否成为奥运会项目,其发展都是要更加贴近奥运会,这是不能否认的。可比性、观赏性、国际性是奥运会正式比赛项目的基本要求,多年来竞技武术正是沿着这一方向不断自我改革。

　　竞技武术从"比演"到"比打"再到"打练结合"的构想,竞技武术套路从为保持传统模式的不能转、不能跳到鼓励跳转来增加"可量化"与"可比性"。变化的是竞技的方式,不变的是将武术竞技化到底的发展思路。竞技武术让民间拳师走入学校,完成了走南闯北的"江湖艺人"到传道授业解惑"人民教师"与"教练员"翻天覆地的转型;竞技武术让街头杂耍与看家护院的养家糊口的技术活转型为现代文明标志的体育运动,甚至成为能"为国争光"的国家符号载体。武术运动员等级制度,武术裁判员等级制度等的完善,各级武术管理机构的设置,世界武术组织的建立,为武术争取入奥提供了保障。种种规章制度上的硬件与文化身份的软件所构建起的骨骼与神经肌肉让武术的"国家身体"日趋成熟。

　　不可否认,从传统文化中经过改造而来的竞技武术,无论其外在的技术表现形式还是其内涵的文化底蕴,都已经发生了"异化",逐步远离了武者心目中的理想家园。"其实质是'拔了海外的琪花瑶草来移植在华国的艺苑里'式的对自身文化命脉的自我疏离、自我阉割,使充满深深不变的中华武术在西方体育文化的'裹挟'下不断被过滤,话语权不断失落,自己的文化创新发生深层弱化——活生生一场中华武术文化的'和平演变'"。

"弓步、马步、仆步、虚步是中国武术的特色,没有它们的散手根本就不是武术或者武术散手王比赛,总决赛时不分级别是荒唐且危险的。"竞技武术其实也并不属于什么"民族传统体育"项目,而是在西方"文化话语霸权"环境下的中西文化杂交所新产生的现代"非驴非马"变种(有人把它称为"穿着唐装的体育"或"拿着刀枪剑棍的体操")。尽管其中确实包含有不少传统武术的元素,而且这些元素还被巧妙地附会到中国文化的根上,然而其主干形态、基本结构和社会属性、运行机制等等,却并不就是中国文化,因此严格说来已经不再具有传统武术意义。

众多学者专家是出于对技术传承变异的痛心疾首,或者站在"抢救"非物质文化遗产的初衷,甚至"国家文化安全"的高度,对当下武术发出的呐喊。但无论如何必须看到,正是竞技武术搭上了竞技体育的轨道,按照竞技化的要求规训了自己的身体,使武术进入了国家的视野,完成了"国家身体"的改造。这也正如周伟良(2005)所言:"作为当代中国武术运动主流文化的竞技武术,它异于寻常的发展动力,基本上来自一种由主管部门介入、被高度组织化的各类赛事制度,因而对包括传统武术在内的整个中国武术活动格局产生了极为深刻的影响。在这种格局下,使得传统武术面临两种境遇选择:要么被竞技武术化,如一些名曰'传统武术比赛',采用的是竞技武术的比赛规则,纯粹作为一种民俗事象存在。"

第三章　中国近现代武术健身思想

自古以来,在劳动人民生产斗争中发展起来的武术,始终不仅仅是搏杀的战斗工具,更是人民强身健体的有效手段。"拳打卧牛之地""经常练武术,不用上药铺"等俗语都说明了武术是一种简单易行、经济实惠的健身方法。我们细细品味武术100多年来的历史演进,就会发现,人们对其健身功能的认识归根结底也是一种"被发明的传统"。在近代中国柔性文化氛围下,"融合养生术,注重养练结合"的近代中国内家拳体系逐步完善奠定了武术健身思想基础。新中国成立初期,国家经济落后,百废待兴,无法马上给人民提供足够的生活物资与医疗条件保障。在这种社会现实下,"增强体质、防病治病"的武术健身功能得到了充分发掘,逐步成为新中国成立初期增强人民体质的重要方式。

改革开放后,社会经济文化快速发展,国家对促进人民健康的观念也日益加强。众多以健身为目的武术社团层出不穷,从"太极拳健身社团"到"气功社团",再到后来居上的"木兰拳社团",这些健身团体以多姿多彩的民族传统文化健身形式为依托组织而发展,"丰富文化生活,服务全民健身"的武术健身观,成为很多人健身强体、防病治病手段的选择,满足了不同社会阶层的多元文化需求。

随着资本全球化的现代化发展,人类物质财富与精神财富急剧增长,与此同时,发展带来的"文明症候"如影随形,给人们的生存、生活带来了极大的威胁。因此,选择健身养生的方法和手段就成为现代人们面临的现实问题。于是人们的目光再次投向中华武术中那些内外兼修的身心自我调节技术。"促进身心健康、实现自我调适"将成为未来最具魅力的武术健身观。

第一节 融合养生术、讲求外练内养：近代中国内家拳体系的逐步完善奠定了武术健身思想基础

一、冷兵器时代战争落幕，武术的生存环境转向民间

鸦片战争中，西方的坚船利炮轰开了"天朝"闭关锁国的大门。中国从封建社会沦为半殖民地半封建社会，社会结构、经济秩序、文化思想观念都发生了翻天覆地的变化。首先表现在器物层面上，西方工业革命带来的坚船利炮极大触动了"天朝"，随之一场旨在向西看的"洋务运动"大幕在中国悄然拉开。随着洋枪洋炮被装备入清朝军队，沿用了几千年的冷兵器逐步退出了军事阵战的舞台。《清稗类钞·考试类·武科改试枪炮》中载："光绪戊戌年（1898 年）正月，德宗命嗣后武科改试枪炮。"接着在光绪辛丑年（1901 年）七月，"德宗命停止武生童考试及武科乡、会试。"这也标志着冷兵器时代的终结，中国大规模军事战场由短兵相接转向远攻近打、硝烟弥漫的火器时代。即使在民间私斗等小规模冲突，武林界也因为世事急转，深感危机重重。如《清稗类钞·技勇类·邓剑娥掷俄将于地》中载："光绪初（1874 年后），张家口有镖师邓魁者，能传其始祖鸣谦之业，善剑术枪法。有女曰剑娥，年十四，魁以逐马贼中伏枪死，乃代其业……一日，忽告母曰：火器盛行，武技渐绌矣……"与热兵器时代相对应的军事训练内容、考核办法直接取代了传统的武举制，冷兵器与战争逐渐分野，武术功能转向身体训练与意志磨砺。长期以来代表着冷兵器的武术生存环境不可避免地发生转向，由大规模军事战场转向广阔的民间，开启多元化价值发展之路。武术与生俱来的暴虐文化在时代的变化中慢慢淡化，取而代之的是注重内在修为的养生文化、注重戏台欣赏的艺术文化等多元文化。

近代国运衰退，我们民族性由强悍到被弱化，先人那股强劲的任侠、崇侠之风大为减弱，给"柔性"文化提供生存的空间。"……夫自孩提以至成人之间，此中十年之顷，为体魄与脑筋发达之时代，俗师乡儒，乃授以仁义礼智，三纲五常之高义，强以龟行鼍步之礼节，或读以靡靡无畏之章词，不数年遂使英颖之青年化为八十老翁，形同槁木，心如死灰，受病最深者，愈为世所推崇，……"就是这样的教育方式与思想，使得国人安逸地沉浸在一味追求礼、智的儒学文化中，最终烙下"病夫"的耻辱骂名。在体育领域则表现为刚

健、勇猛的活动减少了,而像"斗鸡""遛鸟"等贵族化、享乐化的活动日益兴盛。武术在长期的历史实践中不断地吸取着中国传统文化的营养,儒家的伦理思想、道家的道法自然观、阴阳家对立统一思想等均影响着武术文化的形成。其中,华夏民族长期形成修身养性的务实精神与顺乎自然、和谐共处的理想追求,创造出了一种通过控制呼吸达到延年祛病的养生术。在近代中国柔性文化氛围下,武术人借鉴前期"以柔克刚"的文化探索,追求"四两拨千斤",融合古代传统养生术,注重养练结合的内家拳走向完善。

尤其是在袁世凯的复古逆流政策中,发掘民族传统体育的形势一浪高过一浪,"静坐术"风行一时,以致在当时引发了一场"静的体育革命"。"静坐术"本是中国古代导引术的一种,行之得当,有一定的健身治病的作用,但在漫长的封建社会里,"静坐"往往同道家的"修身养性"和佛家的"参禅打坐"相提并论,复古派们则将其作为体育的主要内容之一。1914 年 10 月,在北京大学任教的蒋维乔出版《因是子静坐法》一书,主要以传统的养生术为基础,结合某些自己的经验编撰而成。此书发行之后,风靡一时,据 1920年《体育周报》记载,在全国"静坐法"遍布 18 省,就连偏僻的小县也有其足迹,一些大学讲师、学生都积极效法,有的学校把"静坐"编入课程,未阳县以教育会长为首,联合多人组织起"中外卫生会",主要研究中国人静坐养生的方法及外国人操练的方法,该会会员多是教育界人士。针对"静坐"对社会的巨大影响力,有人提出异议,1919 年,在《体育周报》上开展了关于"静坐"的讨论,反对者依据"天地盖惟有动而已"的进化论思想,批判"静的体育"的主张,认为体育应求"身心兼适",而"运动为体育之最重要者"甚至有人直接对"静坐"进行了严厉的批判:"这样子的静坐,即令能祛百病,能延年,也不过替我国多造些人类的寄生虫和社会的贼。"

对国人不爱动而转向静坐的锻炼方式,毛泽东在《体育之研究》中也表达了反对意见:"静坐之法,为朱陆之徒者咸尊之。近有因是子者,言静坐法,自诩其法之神,而鄙运动者之自损其体,是或一道。然予未敢效之也。愚拙之见,天地唯有动而已。"值得肯定的是,静坐作为我国的一种传统养生法,在促进人体健康方面的确具有不可否定的功效。问题是在那种不爱动造成身体的羸弱,进而导致整个民族精神萎靡、武风不振的年代里,不加批判地大肆宣扬这种静的养生,甚至上升到国粹的高度,这客观上正是迎合了当时社会上的一股反对新文化、固守旧文化的封建势力的政治需要。

中国武术与中医养生思想经过长期不断的融合,逐步形成了追求修身养性、内外合一、形神兼备等武术养生的思想。这些融合了养生功法的武术,经过近代武术家不断发明创造,在习练武术攻防技术的同时促进武术健身养生功法推陈出新,注重内养的武术内家拳开始逐步受到社会不同阶层的重视。

二、武术与传统养生术融合,逐步形成内家拳

最先提出内家拳这一个概念的是中国清代浙东学派先驱——黄宗羲,他为王征南写的《王征南墓志铭》中提到了"内家拳"三个字,"少林以拳勇名天下,然主于搏人,人亦得以乘之。有所谓内家拳者,以静制动,犯者应手即仆,故别少林为内家"。书中还谈到了内家拳的起源与传承。"……盖起于宋之张三丰。三丰为武当丹士,徽宗召之,道梗不得进,夜梦元帝授予之拳法,厥明以单丁杀贼百余人。三丰之术,百年以后,流传于陕西,而王宗为最著,温州陈州同,从王宗授之,以此教其乡人,由是流传于温州。嘉靖年间,张松溪为最著。松溪之徒三四人,而四明叶健美(近泉)为之魁,由是流传于四明。四明得近泉之传者为吴昆山、周云泉、单思南、陈贞石、孙继槎,皆各有授受。"黄在此文中列举了不少内家拳名家的姓名,较为详细地勾画了明中期以后的内家拳传人谱系。

黄宗羲之子黄百家,原名百学,字主一,号不失。黄百家自幼从王征南(1617~1669)学内家拳法,师父死后七年为纪念其师,撰写了《王征南先生传》,记录了师父所传《内家拳法》。"自外家至少林,其术精矣。张三丰既精于少林,复从而翻之,是名内家,得其一二者,已足胜少林。王征南先生从学于单思南,而独得其全。"《内家拳法》的内容有应敌打法若干,穴法若干,所禁犯病法若干,练手法三十五,练步法十八,记有"六路"和"十段锦"歌诀及诠解,并述王征南独创之盘斫法及习拳精要。

内家拳自黄百家以后已难觅踪迹,民国时期的武术史学家唐豪认为,"内家拳已于清初失传"。是否如此,现在还难以断言,因明末清初内家拳在江、浙两地传播甚广,黄百家只是王征南之一脉。据黄百家所写的内家拳法,当时的内家拳既不是太极拳,也不同形意、八卦等拳术。

黄百家的"内家拳"与当今世人熟知的以"太极拳、八卦掌、形意拳"为代表的内家拳是否存在传承关系,在还没有找到相关有力历史佐证之前,我们姑且将它们放到一起探讨,试图发现某种蛛丝马迹,毕竟"内家拳作为一种动态文化,在历史的演变中,其内容与形式也必然随地域之差异、年代之变迁而发生衍化。"清代时期迅速发展起来的太极拳、八卦掌、形意拳由于杨露禅、董海川、李洛能同时齐名于京师,得到了广泛的认可和推崇,被称为内家拳三大拳种。其共同特征是在练习过程中都非常重视呼吸运气,强调以意领气、以气摧力,从某种意义上讲,也就是把拳法练习与气功活动结合起

来。1927年中央国术馆建馆之初,依据拳种风格、功法技术、历史渊源等方面的特点成立武当门与少林门,其中就将八卦掌、太极拳、形意拳三个拳种归入武当门。由此"内家拳系统"成为形意拳、太极拳、八卦掌等"形式不同,其极还虚之道则一也"的强调"以柔克刚"拳种的统称,并逐渐被人所知。

　　夫道者,阴阳之根,万物之体也。其道未发,悬于太虚之内;其道已发,流行于万物之中。夫道,一而已矣。在天曰命,在人曰性,在物曰理,在拳术曰内劲,所以内家拳术有形意、八卦、太极三派形式不同;其极,还虚之道,则一也。易曰:一阴一阳谓之道。

　　若偏阴、偏阳皆谓之病。夫人之一生,饮食之不调,气血之不和,精神之不振,皆阴阳不和之故也。故古人创内家拳术,使人潜心玩味,以思其理,身体力行,以合其道,则能复其本来之性体,然吾国拳术门派颇多,形式不一,运用亦异,毕生不能穷其数,历世不能尽其法。余自幼年好习拳术,性与形意、八卦、太极三派之拳术相近,研究五十余年,得其概要。曾著形意、八卦、太极拳学,已刊行世。今又以昔年所闻先辈之言,述之于书,俾学者得知其真意焉。

　　三派拳术,形式不同,其理则同;用法不一,其制人之中心,而取胜于人者则一也。按一派拳术之中,诸位先生之言论形式,亦有不同者,盖其运用或有异耳。三派拳术之道始于一理,中分为三派,末复合为一理。其一理者,三派亦各有所得也:形意拳之诚一也、八卦拳之万法归一也、太极拳之抱元守一也。古人云:"天得一以清,地得一以宁,人得一以灵,得其一而万事毕也"。

　　三派之理,皆是以虚无而始,以虚无而终,所以三派诸位先生所练拳术之道,能与儒释道三家诚中、虚中、空中之妙理,合而为一者也。余深恐诸位先生之苦心精诣,久而淹没,故述之以公同好,惟自愧学术谫陋无文,或未能发挥诸位先生之妙旨,望诸同志,随时增补之,以发明其道可也。①

（一）内家拳之形意拳

形意拳又称心意拳、六合拳、心意六合拳等。形意拳起源众说纷纭,但流传至今并已形成自己独特套路、练功方法及技术特点的形意拳主要有四

---

①　资料来源:孙禄堂.孙禄堂武学录[M].北京:人民体育出版社,2000:265-266.

支：以"浑元桩，蹲猴势"为代表的戴氏心意拳；以"定为桩，动成拳"的特点马氏心意六合拳；以母拳五行拳、十二形拳动作为代表李洛能所传形意拳；注重演练身法的终南形意拳。虽然四支形意拳风格各具不同，但均以"心意诚于中，肢体形于外"，内意与外形高度统一。

近代著名武术家孙禄堂先生在其武学录《拳意述真·李能然小传》对形意拳大师有过一段描述，从中可以感受到形意拳大师习武之艰辛以及形意拳学精湛的技艺。

李先生讳飞羽，字能然，世称老能先生，或曰洛能洛农、老农，皆一音之转也。直隶深县人。经商山西太谷，喜拳术。闻县境有戴龙邦先生者，善形意拳，往访焉。觌面一见，言谈举止，均甚文雅，不似长武术者，心异之，辞去。他日倩人介绍，拜为门下。时先生三十七岁也。自受教后，昼夜练习。二年之久，所学者仅五行拳之一行，即劈拳，并半趟连环拳耳。虽所学无多，而心中并不请益，诚心习练，日不间断。是年龙邦先生之母八十寿诞，先生前往拜祝。所至之宾客，非亲友即龙邦先生之门生。拜寿之后，会武术者，皆在寿堂练习，各尽其所学焉，先生只练拳趟半。龙邦先生之母，性喜拳术，凡形意拳之道理并形式，无所不晓，遂问先生为何连环拳只练半趟，先生答曰："仅学此耳。"当命龙邦先生曰："此人学有二年之久，所教者甚少，看来倒是忠诚朴实，可以将此道理，用心教授之。"龙邦先生本是孝子，又受老母面谕，乃尽其所得乎心者，而授之先生。先生精心练习，至四十七岁，学乃大成。于形意拳之道理，无微不至矣。每与人相较，无不随心所欲，手到功成，当时名望甚著，北数省人皆知之。教授门生郭云深、刘奇兰、白西园、李太和、车毅斋、宋世荣诸先生等。于是先生名声愈著，道理愈深。本境有某甲，武进士也，体力逾常人，兼善拳术，与先生素相善，而于先生之武术，则窃有不服，每蓄意相较，辄以相善之故，难于启齿。一日会谈一室，言笑一如平常。不料某甲之蓄意相试，于先生行动时，乘其不备窃于身后捉住先生，用力举起，及一伸手而身体已腾空斜上，头颅触人顶棚之内，复行落下，两足仍直立于地，未尝倾跌。以邪术疑先生先生告之曰："是非邪术也，盖拳术上乘神化之功，有不见不闻之知觉，故神妙若此，非汝之所知也。"时人遂称先生曰："神拳李能然"年八十余岁，端坐椅上，一笑而逝。①

① 资料来源：孙禄堂.孙禄堂武学录[M].北京：人民体育出版社，2000：271－272.

形意拳吸取中国古代哲学和道家养生思想,内为养生之术,形为运动之道,意藏于形后统摄人体,借"形"的锻炼与塑造达到壮其意、敏其志之目的。生克变化为攻守之法,神行并重,内外双修。有内无外不成拳,外无内难成术。三体式、五行拳、十二形拳等均要求,在习练过程中加强对意的把握,通过外形与内意融合达到无形无意的上乘境界。

形意拳是用医家的意、气、形这些身体要素来构建其拳法理论的。《心意六合拳谱》对于意、气、形有如下的记载:"合内外六合也,外三合,手与足合、肩与胯合、肘与膝合,内三合,心与意合、意与气合、气与力合,内外如一,成其六合。"形意拳属于"动功"一类的修炼方法,它的拳理,是以中医理论和五行学说为基础。五行的生克制化是中医学解释人体的生理与病因的基本理论,形意拳最核心的拳法五行拳与中医学的"五行"理念一致,根据阴阳五行学说理论,以身体演绎阴阳、五行与经络,通过动作修炼和意识修养,训练人体的五脏作为直接目标,使身体与天地之理完美融合。形意五行拳的五个单式动作劈、钻、崩、炮、横分别对应五行的金、水、木、火、土,五行又对应着人体的五脏。其拳法中的劈拳(属金属肺外通鼻)、钻拳(属水属肾外通耳)、崩拳(属木属肝外通目)、炮拳(属火属心外通舌)、横拳(属土属脾外通人中)是按五行相生来编排的,它对调理人体五脏六腑有很好的作用。在经过长期正确的锻炼后,亦能有自然打通"周天"经脉的效果,进而达到平衡阴阳,使气血轮回相接,起到祛病、养生、延年的作用。

(二)内家拳之八卦掌

八卦是我国古代圣贤在漫长的求生存的斗争实践中体悟创造出来的一个反映宇宙万物运动变化规律的信息模式图,统称八卦图。始见于《系辞传》:"易有太极,是生两仪、两仪生四象,四象生八卦。"八卦掌,原名"转掌",是一个以八卦学说作为拳理基础,以绕圆走转和掌法变换为运动特点的拳术。后世传习者多以转掌走圈为其基本练习形式,似循八卦八个方位的连线,其技法讲究纵横交错、随走随变,其击法讲求灵机应变、以变应变,合与《周易》中"刚柔相摩、八卦相荡",运动不息、变化不止之理。创编八卦掌这一拳种的人,从主观上就必然要使自己所创的拳理到拳法,从运动形式到技击特点都要力求与八卦图之外貌与内涵之易理尽量相符。

对于八卦掌的起源及创始人的研究始终是学界关注问题,当前较为认同的观点为:河北省文安县朱家坞的董海川(约1813~1882年)就是八卦掌的创始人。董海川于1866年开始在北京授艺,至1894年,程廷华等共议合八卦、太极、形意为一家,说明转掌由初露武坛到形成流派于这一时期。董海川在北京肃王府传出八卦掌法后,其术很快盛传京津冀,并不断传播到各地。八卦掌的技术和理论体系也随之迅速发展,形成了以牛舌掌和龙爪掌为特点的两种技术风格。拳谚有云"形如游龙、视若猿宁、坐如虎踞、转似鹰盘",步法要求起落平稳、摆扣清楚、虚实分明,行步如蹚泥,前行如坐轿,出脚要摩胫,走圈时,内脚直进、外脚内扣、两膝相抱、不可敞挡,身法讲究拧、旋、转、翻、圆活不滞;身形要求顶头竖项、立腰溜臀、松肩垂肘、实腹畅胸、吸胯提挡。八卦掌以易理为拳理,以阴阳变化为灵魂,以宇宙万物返还生克的万古不移之规律为技击与健身之法则,把中国武术传统的攻防技术和道家的"缘督为经""虚己顺物"等吐纳养生术有机地结合起来,不仅能够通过气血经络运行充分调动起人体潜能以达到防卫御敌之目的,而且还能借技击攻防动作的训练达到舒筋活络之功效,把健身、技击和开发人体机能融为一体,内外兼修、体用兼备、形神一致、气息相依。

　　内家拳练体又练气,练气必须通过呼吸来完成。其方法就是抿唇闭口舌顶上腭,使呼吸通过鼻孔来进行,较之用口呼吸,既卫生又深细,还可以避免气喘。气喘则神散,神散则用拙力。所以用鼻孔呼吸于健康和技击都极有益处。八卦掌主张自然呼吸,通过鼻孔将新鲜空气吸入丹田,然后再把体内的浊气呼出去。通过这样的长期锻炼,丹田气会越聚越足,到修炼成功时,自然会向下流注,练成"混元一气"。"混元一气"在武术中叫作"内劲",或"整劲"。练内家拳的都非常重视这种"混元一气"的锻炼,把这种气练出来,才能更有所得。这种气能祛病健身、克敌制胜。在蓄劲时吸气归于丹田,发劲时向四肢发射,辅之以鼻音的"哼"字,或口音的"哈"字,来助长自己的劲力,增加自己的威势,同时还可以减泄对方的力量,并震慑对方而取得胜利。[①]

(三) 内家拳之太极拳

太极拳是一种意识、呼吸、动作密切结合的运动,是中国古代的太极、阴阳学说为理论基础,导引养生与传统技击两种文化相融合的产物,中国武术的代表性拳种流派之一。"以意领气、以气运身",用意念指挥身体的活动,用呼吸协调动作,技击要求做到"引进落空""借力打力""缠绕运转"等以柔克刚的理念,养生方面注重精、气、神的内在修炼,融武术、气功、导引于一体,是"内外合一"的内功拳。"学太极拳,为人道之基,入道以养心定性聚气敛神为主。故习此拳,亦须如此。若心不能安,性即扰之。气不外聚,神

---

① 资料来源:张全亮.八卦掌答疑[M].北京:人民体育出版社,2005:111-112.

必乱之。心性不相接,神气不相交,则全身之四体百脉,莫不尽死。虽依势作用,法无效也。欲求安心定性,聚神敛气,则打坐之举不可缺,而行功之法不可废矣。学者须于动静之中寻太极之益,于八卦、五行之中求生克之理,然后混七二之数,浑然成无极。心性神气相随作用,则心安性定,神敛气聚,一身中太极成,阴阳交,动静合,全身四肢百脉周流通畅,不黏不滞,斯可传吾法也。"

太极拳"不丢不顶,勿自伸缩"和"不丢不顶中讨消息"的特点,始终使其与时俱进,紧紧顺应人的需求而变化。结合了导引、吐纳、经络学说、阴阳学说等使其拳术具有柔化刚发的力量,阴阳、虚实、柔刚俱备等特点。这些理论基础奠定了太极拳拳理必然蕴含着养生思想。

太极拳产生于漫长的中国历史长河,成型于明末清初,到了近代真正走到成熟期。作为成熟期的重要特征是,这一时期太极拳"出现了突出健身功能的拳架"。养生健身功能则是融合了世代先哲的智慧结晶,源自先秦文献中记载的养气、养形术,医家的禽戏、道家的性命双修,以及宋人的八段锦和明人的易筋经等养生强身法,均以不同的文化形式融入太极拳形成与发展过程。"叹当年披坚执锐,扫荡群匪,几次颠险!蒙恩赐,罔徒然,到而今,年老残喘,只落得《黄庭》一卷随身伴。闷来时造拳,忙来时耕田。趁余闲,教下些弟子儿孙,成龙成虎任方便。欠官粮早晚要私债即还,娇谄勿用,忍让为先。人人道我憨,人人道我颠。常洗耳,不弹冠,笑杀那万户诸侯,兢兢业业,不如俺心中常舒泰,名利总不贪。参透机关,识破邯郸,陶情于鱼水,盘桓于山川,兴也无干,废也无干。若得个世境安康,恬淡如常,不忮不求,哪管他世态炎凉。"这段出自陈王廷遗词中的记载,讲述的是明末清初世态炎凉。却也让后人读懂了陈王廷所处的社会背景及其不追名不贪利、恬静超脱的心态,由此也奠定养生、健身太极拳创拳的思想基础。

1850 年左右,第一位陈家沟陈氏拳械的外姓传人杨福魁(字露禅,1799~1872 年),辞别其师陈长兴,返回故乡永年设教。随即又被推荐至北京,出任京师旗营武术教师。他为了适应清朝"五体不动"的达官显贵和体弱年迈者的体质,扩大传习范围,适应保健需要,创编成一套架势宽舒、动作圆润的"绵拳"套路。有本的"新架"、青萍的"赵堡架"和杨露禅的"绵拳架",都以适应保健需要为编拳和练拳目的,表明太极拳发展至这一时期,出现了突出健身功能的趋势。《十三势行工歌诀》中提出的"详推用意终何在,延年益寿不老春",这句话被编入了著于 1852~1881 年间的《太极拳谱》,而陈有本、陈青萍、杨露禅所编突出健身功能的太极拳架也是在此时,这既说明了当时的太极拳家已经将强身健体、延年益寿作为练习太极拳的宗旨,还说明太极拳理论来源于实践,又反过来指导着实践。

太极拳经杨露禅传习并到北京逐步推广开以后,为了满足不同习练对象的健身需求,逐步去掉老架中的某些难度动作,删除了震脚跳跃等发力动作,形成了柔和缓慢、心静体松;轻灵沉着、圆活连贯;上下相随、虚实分明;柔中寓刚、意识引导的风格特点。由此,太极拳走向一种以养生健身为主要目的的内家拳种,并成为中华武术的"符号"走向世界,推动中华文明的传播。

三、"民主"与"科学"思潮推动武术健身观的形成

民国时期,随着西方近代科学的传播及其在国民生活生产中的作用日益明显,迫使原本只有"格致之学"的中国重新审视科学的价值,"民主"与"科学"的思想逐渐深入人心。新文化运动中人们所认识和理解的科学,已经不仅仅是意味着某种知识,而是一种更为重要的精神与方法,是一种从实证主义出发的理性精神以及指导人们改造世界的方法。民主与科学成为变革社会、促进解放思想的有力武器。

作为新文化运动的旗帜性人物陈独秀在《敬告青年》中对科学作了新的解释:"科学者何? 吾人对于事物之概念,综合客观之现象,诉之主观之理性,而不矛盾之谓也"。不久,他又在《新文化运动是什么》一文中写道:"我们中国人向来不认识自然科学以外的学问……向来不认识中国的学问有应受科学洗礼的必要。我们要改去从前的错误,不但应该提倡自然科学,并且研究、说明一切学问(国故也包含在内),都应该严守科学方法,才免得昏天黑地乌烟瘴气的妄想、胡说。"

为了国家富强和救亡图存而追求科学,对科学的追求和崇尚开始贯穿于社会的各个方面。促使人们从封闭走向开放,崇尚"义理",鄙视"技艺"的中国传统观念日益瓦解,也深刻影响着在传统社会流传几千年的中国武术。这主要表现在以下两个方面。

武术界"科学化"意识的觉醒并展开了一场前所未有的讨论。由于新式学堂的发展和留学生的增多,受过近代科学教育的人将来自西方的实用主义教育思想和自然主义体育思想引入中国,以近代自然科学为基础的西方体育改变了人们的认知。"国术科学化"的呼声在武术界兴起,他们开始运用新的知识结构审视传统武术的"科学性",尝试运用近代自然科学方法和社会科学方法重新解释武术。"国术一道,脱不以科学方法从而改进,势难邀社会之信用,必然完全失传。"同时也注意到,对于武术的研究,不是简单地"拔了海外的琪花瑶草来移植在华国的艺苑里",而是要"采取欧美体育

之长处,用科学方法、教育力量来改造我国的固有体育"。通过对武术进行的整理研究带来了国民对武术的教育功能、竞赛方法、健身养生等多方面价值的重新认识。

> 文武事功,自古并重,故武术与文学二者不可偏废者也。言文学者资文字而立,言武术者利武器为用,溯自欧风东渐,竞尚枪炮火器,以为武备之革新,然而我国武术界原有优美之国粹,是由渐失其传,暗淡无闻者久矣。呜呼,武术一科,其可以不发挥而光大之哉,夫中国武术之发明远在我祖黄帝擒蚩尤之前⋯⋯国人重文轻武之谬见曰:自枪炮诸火器日精,旧武术殆归天演淘汰,当然失其效用。殊不知有大不然者也,盖枪炮之用利于远攻,武术之用利于近击,舍近击而专务远攻,然世间之用武,岂果无近击之时乎? 毋亦不通之论也,况夫武术之功用至大,以狭义言,为体育之良法,以广义言,为卫国之要图,岂仅限于技击哉。①
>
> 国术的意义,就是代表我国民族固有的枪刀棍剑及一切武技的总称。它有五千年的历史,它与我国民族的生存上,发展上,都有很密切的关系。它的效能,不但是个人健躯的锻炼,且是可自卫卫国的技能。所谓技能,就是国术的精妙,足以防止意外的侵害,保卫生命的安全。若能习练精熟,得心应手,随机应变,于平时,可增身心的愉快或防不测的灾祸,一旦国家为外人所侵,用以卫国,可增同仇敌忾之壮气,尤收术之格斗之殊功。此外,国术对于锻炼的对象,内部重在精气神智,外部重在筋骨皮膜,所以国术是最适合人的生理锻炼。总括地说,国术对于锻炼体魄,是最高尚的,合生理卫生的,是最优良的方法。凡可谋种族之强健,养成百折不回,勇敢耐劳的自卫卫国的精神。
>
> 国术是强健身心之捷径,是自卫卫国的良药,实合于科学上的实用目的,所以国术不但不是反科学,而在科学的立场上有崇高的地位。同胞们,站在不竞争不能生存的 20 世纪,我们只有练习国术,普及国术运动,达到强种强国、自卫卫国的途径,将来的新中国一定国土完整地位提高。②

以实用主义教育观点为基础的自然体育思想和方法,带来了较系统的体育理论与方法,它从人的生理、心理、社会和个人需要的角度来看待体育,

---

① 资料来源:杨莹.我之武术观[J].武术,1921(2):4.
② 资料来源:黄葆荷.国术与科学[J].国术月刊,1934(1):2-3.

在 20 世纪初期的中国具有进步意义。尤其是其依托了运动生理学、运动解剖学、运动生物力学等多种体育基础学科而进行的各种研究,相比之下,使得代表了中国"土体育"的中国传统武术自然就相形见绌了。为此,武术界一些研究者开始注意到用近代体育运动的原理对武术进行多方面的研究,认识到武术作为中国的一种传统人体运动方式,尽管存在不少问题,但在强身健体方面具有"洋体育"无可替代的价值所在。1925 年的《学校体育应特别注重国技案》指出:"武术关系体育,至为重要,刚柔兼备,精力两全,一切动作,靡不精神贯注,血脉流通,非惟适合于成人之锻炼,实亦宜于儿童之学习。"另有研究认为"我国技击,为最高尚之运动,惟以练习艰苦,功夫深远,文弱者流,辄鄙夷视之,实则行之于学校,即为我国最古最良之体操术,有过之无不及也。且其运动纯为全身调和,虽用力近于剧烈,然由浅入深,于生理并无妨碍。"有人对传统拳术进行研究并分门别类说明其锻炼价值和作用。传统拳术的教学虽也有练气、练力、练形、练技等循序渐进的步骤,但大多数从掌握某门技术、提高技击着眼,很少考虑锻炼身体的价值。为适应学校武术教学的需要,一些武术家开始参考体育各书,按生理学原理,打破拳术的门派,把拳术分为三大类。将形意拳、八卦拳、八极拳、罗汉功等运动较为迟缓,又富于注意力的拳术列为"强健筋肉,发展体力"类;将运动捷速、跳跃便利的各类长拳,列为"活泼肢体、敏捷思想"类;将少林十二式、太极拳、苌家拳二十四式及各种内功等,以心意作用及呼吸作用运动肢体的拳术列为"流通气血,强健精神"类。这种分法主要着眼于拳术的性质效果,以其主要锻炼价值为分类标准。"多好活泼又好繁华"的年轻人,宜习谭腿、查拳、翻子、劈卦、红拳、少林等"绚烂猛烈之拳术","骨节不甚柔软、跳跃亦微觉困难"的中年人,则宜习太极、八卦、形意等"手法既极简单、步法又不费力"的拳术。这两种分类都是以近代科学的观点,以锻炼身体为目的来评判各个拳种的性质和价值。尽管这种评判或分类还很肤浅,但它毕竟反映了人们武术观念的转变和西方近代体育对武术的影响。

随着社会上国术锻炼意识的逐步形成,部分受过教育的人,应在其对国术形成正确认识之前,使他们知道国术合乎科学的道理。陈泮岭(1933)发表了题为《国术之科学性》的文章,从"国术的功效"与"自卫的技术"两个方面展开说明国术的科学性。一方面,通过"气血"运行的概念解释国术是合乎生理卫生的。认为身体中的气血是人体强弱关键的因素。假如气血流动不畅,这种人就会马上生病,甚至死亡。所以我们要每天运动,呼吸新鲜空气,目的就是为了保持气血流通。对于国术家来说这种"气血"就是"精气神","还有一种老国术家,因为年纪过大,四肢转动不灵,有时候自己坐着就能练拳,甚至练过一套二套以后,马上就出了一身汗。由这可以证明是内部气血流动的摩擦,由此可知意到神到、神到气到。古时的国术家都讲求精气神,所以练拳最注重的就是气。"所以说练拳要有神,然后气的运用才能到家。我们要练好国术,就是要讲究动作的技击含义,如果气能运用自如,血脉必定流通畅通。另一方面,通过对力学的解释,认为国术的各种构造是合乎科学的。"国术的各种构造,都是由浅入深,由简入繁,先难而易,由慢而快,极合体魄的动作,这是构造上合乎科学。"古代拳术家早已知道"千斤不压梢"这句话的原理,有如"四两拨千斤"的武术拳理。"所以练国术的人,要讲究化人的力量,以小力化大力,以轻力化重力,所谓分力合力。再拿练拳来讲,练拳的人要有根,发动要于根,在力学上叫支点,着力的地方叫力点,无支点力就失去效力,这就是国术家所谓发力无根之谓也。"古代武术家,虽然不懂力学,但早已将掌握重心的原理运用的创拳过程。如拳术的弓箭步的要领是"胸不过膝,膝不过脚尖",这样才可以站稳,就是怕重心移到外边去。人在站立时,需要端正,因为物体愈高,重心愈易移动,这都是保持重心在底盘内的意义。"现在国术里的式子,如弓箭步、四六步,稍微讲究一点的,都要成三角形,方有把握。因为两脚的步位,绝对不能放在一条线上,总是要把底盘放大,不要重心出了底盘,这自然会站立稳当。否则,非歪即斜。所以形意拳的好处,就是三体式,进能攻,退能守,因为底盘大,所以非常合适。这个拳术非但合于生理卫生而且合于力学的要点。"

武术家用气压、力学等科学解释武术,希望以此证明武术是一种符合现代科学的运动。虽然对于相关科学理论的解释尚处于初步认识阶段,甚至还未形成现代意义上科学理论,但对于当时刚刚开始步入现代社会的普通国民来说,尤其是那些希望以武术健身、用国术养生,而又迷茫于"科学"的国民来说,这些显得粗浅却通俗易懂的武术与科学的关系,无疑为他们打开一扇认识科学,习练武术的窗户。

其次是"科学化思潮"影响下,以太极拳为代表的传统武术健身、养生思想日趋成熟。晚清时期,太极拳、形意拳、八卦掌、少林拳、南拳等各家武术拳种都先后走向套路化,各自形成独具特色的理论。虽然在此期间产生的武术拳种套路五花八门、各有所长,但有一个共同的特点,更加有目的地和中国的传统养生术相结合,强调技术上的运气,即以意领气、以气运身、以气助力,追求意、气、劲、形四者的有序化配合。在练法上,强调先练气培本的锻炼程序和内外互导的锻炼原则。注重拳种的健身、养生功能。

　　清末时有署名尊我斋主人辑著之《少林拳术秘诀》谓白玉峰融合少林旧法，创增百七十余手。分别谓之龙、虎、豹、蛇、鹤五式，即所谓少林五拳，并谓"龙拳练神、虎拳练骨、豹拳练力、蛇拳练气、鹤拳练精。"该书所记历史部分固不可信，但少林五拳之技术部分，却反映了少林拳法在晚清时期的发展。该书中谓练龙拳时，须"暗听、气注丹田"；练虎拳时须"鼓实全身之气"；练蛇拳时须注意"气之吞吐抑扬"；练鹤拳时须"凝精铸神，舒臂运气"。可见晚清时少林武技在早已讲究刚柔相济的基础上，还充分重视精、气、神的作用，即内外功并举。

　　随着武术健身养生功能价值认识的深入，太极武术越发受到重视。到了民国，多种武术器械与太极拳相融合从而形成太极器械，极大丰富了太极武术的内容，从而为形成完善的太极武术体系奠定了基础。民国时期太极拳家辈出，他们通过著书立说宣传武术健身原理，倡导民众练习太极武术。沈家桢在《运劲完全为体育论》一文中认为国家的建设需要健全体格，优越精神的国民，"在全国民众，有健全体格，方能独任艰巨。夙夜靡懈，有优越精神方能运用智能，自强不息，然后群策群力。"并对健全体格者做了如下定义"所谓健全体格者，必须筋肉发达，心胸开畅，臂腰坚实，腋力充沛。所谓精神畅旺者，尤须心静胆壮，思敏耐劳。人之一身，外部有筋肉骨干身力之训练，内部有精气神之修炼，双管齐下，方能在社会为中坚之骨干，在国家居优秀之地位。"看到国民精神萎靡之士，筋肉衰疲之辈，提出以中国土体育"太极拳"作为健身锻炼的手段。"存于己者厚，斯达于群者亦宏，此所谓己立立人，己达达人……但思精神与体格，二者兼修之方，则应用太极拳第一级之精神与方式，尤为国人体育修炼之不二法门。"将通过太极拳练习增加健康视为武练，通过健身功法静练为文练，即所谓"以养精练神为文，以手舞足蹈为武"。最上乘的练法应该是"文武并进"，中乘者因文及武，或者因武及文；下乘者，只知文而不知武，或知武而不知文也。知武不知文，所谓血气之勇也，知文不知武，亦有流弊。

　　为了区别文练与武练，沈家桢详细列举了十六条规律：

　　（1）静坐功，对于精神不统一时，用数息法，调驭之。精神不能静止时往往勉强制止，则精神受伤矣。

　　（2）太极静行功，对于精神求统一静法，外部用肢体运行，开合升降；内部则沉着行气，用开呼合吸数息法。内外表里精粗，无须调制。自归统一运使时，脑中虚灵定静，精神统一，纯出自然也。

　　（3）静坐功，使身体端正，宽衣解带，不使筋肉受拘束之苦，惟久用盘足而坐,易致麻木。

(4)太极静行功,立身中正,安舒支撑八面,运使顺遂,节节贯串,不受丝毫拘束之苦。

(5)静坐功,胸部微向前伏,使心窝向前落下,丹田安定。

(6)太极静行功,含胸拔背,气沉丹田,亦系使心窝降下,丹田安定。

(7)静坐功,谨防易生杂念,耳不求闻,目不求视,久之闻视迟钝,渐失灵敏。

(8)太极静行功,内以心行气,外部有肢体运动,耳目无须防范杂念不易侵入。如人之工作忙时,呼之不应,此自然防范杂念也。

(9)静坐功,有内视法,即使心灵在体内巡行,以免发生妄念。

(10)太极静行功,有听劲法,即以意行之,周身天骄,五心相应,环绕全身。

(11)静坐功,呼吸法有二,曰正呼吸,曰自然呼吸。重呼吸注重在深而其易达下部。

(12)太极静行功,用自然呼吸,行气如九曲珠,深微而长,以身体起落开之助,亦使气易下行丹田。

(13)静坐功,以精神之功,改造身体,兼保护之。

(14)太极静行功,以精神力体二种功用互助之,如有精神不易进步者,力体运可支持之,如有力体不能行者,以精神力量支持之,双方协助,事半功倍。

(15)静坐功,性质倾向消极锻炼,在节流。

(16)太极静行功,性质倾向积极锻炼,在开源。

观以上两种修炼法,其目的则一:在求精神统一,不为妄念侵害,使丹定而已。此佛家所谓背妄归真,得证正果也。①

文教(1932)看到当时国内提倡国技的热情十分高涨,城市里纷纷成立了体育会、国术馆,广大群众开始注重锻炼,知道通过国技能够锻炼体魄。"国人到了现在,才明白外患相迫,非提倡国技不足以造成健全民族。所以一般有志者乘机提倡鼓吹,而且有志向学者日多一日,我国数千年的国粹,得以放一线曙光。"针对国技的内容五花八门,究竟如何选择合适的国技内容,文章提出了"提倡国技要重视有科学化的太极拳"。

① 资料来源:沈家桢.运动完全为体育论[J].体育,1932(1).

国技既有这样的重要,我们应该努力地学习它,研究它,并且来提倡它,使我国同胞,个个有国技的知识,个个有健全的体魄,那么非选择有科学化的教材不可了。

我想太极拳,真有提倡的价值呢。它的优点,我想在于有科学性,一属于生理方面,它的动作极柔缓,全以心意为主,丝毫不用拙力,不像外家拳术用硬功锻炼的,假使学得不合法,身体往往反为受伤。二属于心理方面,练习时候,不费一些气力,况且含有审美作用,决不使人生讨厌和恐惧心。至于力学方面,以巧取胜,以柔化劲,更为外家拳术所不及了。太极拳既有这几个原因,学的人一定欢欢喜喜去学了。讲到它的功效,不但可以锻炼体魄,涵养德行,到了懂劲,无往不利,无坚不摧,真是卫身救国的唯一利器。

余醉心太极拳,苦乏秉承,中心悒悒历有年所。今秋得遇润身朱先生悉心教授,略谙门径,非先生之善诱,不克臻此也,爰赋二律,登载一周纪念刊以识敬仰云:

运气化精复守真,造成金玉不磷身。产从无极应无敌,练得有年更有神。

今古屏藩崇武力,东南子弟赖铬钧。国方多难民衰弱,会见双拳救国民。

练体频年每失真,今随得骥冀强身。窥墙无术空余恨,施教有方渐得神。

地多灵萌秀杰,绿生何荷陶钧。异时精力能添益,水奉瓣香作健民。①

褚民谊甚至希望借助中国人参加奥运会表演的机会,将有利于身心健康的太极拳运动向全世界推广。

今年在柏林举行世界运动会,国术方面也预测去参加,本人已经在体育协进会里提出参加六人,如其有真好的才具(才气、才能),那么也不妨增加数人,不过所参加的长短器械各家拳法应该都要有特长,务必精而且博,不但要单打,而且要能对打。虽然这次去并不是比赛,而是表演,要想让全世界知道中国固有体育如何精妙绝伦,自愿慎重选拔。鄙人也趁着这次机会,将和平的、柔软的且对职业有甚好帮助的太极拳

---

① 资料来源:文教.提倡国技要重视有科学化的太极拳[J].国术半月刊,1932(1).

与太极操介绍给世界各国,使他们拿来和极形恶相的碍身心的剧烈运动做一栏对比,而且我更想把太极操之动作翻译成英法德文说明,供给全世界来采用,预将此材料向国家体育会推进扩展。①

近代的中国,武术作为"冷兵器"与"搏杀术"的价值认识发生了根本性的变化。尤其是在广大的民间,"一变致用之志,而以武术为卫生之方"武术养生健身的价值认识日渐兴盛,人们开始用新的观念去认识、整理、研究我国传统的武术,一股基于"祛病延年""养心存性""卫生保身"的健身武术思想在神州大地悄然蔓延。

第二节 增强体质、防病治病:新中国成立初期武术的主要功能

一、新中国成立初期人民的生活与体质健康状况

1949 年中华人民共和国的成立,标志着殖民主义、帝国主义、封建主义统治者奴役中国人民的历史从此结束,中国人民从此进入了一个新时代。新中国成立之初,国家百废待兴,国家经济处于初步发展状态,当时大部分人民的生活仅维持在最低的生存水平上。据统计,1949 年城镇居民人均年现金收入还不足 100 元。党和国家对此采取了一系列措施恢复和发展生产,安排就业,以安定人民生活;也可使广大人民群众积极热情地投入到新中国的建设中去,为新中国的发展奠定物质基础。到 1952 年人均现金收入增加达到 156 元,比 1949 年增长 56.8%。"一五"时期是新中国成立后我国第一个经济建设的"黄金时代",1957 年城镇居民人均现金收入达到 254 元,比 1952 年增长 62.8%,扣除物价因素实际增长 48.5%,平均年递增8.2%。

由于社会政治、经济、文化的落后,人们大部分的时间和精力都投入到生产发展上,以维持生计。人民的体质和健康状况不是很好,长此以往,会严重影响生产、工作和学习。1952 年 5 月,根据北京大学的调查,在 316 名学生中,患有肺病的占 10%。在技术学校中,患神经衰弱的几乎是普遍性的,如长春邮电学校动力班 46 人中,有 40 人患神经衰弱。很多女性患妇科

---

① 资料来源:褚民谊.褚民谊先生武术言论集[M].国术统一月刊社,1936:108.

病。因病休学的学生人数也是惊人的：东北师范大学三年来在 3374 名学生中，休学的占 8.1%。在工人中，体质一般都较弱，因病缺勤的很多。据重庆 61 个工厂企业单位调查：职工 38731 人中，患肺结核、胃病等慢性病者达 3268 人，占总人数的 8.48%。南京永利铔厂，1952 年 1~9 月因病缺勤而损失的工作日达 8751 天，等于全厂停工 6 天。由于工人病假多和体力差，严重影响和降低了生产效率。机关干部的健康状况也很不好：据天津、北京、山西各银行的材料统计，肺病患者一般占 10%。神经衰弱患者在报社、银行、贸易系统的员工中很普遍。

二、体育增强人民的体质与劳卫制的实行

1952 年 6 月 10 日，毛泽东主席为中华全国体育总会成立题词："发展体育运动，增强人民体质。"又在 1953 年向全国青年提出"身体好，学习好，工作好"的号召。同时人民政府设立了中央和各级的体育运动委员会，以积极推动人民体育运动。在这些号召下，很多学校和工厂、机关已积极地开展了体育运动，并取得了良好的效果。北大医院开展了体育运动后，有的班平均每人增加体重 3.5 千克；南京市第一中学自 1951 年开始进行有计划的体育锻炼，一年后，学生健康状况有明显改变，全校 1359 人平均每人增加体重 1.81 千克，最重的增加 8.61 千克，肺活量平均每人增加 176 毫升；上海铁路戚墅堰工厂锅炉厂的凤焊组，全组 20 人，因身体健康不好，请病假的很多，经过体育锻炼，病假大大减少，去年 4~6 月份连得 3 次红旗，成为光荣的模范生产小组；在机关干部中，凡能坚持做广播体操的，健康状况就有好转。

为了进一步发展学校体育，向劳动人民进行全面的体育教育，促进学生的体质健康，培养人民成为健康、乐观的生产者和国家保卫者，在全国推行了准备劳动与卫国体育制度（简称"劳卫制"），选择其中条件最好的学校重点试行劳卫制，以便学生按照一定的运动项目和标准进行经常的体育教育和锻炼。在此基础上，在全国范围内逐步推广"劳卫制"并实施运动的等级制度。有些地方重点地进行了民间体育项目的调研、整理、推广工作，通过举办运动会，增加体育场馆设备，鼓励群众积极参加形式多样的体育运动。

三、武术在增强人民体质中的发展

（一）武术健身功能的挖掘

自古以来，在劳动人民生产斗争中发展起来的武术，始终不仅仅是搏杀的战斗工具，更是人民强身健体的有效手段。"拳打卧牛之地""经常练武术，不用上药铺"等俗语都说明了武术是一种简单易行、经济实惠的健身方

法。新中国成立初期,由于历经长期动荡战乱的社会,人民的身体处于极度虚弱的状态。然而国家经济落后,百废待兴,无法马上给人民提供足够的生活物资与医疗条件保障。只能充分发挥人民的智慧,积极争取在最短的时间内,采用最经济的方式改善人民的体质。在这种社会现实下,武术健身功能得到了充分发掘,逐步成为新中国成立初期增强人民体质的重要方式。

毛泽东为中华全国体育总会第二届代表大会题词"发展体育运动,增强人民体质",给新中国的武术发展带来了希望与光明。紧接着国家体委专门设立了民族形式体育研究会,依据取其精华、去其糟粕,百花齐放、推陈出新的方针,进行了对武术等民族传统体育项目的挖掘、整理、继承和推广工作。1952 年 6 月 24 日荣高棠在全国体育总会第二届代表大会上的报告指出:"对于那些为群众所熟悉和所爱好的武术、摔跤、石锁、沙袋、举石担、骑马、跳绳等必须予以重视,并加以改进,去掉其不科学的部分,使之成为广泛开展劳动群众的体育活动的有效形式之一"。1956 年后中国进入全面建设社会主义阶段。适应形势发展的需要,同年 3 月 9 日,刘少奇同志在同国家体委负责人的谈话中指出:"要加强研究,改革武术、气功等我国传统体育项目。研究其科学价值,采用各种办法,传授推广。"

（二）武术健身,改善劳动人民体质

新中国成立初期,厂矿机关职工担负着各种繁重的生产和工作任务,是社会主义建设事业的重要力量。因此,保障他们的身体健康是一项重要的工作。通过进行一些简单易行的武术锻炼,是增强厂矿机关职工体质的有效途径。

参加武术锻炼的工人身体好,不缺勤,生产效率高,在某些工厂得到了领导的支持而逐渐开展了有组织的锻炼。例如,青岛棉纺厂工人孙流青,患神经衰弱、风湿腿痛,久治不愈,自坚持了太极拳练习三个月身体即恢复了健康,上班后,生产效率提高了,病前只能看两台车,每车出纱十七磅,现在看四台车,每车出纱二十四磅,引起厂内领导的重视而积极提倡。

1953 年天津全国民族形式体育运动表演及竞赛大会的影响和推进,武术运动(民族形式体育运动的主要部分)在不少地区初步开展起来。根据上海、天津、青岛三个城市的调查,参加有组织的武术锻炼的主要是工人、学生和干部。据不完全不统计,上海市在参加武术运动的 3446 人中,工人为 1876 人,学生为 745 人;天津市在 2726 人中,工人为 1227 人,学生为 890 人;青岛市在 1033 人中,工人为 508 人,学生为 310

人;三个城市参加锻炼的成分比例大体相同,合计起来,工人占总人数的50.16%,学生占26.99%,干部占4.09%,工人、学生和干部共计占总人数的81.24%。①

从这份材料不难看出,工人、学生和干部是城市武术运动的主要支持者,说明了劳动人民对武术运动的喜爱和需要。武术运动在新的社会条件下发生了根本变化,过去富豪之家雇佣保镖护院及反动统治利用武术欺压百姓的现象已经消失。武术运动现在成为劳动人民增进健康、防病治病和文娱活动的重要工具之一,它将为国防与生产服务,并初步走上了群众性体育活动的正确方向。

在新中国成立前漫长的动乱年代里,武术是中国许多农村氏族部落保卫乡里,反抗外侮的斗争工具。新中国成立后,国家的政治、经济、文化慢慢得到改善,国家的政治权利保障逐步延伸到了每个乡村部落,有力稳固了农村基层的社会安定局面。原本是作为械斗搏杀工具的农村武术就成了农民增强体质,为生产劳动服务的锻炼手段之一。

　　“福建连城县隔田村能看到许多上了年纪的武术前辈,他们自幼习武,从不间断,是老当益壮的人。从他们身上可以看到武术的确是一门能增强体质、延年益寿的运动。85岁的黄炳恭,行动不用拐杖,步履尚健,现在还能替社里看牛。75岁的黄兆凝,年轻时能挑270斤到连城,挑170斤长途跋涉到将乐,现在虽然年纪大了,但仍然是一位出色的犁手,他每天都出工。全村十四岁以上的男子没有一个不会武术的,妇女儿童中会的人也不少。隔田人的体格普遍强壮结实,很少得病,因此劳动力也特别强。54年修建陶明公路时,隔田村提前和超额完成;55—56年间修建水利工程时也得到了红旗奖励。58年一、二月间,他们一口气抢修了三条水渠,两座水坡,十二口水塘,大大减除了旱灾的威胁。大跃进的1958年粮食比57年增产了约30%;丰产田苗产达800多斤,这是往年没有的。”②

这些数据虽然多少带有“大跃进”时期普遍存在的浮夸成分,但从中也能体会到,武术的根源在劳动人民的生产劳动之中。新中国成立后,安定团

---

① 资料来源:张珍.对于整理和开展武术运动的几个问题[J].新体育,1954(46):9-10.
② 资料来源:张凝.武术之乡[J].新体育,1959(4):15-16.

结的农村社会环境,让武术的社会功能发生了潜移默化的改变,长期的武术锻炼使农民们身强力壮,一个劳力顶两三个用,大大提高了劳动效率。

四、太极拳健身运动的发展

新中国成立伊始,百废待兴。毛泽东主席题词"发展体育运动,增强人民体质",并号召"凡能做到的,都要提倡做体操、打球、跑步、爬山、游水、打太极拳及各种各色的体育运动"。这极大鼓舞了劳动人民的习武热情,尤其是太极拳在工人、农民和学生中很快得到了开展,迎来了它的春天。

1953 年 11 月,全国民族形式体育表演及竞赛大会在天津举行,包括太极拳在内武术成为这一次大会的主要内容。蕴含丰富文化内涵的中华瑰宝——太极,在新中国第一次大型活动中首次亮相,充分展示了传统太极的文化魅力。在这次大会期间,政务院总理兼体委主任贺龙在接见记者时对武术工作发表了重要讲话。他指出,民间流传的武术套路很多,如一座宝山。我们需要做三件事:第一是要探明情况发掘出来;第二是花力气淘洗、整理。要删除违反科学的东西,打开人们的眼界,还复它固有的健康形体,使它符合科学原理,让人们更易于掌握,收到增强体质的效果;第三是要提高拳艺。这不外两个方法,一是在现有的基础上开拓新境界,二是博采众长。贺龙所提出的发掘、整理、发扬光大武术的主张,对太极拳发展有着重要的战略指导意义,太极拳从此走上了健康、持续发展的轨道。

(一)太极拳套路的创编

1954 年,国家体委民族形式体育研究会太极拳研究小组在《新体育》上刊登了三十八式简化的太极拳,为了使初学者易懂、易学,在原来各种不同形式的太极拳中没有左式的添上左式,没有右式的添上右式,使身体得到了全面的锻炼、平均的发展。太极拳的基本手法与步法包括:握拳、掌、勾手、马裆步、弓箭步(左、右)、虚步(左、右)、独立步(左、右)、仆步(左、右)。三十八式简化太极拳的路线为:起势→右揽雀尾→左单边→提手上势→右白鹤亮翅→搂膝拗步→手挥琵琶→左进步搬拦捶→左云手→如封似闭→抱虎推山→左肘底看捶→倒揽猴→斜飞式→海底针→扇通背→左撇身捶→高探马→上步栽锤→左右伏虎→右单边→玉女穿梭→左七星→金鸡独立→野马分鬃→左白鹤亮翅→十字腿→右云手→左揽雀尾→右进步搬拦捶→右七星→退步跨虎→左右分脚→右撇身捶→右肘底看锤→十字手→收势。

1955 年,国家体委武术处毛伯浩、李天骥、唐豪、吴高明等同志以杨氏太极拳为依据,本着大众健身、易学易记的原则,从杨氏太极拳中吸取典型动作,择取 24 个不同的姿势,删繁就简,编创而成易学、易练、易记的二十四式简化太极拳。经过反复修订,在 1956 年出版了新中国第一部由国家主管部门审定的武术教材——《简化太极拳》。全套共 24 个动作,人们称为"二十四式太极拳"。该套路按照由简到繁、由易到难的原则。在集中主要结构和技术内容的同时,改变了过去过多的重复动作,便于掌握。《简化太极拳》的出版发行受到广大爱好者的欢迎,有力推动了太极拳向全国城乡普及推广。1956 年,国家体委在劳动人民文化宫创办第一个太极拳辅导站,太极拳锻炼与劳动相结合的方针顺应了时代的需求,促进了简化太极拳的推广传播;同年的 8 月国家体委编印《简化太极拳》册子并附带太极拳挂图;1958年,《太极拳常识问题解答》(张文元编著,人民体育出版社)出版;1958~1962 年间,《新体育》陆续刊登了多篇介绍太极拳的教学和研究的文章,如杨禹廷的《太极拳问答》(1960 年)和《谈谈太极拳中动作与呼吸的配合》(1960 年);李天骥《怎样练好太极拳》(1960 年)和《太极拳讲座第 1~6 讲》(1960~1961 年);陈家培的《太极拳教学的几点体会》(1962 年),等等。

简化 24 式太极拳是传统武术适应现代生活的产物,它的推出极大促进了太极拳的广泛普及,意味着从此之后太极拳真正意义上进入到老百姓的日常生活,成为人民的一种生活方式,践行其养生健身之功能价值。

随后,为了满足人们习练太极拳的热情,在国家有关部门的统一部署下,逐步推出适合不同人群习练的太极拳套路。1976 年 11 月第二部太极拳教材《四十八式太极拳》最终出版。其内容较"简化太极拳"丰富新颖,练习时间长达 8~10 分钟,锻炼均衡全面,易于普及开展;对于少数难度动作设计了不同的练法和难度,供不同体质、爱好的群众选择。1962 年由人民体育出版社出版发行的第一部太极剑教材《三十二式太极剑》,同国家体委武术研究院于 1989 年组织编写的《太极拳竞赛套路》,即四十二式太极剑,不仅有利于健身养生,增加了观赏性与科学性,也为太极拳运动在国内外的发展起到了重要作用。

(二)太极拳运动对人们体质的影响

新中国成立初期,太极拳作为强身健体、改善体质的运动方式被推荐给了人民群众。经过有目的地创编简单易行的套路,开设太极拳辅导站等多种方式,快速推广传播了太极拳运动。许多劳动人民投身于太极健身,学会了利用中国传统武术达到防病治病、强身健体的目的。短短几年后,太极拳健身方式的效果便逐步在群众中得到验证。

人们通过自身锻炼效果列举了太极拳锻炼可以改善的慢性病。如太极拳被练习者认为是"休息脑筋的最好方法",能够治疗神经衰弱与失眠;此外,太极拳"运动量虽大但不剧烈",能够增进心血管系统机能,提高新陈代

谢能力,改进肠胃的蠕动,提高消化能力,改善身体其他部位神经机能,而有
助于神经官能症的康复;每天坚持太极拳锻炼还会产生"舒筋活血"效果,改
善高血压病症;对各个关节的活动和要求也是人们治疗关节炎症的重要医
药。长期习练得当的太极拳运动对强身、防病治病,特别是对高血压、动脉
硬化、神经衰弱等是有用的,应该推广。"在北京东单公园'太极拳业余辅导
站'的辅导员徐良凯同志,每天带领许多工人、机关干部和中小学生进行太
极拳、太极剑锻炼,被市总工会和体委组织评为优秀太极拳辅导员。他年轻
时长期在阴冷的环境里赤脚工作,落下了严重的风湿神经痛,忍着疼痛练习
走路,继而慢慢地学打太极拳,直到坚持九个月后,扔掉了拐杖,十四个月
后,战胜了疾病,又可以自由走动了。"

　　太极拳运动是我国特有的一种健身运动,是广大人民群众增强体质、预
防疾病的重要方法之一。太极拳是一种全身运动,不仅表现在外在人体骨
骼与肌群的活动方式,还需要一种内在"心静"的意念配合,促进人体中枢神
经及其他器官机能的健康。作为太极拳爱好者,百韬(1962)认为,"我打拳
(太极拳)时,还注意把精神集中在动作上,排除一切杂念……对恢复神经系
统功能有很大好处";王瑞林说,"特别是练(太极)拳时要求'静',思想集中
就能够摒除杂念,大脑能得到更好的休息";并且还用通俗易懂的比喻来说
明太极拳的健身原理,"练拳就像检查维修机器一样,每天检查维修,不仅能
够延长机器的寿命,工作时不易出故障,而且利落好用"。

　　除了群众对练习太极拳的自我评价,随着我国医学领域的发展,学者开
始利用更为科学的方法研究太极拳的健身价值。据资料得,对50~89岁的
老人进行了较详细的医学检查,其中32名是经常打太极拳的,56名是一般
正常的老人,对比观察的结果证明,长年打太极拳的老人,不论在体格方面,
还是在心血管系统机能、呼吸机能、骨骼系统及代谢功能等方面,都较一般
老人为佳;而且打太极拳对骨骼、肌肉及关节活动的影响非常突出。

五、气功等养生功法的发展

　　气功是我国古代劳动人民重要的调心健身方式,在其发展过程中,逐步
融入中国传统儒、释、道、医、武等文化,形成诸如坐禅、吐纳、导引、内功等多
种称谓。新中国成立后,国民对气功的认识源于刘贵珍使用了"气功"一词。
1957年9月刘贵珍在《气功疗法实践》中写道:"为什么称它为气功疗法呢?
'气'这个字在这里代表呼吸的意思,'功'字就是不断调整呼吸和姿势的练
习……"

　　新中国成立初期,党和政府为了提高人民群众的健康水平,动员全社会

的力量,挖掘各种体育资源,号召国民参加体育锻炼。气功是一种简单易行、经济实用、人人可学、卓有成效的强身祛病的好方法。作为有效的传统健身手段,自然受到人们的重视和喜爱。国家开始对气功等养生功法加以整理、继承与发扬,从而使它们得到了深入的研究和迅速的发展,不仅被用于养生方面,还慢慢发展于治疗疾病。因而,在短短的时间里,气功有了较快的发展。

经过几年的实际应用,证实了气功在增强体质,防治疾病方面的良好效果。锻炼气功时通过正确的呼吸方法来调整人体高级神经系统与其他系统的平衡,发挥身体各器官的正能,增强人体内在力量,从而提高身体的抵抗力。据资料记载,"曾经半身不遂、心脏冠状动脉硬化症的患者,经医院治疗两年,病情虽有好转,但枯瘦如柴,整天疲惫不堪,后学习气功,苦练一个时期后,病势日渐减轻,继续锻炼,病即痊愈。所以三十年来练功从未间断,如今已七十六岁,精气神仍旧非常充沛。它从养心和调息两方面对人的体质健康起到了促进作用。"

现在医疗单位用气功结合其他疗法治疗的疾病已达五十六种之多,其中对高血压、胃肠道溃疡、胃下垂、神经衰弱、习惯性便秘、妊娠毒等具有显著的疗效。实践证明,外科病人气功锻炼后,可以减少手术时的麻醉剂量,使肌肉组织松弛,便于手术,而且在手术后可以减轻刀口疼痛。产妇应用气功可以帮助缩短产程,有利于无痛分娩的推行。如今,在向慢性病斗争中,气功已成为"中西医结合综合疗法"的主要内容之一,也是巩固疗效、预防复发的一种措施。①

人们在锻炼过程中,也逐步对锻炼方法原则进行了总结。

气功在练习时应遵循的基本原则:呼吸自然柔和而有节律;全身得到最大程度的放松;动静结合;要循序渐进。气功的种类、姿势和决定的时间、次数时,都应该根据个人的具体情况、具体条件而有质和量的不同,不能千篇一律地生搬硬套。还有,无论气功锻炼身体也好,或者治疗疾病也好,不能把它看作是万能的,不能忽视其他多种方法进行锻炼或治疗,才能取得更大的成果。②

---

① 资料来源:傅连暲.谈谈气功[J].新体育,1961(2):8-9.
② 资料来源:泰重三,宗修英.我练气功的几点体会[J].新体育,1961(22):23.

第三节　丰富文化生活,服务全民健身: 改革开放后武术健身的发展

一、改革开放为健身武术的全面发展提供了可能

1978 年 12 月召开的党的十一届三中全会,是改革开放伟大历史进程的主要标志。改革开放以来,我国的对外经济大开放,实现了从封闭半封闭到全方位开放的历史性转变。国民经济和人民的生活开始有了真正的转机。

十一届三中全会后,思想解放带来了体育领域求真意识,确立了体育战线应不失时机地把工作重点转移到发展体育事业上来的战略方向。1979 年 3 月的《1978 年全国体育工作会议纪要》中强调:要在党的十一届三中全会精神的指引下高速发展体育事业,坚持普及与提高相结合的方针,进一步广泛开展群众体育运动,重点抓好关系到两亿青少年健康成长的学校体育工作,积极地、有步骤地开展军事体育,大力加强训练工作,增强人民体质,迅速赶超世界先进水平,以迎接经济、文化建设的新高潮,适应四个现代化的需要。

改革开放以前,单位组织是国家统治的工具或“组织化”形式,社会形成了“国家—单位”二元结构。国家通过单位组织这种“中介”实现对个人的统治,单位组织将国家命令性权力和资源交换权力都集中在自己身上。在中国社会向市场经济逐步转型的过程中,单位组织凭借资源交换的权力优势,支配着个人的生活、工作。个人利益或需求的满足,在很大程度上有赖于单位组织。这种依仗利益和资源所产生的依赖性结构,与依仗国家的命令权力所产生的依赖性结构,共同维持了国家对社会的统治。资源的占有状态决定了中国多种阶层的存在和所处的社会地位以及文化需要。

改革开放以来,伴随着计划经济向市场经济的转轨,加快了中国社会阶层结构的现代化变迁。社会中间阶层不断壮大,掌握或运作经济资源的阶层正在崛起和壮大,现代社会的公民身份转换机制已经开始代替传统社会的转换机制。随着公民身份的主体意识增强,中间阶层的民主欲求高涨,促使人们价值观的多元化和利益诉求的多元化。这些都迫切需要政府转变传统的管理模式,形成民主参与、公开透明、高效服务的公共治理网络。政府转型和公共服务型政府成为社会各界关注和研究的热点。

建立一个与经济转型、社会转型相适应的现代政府势在必行,社会管理

和公共服务以及经济调节、市场监管构成政府工作的重点。越来越多的社会事务将交给社会去办理。与之相适应,我国的体育管理体制也正处于转轨过程中,体育管理机构由过去"全能"型变为逐步向社会组织放权的"小而强"型。作为体育总局直属事业单位的各运动项目管理中心,承担着各运动项目与相应协会的日常管理工作,即以"一个机构,两块牌子"的方式运行。

一些新的社会阶层逐渐形成,使原有的社会组织、管理、文化需求远远难以满足新的社会阶层需要。同样,与共和国共成长的"人民体育"管理思路也需要进行改革,包括广播体操、工间操、体育达标活动等社会体育模式,已远远不能满足社会多层次的需要。李梦华在1984年省(自治区、直辖市)体委主任汇报会上汇报:"要大力发展城市体育,重点抓好学校体育,积极开展厂矿、企业的体育活动。坚持'业余、自愿、小型、多样,因地、因时、因人制宜'的原则,推动城乡体育进一步社会化。进入家庭,深入社会各个领域。"

1995年6月20日国务院颁布了《全民健身计划纲要》,提出2010年的奋斗目标是:努力实现体育与国民经济和社会事业的协调发展,全面提高中华民族的体质和健康水平,基本建成具有中国特色的全面健身体系。该纲要中强调:"重视妇女和老年人的体质与健康问题,积极支持他们参加体育健身活动。"该纲要的对策和措施部分又有:"推广简单易行和适合不同年龄、性别、职业特点和体质状况的体育健身方法,挖掘和整理我国传统体育医疗、保健、康复等方面的宝贵遗产,发展民族、民间传统体育。"因此,武术界当时的重要工作任务就是要将传统养生健身方法与该纲要对接,促进群众性体育获得开展,推进全民健康。

社会变革的需要,人民群众的需求,为社团组织产生提供了丰厚的土壤,成了"国家—单位"二元结构的缓冲空间。众多以健身为目的的武术社团的出现也是如此,从"太极拳健身社团"到"气功社团",再到后来居上的"木兰拳社团",这些健身团体以多姿多彩的民族传统文化健身形式依托单位组织而发展,成为很多人健身强体、防病治病手段的选择,满足了不同社会阶层的多元文化需求。

改革开放,是摸着石头过河,在由计划经济向市场经济的转换过程中,政府的职能与角色并未迅速适应社会发展的需要,突出表现在众多经济管理领域的"越位",而在许多关乎民生的公共事务中的"缺位"。中国体育发展存在着竞技体育与大众体育不协调问题,大众体育的组织缺位现象严重,这为武术社团组织发展提供了充当中间组织的实践空间。因而武术健身爱好者的自发性组织实际属于一种自觉的"补位"行为。

这些社团充分发挥了业务熟悉、联系面广泛的特点,又充当了武术行政管理部门的"助手",协助其开展工作。但是随着体育管理体制改革的进一步深入,各单项协会将逐渐改变其"助手"和"配角"的地位,在各运动项目的管理中发挥越来越重要的作用。

二、气功与健身气功的曲折发展

(一)气功的发展

气功是我国劳动人民在长期与大自然做斗争的过程中,不断总结、提高、整理、完善起来的一种防病治病、强身健体、延年益寿、抵抗衰老的锻炼方法,通过调心、调息、调身的锻炼,改善自身的健康状况,开发人体潜能,使身心臻于高度和谐的技能。一直以来气功都是我国广大人民群众尤其是中老年人喜闻乐见的民族传统体育项目,是全民健身活动的重要组成部分。

改革开放后,党和政府对人体科学采取了积极的态度,气功科学的研究和实践活动得到充分的肯定和支持。这一时期社会办体育成为新的热点,全民健身活动的多样化,促进了民族传统体育的复兴,气功作为中华民族传统体育,深受民众喜爱,其活动成为健身的一种较好选择,得到前所未有的发展。在国家和政府的大力支持和引导下,气功进入了崭新的历史时期。随着中国气功科学研究会的成立,全国各省(自治区、直辖市)也相继成立气功科学研究会组织,由此拉开了气功社团在全国大发展的序幕。在此期间各种功法大量涌现,气功习练者大大增加。到了80年代末,出现了广大群众以祛病健身为目的的"气功热",参加气功锻炼的人数达千万之众,功法数百种,各种气功活动空前活跃,气功成为一项日益广泛的群众性社会活动,在健身、祛病强体等方面发挥着积极作用。

国家体育总局健身气功管理中心成立后,对全国清理整顿前的气功情况进行了摸底调查:改革开放以后至1999年共创编功法936种,练功人数1500余万,其中习练人数最多的省份是河南省,其次为贵州、河北、山西、江西、广西,均在百万以上。

武术,尤其是太极拳、气功,就是奈斯比特先生所说的调动人类潜能的高情感活动,是适于未来社会人类锻炼身体增强体质需要的。太极拳、气功能够修身养性,内外兼修,促进人体的全面均衡发展。所以它是男女老少皆宜,不受场地限制,不用和少用器材的方便健身活动。

(二)气功的整顿

在中国漫长的历史中发展起来的武术,既有中华优秀传统文化的渗透,也有长期封建社会残渣的侵蚀。在社会生产力低下、文化落后、交通不便的自然经济社会,武术的发展受到诸多不利因素的限制。如在传授武术的方式上,主要是师傅带徒弟,以口传心授方法教习,以契约形式确立师徒关系。由于以血缘为纽带的宗法制度和封建礼教的影响,师徒关系也带有浓厚的封建宗法色彩。传授中的封闭性、保守性、神秘性,几乎在各种门派武术中都有所表现。只有少数开明武师能够容纳百家、博采众长并毫无保留地把绝招传授给徒弟。封建社会人与人的关系狡黠诡诈,师徒之间也常有互相妒忌之事。

宗法关系是维系中国传统社会的重要纽带,其构成的血缘亲情和人际关系仍然影响着现代的中国社会。在宗法社会中,以家族传承、口传心授为特征的传统武术,其传承更是构建在以血缘联盟基础上。同样,流传久远的气功,其传承与组织形式也离不开血缘联结的帮派体系。新的社会历史条件下,虽然传统的血缘联结的帮派组织体系在气功传承中已经逐渐式微,然而它对新型气功组织构建的影响却是根深蒂固。安定团结的政治局面,繁荣发展的经济环境,促使人民群众价值取向朝着日益多元化的方向发展。思想解放激发了人们更加复杂活跃的思维,新的"信仰"意识层出不穷。气功先入为主,通过宣扬大量硬气功、气功移物等奇异现象不断地吸引着大众的眼球,再加上防病祛病、强身保健的现实需求,在当时特有的社会氛围中,气功逐渐发展成为一种精神寄托,许多民众不知不觉中成为一种信仰者,随着这种信仰者的逐步增多,形形色色的气功组织在全国"遍地开花"。

由于气功管理中存在的体制不完善,制度不健全等问题,给气功的发展埋下了重大的隐患,到了 20 世纪 90 年代,隐患集中爆发了,极大地打击了气功发展。"如一些气功师在气功推广中搞个人崇拜,在讲课中宣传封建迷信;气功界还存在一些坑蒙拐骗的行为,它玷污了科学的纯洁性,损害了广大人民群众的利益;有的功派甚至搞跨地区成立组织,在全国自建网络,甚至'垂直领导';有的甚至发展到反对社会主义,攻击共产党领导的地步。"

面对气功领域出现的种种问题,国家有关部门出台了许多政策、法规和办法来规范对气功的管理,保证气功工作的健康持续发展。大批不合法的气功社团组织被查处取缔,去除了气功队伍害群之马,为日后重新恢复科学规范的气功活动奠定了坚实基础,以推动气功社团的健康持续发展。

（三）从气功到健身气功

健身气功的称法开始于 20 世纪 90 年代。主要从有序管理的角度出发,按气功的功能分为属于卫生部管理的医疗气功和国家体委的健身气功。1996 年 8 月,中共中央宣传部、国家体委等 7 部委联合下发的《关于加强社会健身气功管理的通知》中指出:"社会气功是指社会上众多人员参与的健身气功和气功医疗活动。其中群众通过参加锻炼,从而强身健体、养生康复的,属健身气功……"这种界定笼统而且模糊。2000 年,国家体育总局颁布的《健身气功管理暂行办法》中对健身气功作了界定:"健身气功是中华悠久文化的组成部分,是以自身形体活动、呼吸吐纳、心理调节相结合为主要运动形式的民族传统体育项目"。这一定义将作为体育手段的气功与以采取气功方式治疗疾病的气功区分开来。健身气功是基于中国古典哲学理论、传统中医经络学原理和养生理论,以增强防病抗病及抗衰老的能力以及增强人体脏腑功能,改善身体机能为目的一项民族传统体育项目。其"天人相应""不治已病治未病"的养生思想,以整体思维为主的把握世界的健身功法,科学诠释了中国传统文化熏陶下的养生精华。

随着社会经济的快速发展,人民对生活质量的追求不断提升,关注健康、追求健康成了当下人们的一种时尚。适时推出健身气功正是为了满足人民群众追求健康幸福生活的需求。国家体育总局于 2001 年 6 月成立了国家健身气功管理中心,其主要任务是根据国家的法律、法规和中央有关健身气功的方针、政策,统一组织、指导健身气功的开展,加强健身功管理工作。如今,健身气功被列为国家体育总局确定的第 62 个体育项目。按照课题科研的方式,管理中心组织相关专家创编了八段锦、易筋经、五禽戏、六字诀等四种健身功法,并迅速在健身爱好者中普及推广开来。多年的跟踪实践证明修炼健身气功对于祛病强身、增强机体抵抗、免疫力、延缓人体衰老具有积极的作用。习练健身气功,由于进行腹式呼吸,使腹腔器官受到有节律的按摩作用,尤其是采用停闭气呼吸法及逆呼吸法,这种作用更明显。在练功时,胃液分泌增加,横膈肌活动范围加大,腹腔内压发生周期性运动,从而可以按摩胃、肠、肝、脾等内脏器官。促进胃肠蠕动,改善消化和呼吸功能,提高免疫功能,调节改善内分泌,为防病治病创造良好的条件。

2003 年普及推广以来,越来越多的群众加入健身气功锻炼队伍,尤其受到老年群体的欢迎。对此,国家体育总局于 2005 年 8 月 4 日表彰决定:健身气功管理中心组织创编和推广的易筋经、五禽戏、六字诀、八段锦四种健身气功,获得优秀全民健身一等奖。紧接着,为了促进四种健身气功功法朝着更加科学、有序的方向发展,国家体育总局以科研立项的形式开展了一系列健身气功功效的进一步探讨。这些工作有效促进了健身气功的推广,激发了群众的健身热情,在增加全民健身项目的同时弘扬了中华传统文化。

但是从健身气功的长远发展来看,目前新创编的健身气功只有四种,相对来说还较为单调。国家体育总局于 2002 年 12 月 6 日召开新闻发布会公布的2001年中国群众体育现状调查结果表明：气功在我国城乡居民群众体育活动点所从事的体育项目中排名第七，"与1996年比较，参与气功锻炼的人在逐渐减少。气功从1996年的第一位滑落到第七位，所占比重由46.7%减少到14.9%。"分析其原因主要在于一些有害功法的负面影响，致使许多气功爱好者对此健身项目心存疑虑。值得注意的是，仅仅依靠当前已有的四种功法无法满足群众对健身气功的需要，当务之急是加快挖掘传统养生方法，融合现代科学知识，进行新功法创编。

实地调查中也发现，洛阳、无锡等地的健身气功站点除了习练这四种健身新功法还兼练诸如智能功、鹤翔桩等其他功法，以满足群众的不同健身需求。这说明新四种功法虽然已在全国大部分省市推广普及，但是仍无法满足广大人民群众习练健身气功的需求，群众练习气功还存在鱼龙混杂、良莠不齐的现象。因此要继续研究创编新的健身功法，弘扬积极向上的中华民族传统文化，引导广大人民群众参加健康文明的健身气功活动。

2002年国家体育总局武术运动管理中心为响应党中央号召，用先进的文化娱乐活动占领思想文化阵地，开展了在全国范围内征集武术健身功法的活动，最后评选出七种武术功法：① 厦门大学呈报的"形意养生功"，申报人林建华；② 湖北武术运动管理中心呈报的"天罡拳十二式"，申报人马志富；③ 天津市体育局呈报的"龟鹤拳养生操"，申报人张鸿骏；④ 贵阳市体育局呈报的"流星健身球"，申报人谢志奎；⑤ 江西武术运动管理中心呈报的"五行动法"，申报人王安平；⑥对外经济贸易大学呈报的"九式太极操"，申报人张旭光；⑦ 沈阳体育学院呈报的"双人太极球"，申报人于海。

2004年10月郑州首届国际传统武术节八种武术健身功法向世界展示获得成功，又经过一年修改，2006年6月20日国家体育总局武术运动管理中心在北京召开大会为八种武术健身功法颁发了证书。至此，历时四年之久的全国武术健身功法征集活动画上了圆满的句号。

三、太极拳健身

（一）太极拳健身的蓬勃发展

新中国成立以来，太极拳始终是我国人民强身健体的重要手段。改革开放后太极拳发展走向了规范化、多元化。1978年，邓小平同志在接见日本友人时欣然挥毫，写下了"太极拳好"，这为停滞不前的传统武术带来了新的生机，也使得太极拳开始步入了蓬勃发展的新阶段。

20世纪80年代，我国出现一股"习武热"，除了各地专业武术队外，群众性的武术锻炼组织，武术社团纷纷开展形式多样的太极拳活动。各种形式的武术比赛、表演进一步激发了广大人民群众的习武热情。1983 年 9 月举行的第五届全国运动会上演了一场武术盛宴,由 5000 名来自社会各界的太极拳爱好者聚集上海人民广场,集体表演简化二十四式太极拳。这场演出开辟了武术展演活动的历史先河,为今后群众性太极拳运动大规模开展提供了一种新模式。1990 年北京亚运会开幕式上,1400 名中日太极拳选手合作通过太极拳演绎了一场东方的体育传奇;1998 年天安门前万人太极拳表演;2004 年,河南洛阳 3 万人齐练太极拳创吉尼斯世界纪录。随着太极拳活动规模的不断扩大,意味着以太极拳作为锻炼方法的群众不断增多,表明太极拳已经走入我国普通百姓日常生活,已经成为我国人民群众的一种健康生活方式,向全世界传递了传统文化的魅力,为太极运动的国际化传播奠定了坚实的群众基础。

这一时期的太极拳习练热潮离不开国家体委及中国武术协会强有力的政策推动。1984 年,国家体委在全国开展了"千名武术辅导员"评选活动,这次活动促进了全国各地太极拳馆、太极拳辅导站的进步发展;1989 年组织专家相继编订出陈式、杨式、武式、吴式、孙式等五式太极拳竞赛套路;随后又创编了四十二式太极拳竞赛套路和四十二式太极剑竞赛套路,并且制定出新的太极拳推手规则。这些规定套路的推出规范了太极拳竞赛的发展,为太极拳竞赛国际化发展打下基础。2000 年 4 月,中国武术协会开始着手制定太极拳全球化发展战略——太极拳健康工程,将太极拳作为武术的一个品牌,系列化并持续地推向世界,制定太极拳全球化发展战略,从而推动传统武术的发展。太极拳工程包括开展太极拳活动月、举行世界太极拳健康大会、推行太极拳辅导员制、加强新时期的太极拳理论研究等一系列内容。

(二)太极拳锻炼刈健康促进研究进展

《"健康中国 2030"规划纲要》是推进健康中国建设的行动纲领。其中第六章中提出要广泛开展全民健身运动,大力发展群众喜闻乐见的运动项目,扶持推广太极拳、健身气功等民族民俗民间传统运动项目。太极拳理论与中医养生渊源颇深,长期以来中医与太极拳理相互交融,其健身、养生功效庇荫后人,太极拳在我国拥有广泛的群众基础,也风靡欧美国家,长期科学的练习对人的生理功能有明显的改善作用。面对新冠疫情,钟南山院士提出了用支气管舒张的药物加上太极拳练习的治疗方案。足见太极拳运动在推进健康中国中的重要作用。因此,太极拳普及推广研究已经成为当下学界研究的热点。在科学技术快速发展的今天,武术对人体健康促进的研究已经从传统的定性、思辨性研究转向实证、实验研究。学者借助现代先进的科学仪器设备,从生理、生化、心理等全方位探索武术的健康促进作用。其中,太极拳干预老年人健康促进的研究成果最为显著。

1996年开始研究人员开始关注太极拳运动对老年人平衡能力干预及其防治老年人跌倒的研究,研究主要应用闭眼单足站立、闭目原地踏步、平衡木上行走等多重指标,考察太极拳练习对促进中老年人平衡能力的效果。多项研究成果均证明了太极拳运动对保持和延缓老年人平衡能力下降有明显的功效。

接下来的几年"干预对预防社区老年人摔倒"的系统评价,"运动锻炼减少社区老年人摔倒恐惧"的系统评价等一系列研究成果,用大量的实验数据考察了习练太极拳后对降低社区老年人摔倒的效果,均说明了运动锻炼干预能在干预结束后直接降低社区老年人摔倒的风险。人体的自然衰老还表现在交感神经的功能活动逐渐增强,副交感神经的功能活动则逐渐减弱。研究人员通过心率变异性指标的积极变化证实了太极拳对自主神经系统的积极影响。对于太极拳干预对老年人心理健康的影响,研究人员运用《症状自评量表-SCL90》、中国科学院心理研究所设计的老年心理健康问卷和艾森克人格问卷(EPQ)成人版研究表明,太极拳对于调节老年人情绪状态、改善老年人应对方式,能产生显著效应。

随着研究方法手段的改进以及仪器设备的更新,广大科研工作者在太极拳健康促进领域不断扩展,当前太极拳干预心肺功能,女性骨质疏松、睡眠质量、帕金森疾病等研究均有建树。其研究视野逐步拓展到技术要素、影响因子的细微探讨,并渗透到细胞、分子等微观领域。太极拳是一种全身运动和交替运动,运动过程要求连绵不断,重心平衡,以有氧代谢为主,可以有效提高血清NO水平。研究表明,机体内搏动性血管和血管切应力是刺激NO释放的主要因素。8周太极拳锻炼后,血清NO含量非常显著地增加,并且只是在生理范围增加,不会对身体产生副作用。在对免疫机能的影响方面,研究人员多采用实验法,考察了通过太极拳运动干预后,人体T淋巴细胞及其亚群、细胞因子、NK细胞以及体液免疫的影响。认为长期的太极拳运动对细胞免疫和体液免疫均有促进作用,而且促进免疫机能的重心向细胞免疫方向移动。因此认为,太极拳运动有助于提高机体抵抗外来细菌、病毒等有害物质的侵袭能力。

总之,面对即将到来的老龄化社会,高血压、高血脂、糖尿病将会成为今后太极拳健康促进研究的主要领域,而且这种研究可能将细化到各种太极拳流派的最优干预效果。在社会竞争日趋激烈的现代,人们对通过运动来促进健康的需求日益旺盛。武术作为独具特色的民族体育,其健身养生、辅助医疗的价值功效将会被人们不断地开发利用,造福于人类。

四、木兰拳健身的兴起

20世纪70年代,上海民间拳师杨文娣在所练的崆峒派花架拳的基础上,吸收了巾帼英雄花木兰的舞台造型,融会贯通多种拳术与剑术创编出了木兰花架拳。杨文娣去世后,她的弟子在传习过程中融入自身的演练风格,逐步形成了卓式、施式、王式、应式等木兰花架拳,后来在上海武术院冯如龙先生提议下将木兰花架拳简称为"木兰拳"。

经过多年的发展,木兰拳逐步演变成了融中国武术之刚健和现代健美操之柔和为一体的健身拳术。作为全民健身推崇的热门健身拳术,它将太极拳基本功、气功要领、武术技击基本功、体操基本功及舞台艺术造型有机地结合在一起,创编规范出一套崭新的武术拳种。作为一种源于民间,群众喜闻乐见的健身运动项目,民间木兰拳练习者依据各自需要,大胆创新,不断开发出各种各样以木兰拳为基础的套路。如今社会上形成了三种流传较为广泛的木兰拳阵地。

其一是李刚为代表的上海大世界木兰拳艺术院。为满足世界上木兰拳爱好者的需求,1992年,木兰拳研究院的前身——中国大世界武术竞技交流中心邀请各派木兰拳代表对木兰拳套路进行了提炼发展,并拍摄了首部木兰拳科教电影《中国木兰拳》,被译成8国语言向世界推广、发行。从此之后,中国木兰拳的影响力逐渐扩大,并不断发展创新出不同的木兰拳套路。如今,中国木兰拳形成了12个基本套路和10个附加套路、10个精品演出套路,6个养生简化套路的科学体系。

其二是以应美凤为代表的中华木兰拳。1988年,上海市武术馆成立了由应美凤担任会长的木兰拳研究会,后根据国务院《关于社会团体重新登记条例》精神,重新登记注册正式成立上海市木兰拳协会。1989年中国木兰拳首次在国际性的中日太极拳维多力杯赛上亮相,在国际上引起了很大的反响,木兰拳很快传到了港澳地区和美国、加拿大、法国、新加坡、泰国等国家。1990年10月在上海举行了首届中国木兰拳国际交流大会,标志着木兰拳已经昂首阔步走向了世界,是古老神奇的中国武术再一次以她那独特魅力倾倒了不同肤色、不同语言、不同民族的人们。经过不断发展创新,如今中华木兰拳主要有六路套路组成:包括一路(徒手)、二路(徒手)、三路(单扇)、四路(单剑)、五路(双扇)、六路(双剑)等。

其三是国家木兰拳规定套路。1994年7月,在国家体委武术研究院主办的第1届全国木兰拳技术研讨会上,中国武术研究院张耀庭院长代表国家体委、中国武术协会宣布木兰拳为中国武术的第 130 个拳种。为了引导木兰拳走向规范化、科学化发展的道路,1999 年国家体育总局武术运动管理中心组织有关专家编写了《木兰拳二十八式》《木兰单扇三十八式》《木兰单剑四十八式》3 个规定套路和《木兰拳竞赛规则》,从套路名称到拳谱,从表现形式到套路格局,从使用道具和音乐选配等都做了一系列的定位。2000 年 10 月,全国首届木兰拳比赛在江西南昌成功举办,标志着源于民间的武术健身项目走上了竞技化、规范化发展的道路。

　　木兰拳动作造型优美典雅,将武术、舞蹈、音乐相结合,将现代气息与浓郁的民族特色相融合,使之可养生健美,陶冶情操,祛病强身,延年益寿,同其他拳术一样具有心理保健之功效。木兰拳锻炼改善了中老年妇女的精神面貌,让她们在木兰拳锻炼中体验到心情的舒畅、精神的饱满,形成了良好的身体姿态,改善了自我形象,洋溢着健美气质。因此,木兰拳受到了许多中老年女性健身热捧,甚至形成了“百万娘子军”,已经发展成为武术健身发展的重要内容。

第四节　促进身心健康、实现自我调适： 21 世纪武术健身的主流观念

一、现代病危机和对健身养生的内心渴望

　　现代文明带来的城市化、工业化和全球化意味着人类生活方式的改变。文明的进步让人足不出户便可以品味到来自全球各地“舌尖上的美食”;便利的交通设施及高科技“代步工具”解放了人类的双脚;网络办公及线上购物让电脑与手机成了现代人生活不可或缺的部分。当人们享受着现代文明带来的生活便利,沉浸于作为现代人的“幸福感”,由于运动减少及营养过剩带来的“富贵病”正不断侵蚀着人体;信息化时代造成电脑、电话等高密度使用,带给人们的是来自工作、社会及不同方位的精神压力。

　　为了在职场中加大竞争筹码,年轻的上班族不惜经常加班,而年长的也不断地恶补新知识,晚睡早起,作息不规律。长此以往,使人们开始遭受外界环境与自身心理双重冲击,引发人格和身心的异化,就会经常感到疲惫不堪,形成典型的“亚健康状态”,逐渐地,各种各样的疾病也会接踵而来。给人们的生存、生活带来了极大的威胁。据中国国际亚健康学术成果研讨会公布的数据:我国人口 15%属于健康,15%属于非健康,70%属于亚

健康,亚健康人数超过 9 亿。而其中的 70% 左右都是知识分子。亚健康状态发生的原因是:过度紧张和压力;不良行为生活方式和习惯;不良精神、心理因素刺激;环境污染严重、生存空间狭小的不良影响;机体的生物学因素。

现代生活方式让人享受舒适的背后隐含着生理与心理上的疾病,这种疾病不同于 19 世纪细菌性传染病,属于一种人类肌体适应障碍综合征,现代医学中的手术、药物等手段无法有效治疗这种现代病。现代社会人们面临的健康危机滋生了人们对健身养生的内心渴望,人们不得不重新审视自己的行为,注重自身的体质建设,利用健身体育的手段和方法,保持身体的健康和体质的不断增强,以抵御各种疾病的袭击和文明症候的袭击。因此,人们开始重新思考健康观念,逐步放弃对现代医学的过度信赖,转向追求人体的自我适应、自我调养的锻炼方法。作为一种内外兼修的身心自我调节技术,中华武术中的各种健身功法、养生气功、太极运动逐步深入人们的日常,成为人们养生祛病的一种生活方式。

二、中国传统文化对"生命价值观"的理解

信息化时代,人类对物质财富的无限度追求,使人失去了其主体性和自身的价值。面对这种人性异化的趋势,人们纷纷探讨各种消解的途径。中国智慧的先哲早已对人生命的感悟有着独到的体会。中国文化是种生生不息的生命文化。其对人的生命延绵有着较多的思考:所谓"一要生存、二要温饱、三要发展",生命的存活是所有生命活动的前提和基础,生命的全程都需要自我维系和自我修复,而生命活动的最后归宿则是生命意义的自我把握和自我完善。尤其是两千多年前道家建立的充满生命关怀的生命观念恰恰具有独特的价值,它启迪人们重新思考生命本质、生存原则、生活态度等重大问题,启发人们珍重自己的人性,淡化名利心,保持平常心,引导人们逐步从身外之物的束缚中解脱出来,回归生命的应然状态,过一种真正属于人的生活,拥有一个真正意义上的生命。先秦黄老道家著作《吕氏春秋》《重己》《贵生》等篇章阐述了个体生命高于一切的生命价值观。如《重己》篇说:"今吾生之为我有,而利我亦大矣。论其贵贱,爵为天子,不足以比焉;论其轻重,富有天下,不可以易之;论其安危,一暑失之,终身不复得。此三者,有道者之所慎也。"《贵生》篇亦说:"圣人深虑天下,莫贵于生。天下,重物也,而不以害其生,又况於他物乎?惟不以天下害其生者也,可以托天下。"

道家认为"不为物累,不为物役",与生命本身相比一切都乃身外之物,生命的自由和"逍遥"的境界,并不依赖于对物质的占有与享受。随着人的

自然本性展开人的生命活动,才是人类最佳的生存方式,体现了深切的生命关怀。

三、传统武学对"生命价值观"的融合

中华武术是一种蕴含儒、道、释思想的东方文化,历经几千年的传统文化交融,形成一种独特的民族精神气质融入华夏民族的血脉。"儒道释,是中国文化的主流。中国武术,是中国文化整体不可或缺的一部分。儒道释的思想,偏重教化,而中国武术,则偏重实践。一般来说,由于中国武术注重实践的特性,加上历代重文轻武的现实,中国武术在思想上接受主流思想文化的指导,应该是合情合理的。"传统儒释道中对人生命关怀的思想自然笼罩在武术内外,指导着武术发展,延续着武术对生命本真的追求。

武术内家拳法理论观点中,道家思想中"清净""无为"占有很大的比重。对武术强身、修心、养性及其审美观点等人文理想的树立起了很大的作用。作为中国"哲拳"的太极拳在运动方式上讲究松静、自然、柔顺、圆活,技击方法上要求"引进落空""立身需中正不偏,方能八面支撑",讲心静专一,即息心体验、随人所动,随屈就伸,不丢不顶,讲究自然。这种运动特征处处体现着人对回归生命本真的追求。"静下心来,抛开尘世的嘈杂、喧闹,抛开工作和人际关系带来的一切忧虑和烦恼,徐徐而动,甚至可以微微合闭双眼,放松地、自然而然地开始习练,感觉您是在大自然的环境之中,是大自然中的一个生命体,与其轻轻地对话,静静地交流,达到一种恬淡虚无、宁静自如的境界,无拘无束,让动作自然地流动,毫无牵扯勉强,从而感受到大自然的无为的状态,体悟到圆、通的无碍妙境。"这种意境的追求也正是对太极拳练习时"心静"的要求。正所谓"心为太极"的表现。"心为太极,人心当如止水则定,定则静,静则明。"(《皇极经世·观物外篇》)武禹襄说:"身虽动,心贵静;气须敛,神宜舒。心为令,气为旗,神为主帅,身为驱使。刻刻留意,方有所得。先在心,后在身。在身,则不知手之舞之,足之蹈之。"(《太极拳拳谱·武谱·太极拳论要解》)太极拳的体松心静、不偏不倚的演练风格,以柔克刚、以静制动的技击思想是传统文化虚静、内省、天人合一的完美诠释,体现着人类和谐共处的理念。

太极拳练习不仅是外在的身体得到锻炼,更重要的是追求心灵净化的感悟。培养人的宽容、谦和的为人处世人生态度。太极拳所追求的最佳运动方式是"随曲就伸""粘连黏随""舍己从人",表达一种"自然"与"无为"。因为武术技击技法的审美体验需要透过形体的表现动作而体悟其内在的思想含义,所以说既要练习有形之身,又要达无形之意。从这个意义上讲,武

术的内外体验是与传统道家思想有着必然的联系,是一种"有无相生"的辩证思想。太极拳运动就是通过"有形"动作寓于"无形"的感悟,达到生命本真的体验。"无拘无束,让动作自然地流动,毫无牵扯勉强",使武者的身心回归自然,摒弃人体的生物性和社会性的限制,获得身体自由最终达到对"道"的感悟,才是真正的太极运动方式。

传统武术在提高技击能力的过程中追求"技、身、心"的和谐统一。超越武术技击的本意,主动用自然界中的各种形象、功能来隐喻动作技术,发展拳法技艺的行为。需要指出的是,这里所说的"技"不仅是包括形式上的套路演练,更重要的是指从"形"到"化",从"有"到"无"——技进乎道的深刻把握。寻求人与自然和谐共融的一种美学追求和身心超越。传统武术历来讲究"躬行体悟""阴阳互济"。在技击观上,它视"气力愤发""殆同牛斗"者为下乘之技,追求一种"意思安详"以巧打拙的"名士风流";在健身观上,强调以"内"为主的内外兼修,而非西方体育那种外在的自我张扬;在审美观上,传统武术并不刻意形架的规范,而追求一种"拳无拳,意无意,无意之中是真意"的神明之境。身体的自然属性获得了自由和解放,动作技术和运动状态已不再受人为的物理参量的制约,身体转向对"动静、虚实、刚柔、疾缓"等非物理参量的感知,这种身体性感知形成了武学之"情景合一、道法自然"的拳法自然观。

传统文化孕育下的中国武术"不仅仅是一种体育运动,而是与儒道释一样,自有其类似于儒道释的基于人性论对人的终极关怀。"面对现代文明伴随而来的"现代病",面对现代性带来的"人的异化",站在关怀人生命本真的高度,充分发挥武术对人文精神的理解,进一步挖掘以身心修炼为中心的传统武术价值。

第五节　被发明的传统:中华武术
健身思想演化的"神话"

具有强身健体、修身养性功能的中华武术是中国传统健身文化的瑰宝。其独树一帜的健身价值及其历史文化底蕴,始终是世人关注的重心。随着社会不同的发展阶段,武术的健身价值被不断赋予其不同的历史意义。正确认识传统武术对人类健康的价值,并发挥其作用,促进中华传统武术在继承传统基础上不断开拓创新是一项重要的工作。

中华武术健身价值历史意义转换过程,也是一种"文明的进程"(诺贝特·艾利亚斯,1998)。要弄清这种文明的进程(这是指所要走的路子),"就是同时对整个的心理与整个的社会形态的变化加以研究。"而且"要在较小的范围内进行社会发生学的研究,研究某种社会环境和环境在其中发生变化的社会制度的总结构。因为社会组织和其历史形态的演变,并非是混乱一片,而是,即使是在天下大乱之际,也有其明晰的秩序和结构。研究社会场的整体,并不是说对其内的所有事端都要一一加以考察。首先是要揭示其基本结构,后者为场内的所有事件都指明了方向,打下其特殊的烙印。"这就告诉我们,文明进程是建构在一定的社会制度结构上的,因此文明进程的研究依赖于对整个社会场(即社会环境)的总体把握。同样,研究中国近现代武术健身价值思想的演进,离不开对近代以来国家政治制度、社会环境等相关方面的理解。

在一定意义上,中国近现代武术健身的"文明进程"其实也是一种"传统的发明",被发明的传统意味着"一整套通常由已被公开或私下接受的规则所控制的实践活动,具有一种仪式或象征特性,试图通过重复灌输一定的价值和行为规范,而且必然暗含与过去的连续性。发明传统的本质是一种形式化和仪式化的过程,其特点是与过去相关联,即使只是通过不断的重复。当需求方或供应方发生了相当大且迅速的变化时,传统的发明会出现得更为频繁,当社会的迅速转型削弱甚或摧毁了那些与'旧'传统相适宜的社会模式时,新传统的发明会更加集中。"

近代以来,中国发生了翻天覆地的变化。伴随着这种变化,我们细细品味武术100多年来的历史演进,就会发现,人们对其健身功能的认识归根结底也是一种"被发明的传统"。这主要表现在两个方面。一方面,在近代中国柔性文化氛围下,"融合养生术,注重养练结合"的近代中国内家拳体系逐步完善奠定了武术健身思想基础。新中国成立初期,面对国家百废待兴,经济相对较落后,人民的体质健康亟待改善,武术因为经济实用、简单易行成为一种"防病治病、增强体质"的重要手段,从工间操到市民运动、农民体育,武术的健身功能得到充分利用。改革开放后,安定和谐的社会环境,人民生活质量的不断提升,武术"防病祛病"的健康传统发生了改变,武术以"丰富人民业余文化生活"的健康理念步入人们的生活,成为服务"全民健身计划"的主要内容,这一轮武术健身理念的出现是奠定在改革开放带来的社会迅速转型的基础上的。而当面对全球化经济时代带来的"现代病"问题,传统再次被发明,武术健康被赋予了"促进身心健康,实现自我调适"的功能改变。另一方面,从武术组织、团体的变迁也让人感受到随国家的发展进步,武术的传统也被不断改变的历史印迹。从1955年的那场武术的"停止、整顿"开始,"省、市体委,不建立这方面的机构,也不进行这项工作。厂矿、企业、学校、机关原有的武术锻炼小组,要加以整顿,没有的,暂不建立。农村中坚决停止发展原有的武术活动,可由区乡政府、青年团加以领导,不要被坏分子利用做坏事",就此,大部分民间武术组织、锻炼群体停止了活动。改革开放,改变了原本"国家—单位"二元结构的社会"组织化"形式,加快了中国社会阶层结构的现代化变迁,掌握或运作经济资源的社会中间阶层不断壮大,传统社会的转换机制已经被现代社会的公民身份转换机制代替。

随着公民身份的主体意识增强,中间阶层的民主欲求高涨带来诉求及价值观多元化。强调民主参与,高效、公开、透明的社会治理网络将取代传统的政府管理模式。

社会变革的需要,人民群众的需求,为社团组织产生提供了丰厚的土壤,成了"国家—单位"二元结构的缓冲空间。众多以健身为目的武术社团的出现也是如此,从"太极拳健身社团"到"气功社团",再到后来居上的"木兰拳社团",这些健身团体以多姿多彩的民族传统文化健身形式依托单位组织而发展,成为很多人健身强体、防病治病手段的选择,满足了不同社会阶层的多元文化需求。因而武术健身爱好者的自发性组织实际属于一种自觉的"补位"行为。种种以健身为目的的武术社团的出现也意味着传统再次被发明了。

宗法关系是维系中国传统社会的重要纽带,其构成的血缘亲情和人际关系仍然影响着现代的中国社会。在宗法社会中,以家族传承、口传心授为特征的传统武术,其传承更是构建在以血缘联盟基础上。这种血缘联盟在斐迪南·滕尼斯看来是一种"共同体",在共同体中"自然的分配理念与神圣化的传统,主宰着生活与秩序,而交换、购买、契约、规章等一些社会运行机制在其中可能的作用是微不足道的。""就相互影响而言,共同体给人灵魂无休止的影响,共同体的人从出生之时起,就休戚与共,同甘共苦"。

同样,流传久远的气功,其传承与组织形式也离不开血缘联结的帮派体系。新的社会历史条件下,虽然传统的血缘联结的帮派组织体系在气功传承中已经逐渐式微,然而它对新型气功组织构建的影响却是根深蒂固。基于此,改革开放后武术团体爆发式增长,传统的宗族传承被发明成"社团"。回顾近代以来中国武术社团的历史地位评价,由近代具有"强国强种"意义的武术团体开始,到了新中国成立初期曾经短暂的反动组织,改革开放后国家政策的"补位",再到20世纪末的气功团体的再次"清理",其辗转反复的历史定位似乎多了一层柯文(2005)笔下的"神话"意味。

第四章 中国近现代武术教育思想

教育意味着文明的传承。然而,近代中国积贫积弱的社会时局,资产阶级改良派从尚武爱国的思想出发大力提倡"军国民教育"。在一股"尚武""强国强种"的呼声中,传统武术再次走上历史的前台,武术广受社会有识之士的极力推崇,并步入了学校教育的舞台。武术发生了从外在形式到内在本质,从组织形式到表现方式的颠覆性变化。在一定意义上,近代中国武术教育思想是源于军国民教育浪潮下,武术界尚武强国意识的觉醒。

对新中国武术来说,学校武术教育更意味着武者身份地位的转换,意味着古老技艺在现代社会关注视点与期待的转移。新中国成立以来,学校体育指导思想在不断地进行改革,但始终不变的一条就是"增强学生体质"的思想。这一思想也引领了学校武术教育六十多年来的改革演进。作为武术教育的载体,套路教学始终肩负传承的重任,甚至一度成为"唯一"。改革开放的历史巨变,让学校武术教育思想发生转折。在素质教育的新理念下,多年噤声的武术技击重出江湖,从避谈攻防到提倡攻防再到鼓励攻防,武术技击用六十多年的探索,在充满争议的教学改革中华丽转身。改革开放带来的最直接的感受就是经济、文化等国家综合国力的快速进步,由此带来社会文化自信心的日益高涨。从 20 世纪 80 年代的"文化热"到 90 年代的"国学热",再到 21 世纪的"文化自信",跟随这种潮流,"传承传统文化"逐渐成为学校武术教育的新的历史使命。对应这种新使命,看到学校武术教育事实上的困境,武术界开始重新反思几十年来武术教育存在问题的根源。当归结出"体育定位"是问题症结所在后,便义正词严地提出武术教育"国学定位"重构。即从关注西方、从西方体育的理论方法中寻找突破当下武术教育的"困境",转化为关注自我和自我生成。值得注意的是,鉴于"国学定位"仍然具有"他者"导向的"自我殖民"色彩,因此在我国当下宏观教育背景下,"国学化"重构充其量可能还只是一种宏大愿景。脚踏实地的课程改革却可以为这种宏大愿景的添砖加瓦。学校武术教育要改变"可有可无"的尴尬境地,改革的思路不能再仅仅停留于"教什么"与"怎么教"的问题,而是对教育理念、校本课程、评价方法、校园文化等全方位的重新建构。

第一节　尚武教育：近代武术教育思想的核心

鸦片战争给中国带来社会动荡、连年战火,中国从封建社会沦为半殖民地半封建社会。西方列强的洋枪洋炮轰开了闭关锁国的大门,从器物到制度,西方文化不断冲击着"天朝",加速了中国社会全方位的转型。

同样,在教育领域也在发生着翻天覆地的变化。从清末的壬寅学制、癸卯学制到民国元年对前朝学制的批判继承,从新文化运动中民主与科学的洗礼到 1922 年效法美国的壬戌学制,在种种现代与传统的教育思想的碰撞中,逐步形成了中国具有现代意义的教育制度雏形。

随着火炮等现代武器的普及,作为冷兵器的武术已经退出了军事战场的舞台,成为民间社会看家护院、街头杂耍的传统技艺。然而,积贫积弱的社会时局,在面临亡国亡种、国难当头的日子里,资产阶级改良派从尚武爱国的思想出发大力提倡"军国民教育"。在一股"尚武""强国强种"的呼声中,传统武术再次走上历史的前台,武术广受社会有识之士的极力推崇,并步入了学校教育的舞台。武术发生了从外在形式到内在本质,从组织形式到表现方式的颠覆性变化。在一定意义上,近代中国武术教育思想是源于军国民教育浪潮下,武术界尚武强国意识的觉醒。

一、军国民教育思想的缘起

鸦片战争的爆发,将本已积贫积弱的近代中国带入无尽苦难的深渊。受尽屈辱的社会精英开始觉醒,认为:唯有高声疾呼中华民族尚武精神,立即在中华大地实行军国民教育,积极投身于抵御外族入侵的民族解放战争中,才有可能挽救中华民族。由此,从追求"尚武精神"到提升"国民体质"再到重塑民族精神的"军国民教育"形成了晚清"军国民教育思潮"。

军国民教育是国人尚武精神的实践的产物,首要目的就是要提高国民素质。"军国民"概念源于毕业于日本陆军士官学校的蔡锷先生。1902 年蔡锷先生以奋翮生为名在《新民丛报》的上发表了《军国民篇》文章。声称"军者,国民之负责也。军人之知识、军人之精神、军人之本领,不独限之于戎者,凡全国国民皆宜具有之"。认为当下的中国"居今日而不以军国民普及四万万,则中国其真亡矣。"同是日本士官学校毕业的将百里,提出了军国民教育的具体实施方案:校教育军事化,社会组织军队化,社会风俗勤苦化。

蔡锷作为戎马一生的爱国将领,深知战争本质的残酷性,而中国传统文化的"重文轻武"观念与当前社会变革的需求背道而驰,此时的中华民族要图谋强盛急需"野性复归",需要一身强健的身体与文明的灵魂相结合。他看到"军国民主义,昔滥觞于希腊之斯巴达,汪洋于近世诸大强国。欧西人士,即妇孺之脑质中,亦莫不深受此义。"认为需要学习西方举国皆兵的制度,运用军国民教育才能挽救水深火热之中的中华民族。由此揭开清末民初一段轰轰烈烈的军国民教育热潮。

二、军国民教育思潮时期的学校尚武思想

伴随着军国民教育思潮在全国上下推广,尚武强国的口号也在教育界广泛传播。1911 年初,有人在《教育杂志》上撰文宣扬:"拳艺者,体育之最上乘也。……后之学者,倘能与前人所表者推讨之,张大之,使我国尚武之风复振于今日,庶几泱泱大风之中国,不与黑奴红种相灭绝"。还有学者认为"提倡技击者,则正欲以吾国固有之体育良法,以使吾民族有发扬蹈厉之精神,勇敢振奋之气概,以求达其国内之安全,俾世界日臻和平者也。"并以此大力提倡学生习练中国旧有之武术。习练武术被提升到关系振奋国家精神的社会高度。

> "拳打南山猛虎,脚踢北海蛟龙"这两句虽说是我们中国武术家的自负语,而一种尚武精神却活在字里行间,我们国粹武术的历史,却有了两千余年,现在呢? 固然有枪炮做作战的利器,顷刻之间,可以杀人盈野,如摧枯拉朽……不过我记得日俄战争,那时日俄双方的军火,工力悉敌,而结果则日本和俄国短兵相接的时候,日本人以精于技击,打倒又长又大又勇的俄罗斯人,胜负遂决……而我们武术的先进国,却弃之如遗,成绩每况愈下,真是令人短气,到如今我们才觉悟了,不要说攻城杀敌,就是锻炼身体,一雪东方病夫之耻,也是眼前最要紧的一着。①

作为曾经留学德国的民初教育家蔡元培,目睹德国的民族"尚武"精神对国家强大进步的推动力,意识到面对帝国列强的欺辱及民众的软弱,必须依靠尚武教育唤起国人,振奋华人之精神。在蔡元培任中华民国成立后教育总长期间,军国民教育列入了 1912 年 9 月颁布实施的民国初期国民教育宗旨之中,即"注重道德教育,以实利教育、军国民教育辅之,更以美感教育完成其道德"。看到中国武术防身自卫,强健身体的重要价值,蔡元培要求

---

① 资料来源: 鸣凤.国粹的武术[N].工商日报,1928 − 03 − 28.

体育专修科学生在校时努力练习不可间断,毕业后"身任体操教员者,固应时时练习,即担任别种事业者,亦当时时练习。"他深知武术"不练则荒,久练益熟,获益匪浅甚少也。"蔡元培作倡导军国民教育,不仅推动当时学校体育的改革,而且对国民尚武精神的塑造起到推波助澜的关键作用。

在当时尚武思潮的带动下,学校武术教育逐渐在各级各类学校开展。1911年北洋法政学校希望"议添技击一门,以振作精神。"后来刘文华拳师被推荐为该校武术教师。尤其是在辛亥革命之后,武术进入各级学校的呼声日益高涨。"各学校应添授中国旧有武技,此项教员于各师范学校养成之","各学校教科书宜揭举古今尚武之人物及军人之志趣","各学校应表彰历代武士之遗像,随时讲述其功绩"。徐一冰在《整顿全国学校体育上教育部文》中,提出"拟请于学校体操科内兼授中国旧有武术,列为必修科以振起尚武精神",建议将武术列入各级学校的正式课程。蔡元培重视女子体育,认为女子应具备自卫能力。他在《在爱国女学校之演说》中提道:"完全人格,男女一也。兹特就女子方面讲述之。夫完全人格,首在体育。体育最要之事为运动。……旧俗每为女子缠足,不许擅自出门行走,终日幽居,不使运动,久之性质自变为懦弱。光阴日消磨于装饰中,且养成依赖性,凡事非依赖男子不可。苟无男子可依赖,虽小事亦望而生畏。倘不幸地方有争战之事,敌兵尚未至,畏而自尽者比比矣,又安望其抵抗哉。是皆不运动不发达其身体之故,卒养成懦弱性质,以减杀其自卫之能力与胆量也。欧美各国女子,尚不能免此,况乎中国。闻本校有体育专修科,不特各科完备,且于拳术尤为注意,此最足为自卫之具,望诸生努力,切勿间断"。

京津各校纷纷聘请拳师进校园教授武术,并在各校的运动会上表演,以此推广传播武术。从《教育杂志》上所记载的学校运动会史料来看,武术项目已经出现各级学校运动会上。如1913年徐家汇高等工业学校以及上海工业学校举办的秋季运动会,出现了"刀、枪、棍、剑、拳等武术表演。"1915年教育部采纳了北京教育会代为提出《拟请提倡中国旧有武术列为学校必修课》议案,要求各级各类学校增加教授武术,并规定武术教师由各师范学校培养。另外,中央国术馆国术体育传习所(简称"中央国术馆")也担任起培训"国术"师资的重要任务。该馆成立初期,即设有各种训练班、传习。其中,"初级国术训练班"为各省"国术馆"训练"国术"师资,收纳各省保送生。"师资训练班"则招收有一定"国术"基础的学员,入学后给予津贴,进行所谓的"精神训练"和"国术系统训练"。学员结业后,或分配到各省、市"国术馆"任职、任教,或选人在"教授班""研究班"继续深造。"教授班"和"研究班"结业后,一般留在"中央国术馆"任职。1933年,"中央国术馆"正式设立学校,名为"国立国术体育师范专科学校"。该校以传授"国术"为主,但也有其他体育运动的教学,借此缓和所谓"土体育"与"洋体育"的矛盾。随着各项政策的逐步落实,武术教员走进学校,揭开了我国学校武术教育序幕。

在这期间的武术教育体现出与军事教育联系紧密的特点。如1918年山东公立农工商法四校建议"将吾国旧有武术,择其适用团体训练者,列为必修科,以资练习,庶整齐划一,于军事教育前途裨益当非浅显"。同年的教育总长会议决议中提道:"一国之体育,必须具一国之精神。我国武术,实中华民族精神所寄……中学体育之目的,虽有种种,而重要之所在,实为军国民教育之预备。苟运动上不注意,将来影响于国家武力不小也。"团体训练、整齐划一、注意规律等都体现出遵循军事训练的特点。

正是由于尚武思想的影响,推动武术进入了学校,成为学校体育课内容,这是辛亥以后提倡与推行武术的重大成果之一。并由此开始改变了社会对传统体育的偏见,并对武术教学、传统拳路的整理研究、武术教材的编写、理论的阐述等方面,都提出了新的要求,从而推动了武术学术研究的发展。

第二节　体质教育、套路优先:新中国成立以来武术教育思想的主流

一、体质教育

(一)增强体质、健康第一:新中国成立以来学校体育思想

由于历经长期的社会动荡,造成新中国成立初期国民体质普遍虚弱,直接影响到工人的工作,学生的学习。在1951年5月调查的2160名北京大学的学生中,216人患有肺病,占10%;中国医科大学两年半中因病休学的学生达260多人,为全校学生的14%;长春机械工业学校患肺、心脏、肠胃、神经衰弱、沙眼等病的占全校学生总数的76%。对此,国家在新中国成立之初就开始出台各种措施,以改变学生体质状况。

1954年,国家体委颁布了《准备劳动与卫国体育制度暂行条例和项目标准》,规定了基本运动能力的标准。要求在校学生努力通过体育锻炼达到标准。"锻炼身体,建设祖国;锻炼身体,保卫祖国"成为学校体育的响亮口号。1961年教育部颁布了十年制《小学体育教材》和《中学体育教材》,强调了学校体育目的是"增强学生体质,向学生进行共产主义教育,使他们更好地学习、参加生产劳动和准备保卫祖国",确立了以"从增强学生体质出发"

为主要标准的体育教材选编原则。

新中国成立以来，国家相继出台了多项学校体育工作措施，有力促进学生的健康，保障学校体育工作的顺利开展。然而，十年动荡，由于多年积累的学校体育工作理论受到批判，并否定了许多行之有效的规章制度，扰乱了学校体育工作思想方针，再加上社会众多不稳定因素，学生健康水平明显下降。"文化大革命"结束后，国家恢复了高考，许多学生因为体质不合格未能被录取或受到专业限制。如广东省 1977 年高校、中专招生初选合格的 48580 名考试中，录取时因各种疾病受专业限制的竟高达 13924 人，将近三分之一。视力减退现象尤为突出，据上海市调查，小学生患近视眼的，1977年为 15.3%，1978 年上升到 17.84%。

1979 年 5 月 5 日，教育部、国家体委、卫生部、共青团中央在江苏省扬州市召开了全国学校体育卫生工作经验交流会。这次会议是新中国成立以来规模最大的一次学校体育卫生工作会议，这次会议确立了"增强体质为主"的学校体育思想。提出"使学校培养出来的人才，能为祖国健康工作 50 年"的口号。

"增强体质为主"的学校体育思想确立以后，学校体育工作再次步入快速发展的轨道。据不完全统计，1978 年全国有 443950 所中中小学坚持两课、两操、两活动。推行《国家体育锻炼标准》的活动受到广大青少年的热烈欢迎。

不过，据 1984~1985 年国家教委、国家体委、卫生部、国家民委联合组织的对全国 29 个省(自治区、直辖市)的 7~22 岁大、中、小学生的体育和健康调查结果，学生体质、健康状况仍然存在较大问题：学生体型继续向细长型发展，体重不足的问题较为突出，男生占 28.9%，女生占 16.16%；视力不良的问题相当严重，汉族学生视力不良率为 34.26%，少数民族学生视力不良率为 12.5%；身体机能、身体素质方面也不同程度地存在着各种问题。面对学校体育工作新问题，《中共中央国务院关于深化教育改革全面推进素质教育的决定》《中共中央国务院关于加强青少年体育增强青少年体质的意见》相继出台的法规政策，再次明确了学校教育要树立"健康第一"的指导思想。

为了能及时了解我国青少年学生的体质健康状况，为党和国家制定学校体育卫生工作决策提供科学依据，国家教委牵头组织多部门于 1985 年开始了第一次全国学生体质健康状况调研。至今为止，这种全国范围内的学生体质状况调研已经连续开展了六次。根据六次的调研结果发现，我国学生体质健康状况连续 25 年下滑。因此说，加强青少年体育、增强青少年体质是一项长期而又艰巨的系统工程。要转变历史上形成的忽视青少年健康的观念,促进青少年的体质发展,需要全社会长期不懈的努力。增强青少年体质,任重道远。

(二)"增强体质"的思想引领学校武术教育的发展

新中国成立后,武术逐步纳入国家体育教材体系。1961年,教育部颁布了中小学体育教学大纲,并由人民教育出版社出版了《小学体育教材》和《中学体育教材》。其中对武术内容做了规定:"为了发挥我国行之有效的民族形式体育运动的作用,特选编了一些适合中小学生的武术教材,由于过去在一般小学里,很少选用武术教材,为了保持武术特有的风格,将武术教材单独列为一类"。1978年,教育部颁布了《全日制十年制学校中学体育教学大纲(试行草案)》。针对原有大纲以套路教材为主带来的一些弊端和问题,在这份大纲中提出"要保留武术本身的风格和特点"。新修订的中小学教学大纲规定的武术教学内容增加了武术攻防动作,还要求高一以上武术教材增加单人或双人攻防动作练习。

1987年国家教育委员会颁发了《全日制小学体育教学大纲》和《全日制中学体育教学大纲》。《全日制小学体育教学大纲》中指出:"武术是我国传统的民族体育形式和健身方法。教材中适当简化了套路,强调实效性和兴趣性。"在确定大纲内容的原则中提道:"各年级教材都要在原有武术基础上,发展、拓宽,增加我国传统的养生、保健知识和行之有效的健身术。"《全日制小学体育教学大纲》再次强调了武术的攻防技击性并从初一开始增加攻防动作。在1996年颁布的《全日制普通高级中学体育教学大纲(供试验用)》增加了形神拳和太极拳并且首次提出了武德教育"应结合民族传统体育的教学,对学生进行武德教育。"2000年教育部颁发《体育与健康教学大纲》,武术成为必修教学内容,民间体育项目和养生、健身方法列为选修内容。中小学武术教学和其他项目一样,开始摆脱以竞技运动为主体意识的影响。武术教学内容摆脱竞技武术套路,尝试使用太极十二动、形神拳等健身养性的功法。

新中国成立以来,学校武术教育始终在曲折中不断前行。武术教学内容从1961年简单套路对练到1978年注重攻防动作再到形神拳、太极十二动等。但从这些教学内容的变化中却能明显感受到,在"健康第一"的学校体育教育理念的指导下,学校武术教育始终在不断地进行自我调适,尽管这种调适始终不尽如人意。

二、套路优先

武术套路是"为适应传授、训练和记忆而产生和存在的"套路是武术运动重要的表现形式,是传统武术体育化的重要标志。武术套路的价值功能在于传授、训练和记忆技击动作。民国时就有人指出:"国术在形式上的特点是注重套路。"从宏观上讲,没有套路,就失去了中华武术的特色,就不会形成武术的系统发展。因此,在改革开放后的第一次全国武术工作会议就指出:"在学校要通过武术教学和有组织的锻炼,使部分受过中等教育的人,对武术有一个根本的了解,并学会一套拳术和一套器械套路。"

（一）"三基教育"：学校武术套路发展的理论支持

20世纪五六十年代,我国学校体育依据凯洛夫《教育理论》提出的体育教学理论和生理学家巴甫洛夫提出的条件反射学说作为自然科学的基础,把传授体育基本知识、技术和技能作为学校体育教育思想。我国体育教学的指导思想、教学计划、教学大纲、方法、手段,主要是依据苏联的体育教育模式引进而来。学校体育教育就是通过动作技能教学,使学生掌握运动技术、技能,这对新中国学校体育建设起到了积极的作用,效果是明显的。借鉴这种教学指导思想,我国武术界专家学者着手研究武术的教学训练模式。1961人民体育出版社出版了我国第一部体育院校《武术》教材,全书的编写框架包括:基本知识(绪论),基本技术(武术基础训练:基本功、基本动作、基本套路),五项规定套路(拳、刀、枪、剑、棍)。由此探索出了建立在武术基本知识、基本功、基本技术、基本套路基础上的武术教学训练思路。这种武术教学训练理论的出现,使得中国传统武术开始了向现代化的转型之路。在现代教育教学思想方法的指导下,根据武术项目特点,按照运动技术学习过程,本着循序渐进,由易到难的原则,从低年级的基本功、基本技术开始,逐渐到高年级的套路教学过程。就此,传统武术以全新的面貌进入了我国学校体育课堂,成为学校体育的重要内容。

虽然这种教学思想在1978年的大纲以前就受到过批判质疑,但至今仍未彻底退出历史舞台。80年代以来,在学界占主导地位学校体育思想是"增强体质为主",但在现实中却与"知识、技能为主"的教学思想难分伯仲,有时甚至让位于这种习惯势力。因此,在"知识、技能为主"的体育教学思想的干扰下,"增强体质为主"难以收到实效。

（二）"唯技击论"批判：学校武术套路先行的社会环境

传统武术是由套路与技击格斗两种方式存在的。然而,由于新中国成立初期武术发展一度受到反动分子的利用,成为破坏社会主义发展的工具。在1955年对武术做出"停止、整顿"后,极大限制了武术在全国范围内的发展,尤其是武术技击功能受到限制,同时也让具有健身、娱乐功能的武术套路逐步迈向发展的快车道。

在 1978 年以前,武术的攻防特点及作用被视为"禁区",提及武术的攻防含义者就会受到"唯技击论"的批判。新中国成立后的一段时期内,由于历史原因武术技击相关内容发展受到限制,只允许套路按照"中国古代的自由体操或艺术体操"形式开展,武术套路开始表现艺术性的方向发展之路。初级长拳、初级器械、24 式太极拳等学校武术的内容正是在这样的大环境影响下形成的。

1961 年体育院校本科讲义《武术》将其定义为:"武术是拳术、器械套路和有关的锻炼方法所组成的民族形式体育,它具有强筋壮骨、增进健康、锻炼意志等作用,也是我国具有悠久历史的一项民族文化遗产。"受这一武术定义的引导,"武术就是套路"成为很长一段时间内民众对武术的认识。值得肯定的是,在当时的历史背景下通过对"唯技击论"的批判,促进了武术由搏杀术向现代体育的根本转型。正是在"发展体育运动,增强人民体质"号召下,武术运动健身属性得以突出表达,而区别于其他体育运动的技击性属性被完全忽略了。武术走上了一条"唯套路"发展道路,表现在武术教育上就是中小学武术教材基本上以套路教学为主。

在改革开放以后,虽然学校武术教育改革在不断进行,但一方面对"唯技击论"的批判阻碍了武术本质属性的发展,武术走向了"唯套路论"的另一个极端,体操化的趋势愈演愈烈,武术防身功能的淡化,降低了武术的魅力,而其许多特性和价值更是无从展现;另一方面由于学校武术教学实践长期已形成一个较固定的套路传习模式,而武术套路动作千变万化,难度大,学生对学习武术套路倍感吃力,产生厌学情绪,同时也造成学习内容记不住,"考完忘光"的窘境。因此,"学生喜欢武术,却不喜欢武术课"逐步成为学校武术教学中普遍的现象。

(三)"竞技后备":学校武术套路发展的时代需要

我国学校体育教育明确了"增强学生体质"的指导思想。与此同时,为了体现普及与提高相结合的方针,针对部分体育基础好的学生提出了提高运动技能的要求,以推动学校体育发展以及适应我国竞技体育发展需要。因此,在举国体制下,我国学校体育的始终承担着"竞技后备"的重要角色。

在 20 世纪 60 年代,我国高校学生只要达到"劳卫制"二级标准,就可以申请参加学校开设的以提高单项运动技能为目的的体育课。发挥学生的运动特长,通过系统的专项训练,快速提高运动技能水平。这是根据国家体育的三项任务(增强体质、提高运动水平、建设精神文明)提出来的,认为学校体育不仅是增强学生本质,而且要培养每个学生都爱好一项竞技运动,并达到等级运动员的水平,有利于提高国家运动水平,且为他们的终身体育打下基础。这种"竞技后备"的学校体育发展理念,一度成为学校体育发展重要思想。

1986 年 8 月 3 日,李鹏同志在第二届全国大学生运动会开幕式上发表了《当代大学生要有健全的体魄》的讲话,指出:"学校体育教育,是整个学校教育的重要组成部分。体育活动不但能使学生增强体质,提高运动技能……一个学校,能创造出某些运动项目的优异成绩,应视为这个学校的光荣。"1986 年 8 月 11 日,国家教委副主任何东昌在第三届全国中学生运动会开幕式,发表了《加强中小学的体育教育,为提高全民族的健康水平打好基础》的讲话,指出:"培养优秀运动员,必须从小抓起,从中小学抓起。首先要努力使全体学生的体质和运动水平达到合格的标准。同时,还应当在面向全体学生的基础上,发现和培养体育人才的后备力量。"

"竞技后备"的学校体育理念影响下,使得在体育课程实施过程中"存在着严重地单一追求运动技术教学的现象,体育课程教材被运用于竞技化教学,用运动技术的学习和掌握代替学生的体育学习和锻炼,仅为运动项目所需要,以运动素质的发展代替学生身心素质的发展,用运动训练、竞赛代替体育课程的实施,给学校体育课程整体实施带来危机。"同样,形成于计划经济时代的"举国体制",我国中小学校成为竞技武术的训练场,武术教学内容从基本功、基本技术开始,接着是简单套路过渡到竞技套路、难度动作训练。这些繁杂难学教学内容直接抹杀了学生习练武术兴趣,甚至连大多数体育教师也难以胜任这种武术教学课程。

将学校视为竞技体育的后备基地,由此带来学校体育发展陷入种种困境。对此弊端,早在 20 世纪 60 年代就有过尖锐的质疑。1963 年 5 月 20 日,国家体委在北京召开了全国体育学院工作座谈会。会上讨论了体育院校的办学思想,指出自 1958 年以来由于培养目标不明确,就"以全运会为纲","向世界纪录进军","四红"等社会影响,强调学生单项技术和运动成绩的提高,忽视基本技能、基本知识的教育,使学生"专得过窄",混淆了培养教师和运动员的界限,特别是不切实际地要求本科毕业生达到一级运动员的水平,甚至提出"教师、教练员、运动员要统一"的口号,以适应中学体育教学的需要,社会反应很强烈。

(四)"教学法改革":武术套路教学的理论研究

学校武术以竞技武术套路作为主要教学内容,以竞技武术套路训练方法手段作为主要教学方法,这种学校武术教学理念在我国延续了 60 多年。回顾学校武术教学历程,80 年代国外快乐体育、终身体育等现代学校体育教育理念被引入我国教育界,曾引发我国体育教育界众多思考。对比我国学校体育教学的种种弊端,教育界专家学者纷纷研究各种应对措施,提出改革方案。

80 年代武术界专家学者开始关注武术教学研究,试图通过加强自身理论研究,以此促进武术在学校体育的发展,进而提升武术在学校教育中的地位。从当时所发表的科研论文来看,这一时期学者们对武术教育的研究多集中在对武术教学法的探讨上,提出众多教法改革思路。林荫生(1986)在《口诀在武术教学中的运用》中认为口诀教学的主要形式有直叙的形式、比喻的形式、夸张的形式、对比的形式;而且运用口诀要生动形象,通俗易懂;要认清对象,吃透两头;要押韵顺口;要口语、短语化。编创口诀还应以简单明了、通俗易懂为原则,不必故弄玄虚地捏词造句使口诀深奥费解,难读又难记。姜周存(1989)在《启发式教学在武术普修课中的运用》中认为:用启发式教学法可以让学生明确学习武术的目的,在学习和锻炼中自觉养成艰苦奋斗的学风。教师生动形象的讲解、正确优美的示范动作具有启发作用,能启发学生学习的积极性。郭志禹(1984)在《迁移原理在武术教学中的运用》研究中认为:武术的基本技法、基本动作和已掌握的旧教材的熟练,都可能对新教材的学习产生迁移的积极效应。这个问题主要表现在课的基本部分;或是本次课的内容前面对后面的影响;或是上次课(上几次课)的内容对本次课的影响。吴秀庭(1987)《示范教学法在武术教学中的应用》一文中从学练前的示范、示范位置的选择、变换示范面、示范速度的调整、"特写"示范、错误动作示范、技击示范等7个方面研究了示范教学法。林建华(1986)《重视内景训练提高武术教学效果》研究认为:内景训练是通过积极的思维活动来巩固,加强和提高动作技术的一种特殊手段。主要包括回心练习法、重复练习法。提出内景训练的时机在一堂课的复习之前和在学习新动作之后。

　　总体而言,这一阶段的武术教育研究多是学者站在武术教师的立场上,通过多年来的日常武术课堂教学经验积累,提出武术教学法改革的思路。这些研究活跃了武术教育改革理论的探索,为改革开放后武术教育教学改革提供了崭新的思路。

第三节　技击引导、传承文化:改革开放后武术教育思想的转折

一、素质教育:学校武术教育的新理念

　　1993年2月26日,中共中央、国务院发布了《中国教育改革和发展纲要》,指出中小学要由"应试教育"转向全面提高国民素质的轨道,面向全体学生,全面提高学生的思想道德、文化科学、劳动技能和身体心理素质,促进

学生生动活泼地发展,办出各自的特色。1999 年 6 月,《中共中央国务院关于深化教育改革全面推进素质教育的决定》指出:"健康体魄是青少年为祖国和人民服务的基本前提,是中华民族旺盛生命力的体现。学校教育要树立'健康第一'的指导思想,切实加强体育工作,使学生掌握基本的运动技能,养成坚持锻炼身体的良好习惯。"一系列教育改革政策的相继出台,引发我国教育界各个层面的改革。从教育思想理念的转换到教育措施的改变;从相关职能部门有力推动到教育工作者主动融入,围绕"素质教育"为主导的新一轮教育改革,在我国上下形成一股热潮。

武术既是一种优秀的传统体育项目,还是民族文化的重要组成部分。通过学校武术教育,不仅能强身健体、防身自卫,还可培养道德情操,磨炼意志,强化民族精神,培养学生尊师爱友、勇于吃苦、奋发向上、乐于助人、见义勇为、无私奉献和报效国家等"内圣外王"的思想品质。这些意识形态的精神要素和体用兼备的运动特色,是其他体育项目所不可替代的,同时也决定武术在中小学实施素质教育中具有十分重要的地位。

面对这股教育改革思潮,武术界专家学者也纷纷展开研究,就在"素质教育"改革思潮指导下,学者们主要从增强身体素质、提高道德素质、发展文化素质等方面探讨了在学校武术教育需要如何贯彻素质教育等相关问题。

首先是增强身体素质。"学校教育要树立'健康第一'的指导思想",注定了增强学生身体成为素质教育的第一要务。武术作为传统身体活动方式,武术的内容和练习形式丰富多样,有柔和缓慢的太极拳,有动作干净利落的形意拳,有走步圆活、变化多端的八卦掌,以及能防身抗暴、提高自卫能力的搏击散打等。武术能满足不同性别、年龄和体质的人群锻炼的需求,具有广泛的适应性。武术中有许多蹿蹦跳跃、闪展腾挪、起伏转折、跌扑翻滚的动作,通过训练可以有效发展人的力量、速度、耐力、灵敏、柔韧等素质,从而达到增强体质的目的。同时,习武贵在坚持,"一日练,一日功;一日不练,百日松",这些内容与要求有助于学生养成良好的身体锻炼习惯,树立"终身体育"的观念。

其次是提高道德素质。习武不仅是健身强身的手段,还是正身明礼、修德的有效方法。俗话说:"未曾学艺先学礼、未曾习武先习德。"自古以来,练武之人就十分重视武德教育,尚武崇德的精神是以德为先,这既是行为的准则,又是实践的标准。"夏练三伏,冬练三九",练习者经过长期的武术运动不仅增强了身体素质,具有反欺抗暴的能力,更重要的是培养了具备不向困难屈服的、坚强的意志品质。武术也是一种对抗性搏斗运动,通过搏斗训练,可以克服畏惧与懦弱的心理,形成不惧挑战、勇于战胜自我的精神。

在中小学进行武术教学,应该结合中小学生的生理和心理特点,可以通过学校武术文化长廊或武术文化墙,激发学生的求知欲与兴趣。介绍武德内容,传播具有教育意义与共情能力的历史人物典故,如精忠报国的岳飞、抗倭名将戚继光、咏春拳宗师叶问等,使学生形成正确的记忆与思维,联通尚武精神教育与爱国精神教育,建立新的、具有时代精神的武德,是武术发展所必需,也是符合社会主义精神文明建设总要求的。

最后是发展文化素养。武术在数千年的发展过程中,受到中国传统文化乳汁的滋养,不仅有精湛多彩的技术,而且还蕴藏着丰富的哲学、养生学、美学、伦理学、中医学、兵法学、宗教学等文化内涵。学校武术的普及和开展,不仅可以使学生掌握动作技术,科学锻炼身体的方法,达到强身健体的目的。在受其全方位的教育和熏陶的基础上,培养学生的传统文化知识,了解和领悟中国传统文化,有利于提高学生文化素养。学校武术不仅需向学生传授武术技术和技能,而且还要向学生传授武术的健身、防身和修身养性的基本原理,基本方法和传统文化思想及武德观念,指导学生科学地利用武术传统的注重内外兼修的和谐的练功方法,教育学生把武术的社会效益放在首位,坚持武术文化服务于人民大众的方向,坚持武术文化思想性和艺术性的统一,使得学生能够成为全面发展的武术人才。

二、技击引导:学校武术教育的关键

中国武术产生于远古以来劳动人民的生产斗争,从为了生存,人类与野兽搏斗到军事战场上的阵战武艺,从两两搏杀的技术发展到如今作用于健身的武术动作,变化的是武术在不同历史年代的表现形式,不变的是其固有的技击性质。武术从传统的外在技击搏杀之术,如今内化为现代武术运动动作的技击含义——攻防技击性。武术动作的攻防技击性和攻防技击意识在现代武术运动中始终占据主导地位与作用。也正是由于这种本质属性,使得武术即使历经百年西方体育的浸染,仍然保持着其独有的风骨,仍然是人们津津乐道的中华民族独特的民族形式体育。武术的攻防技击在新中国学校武术教育历程中,也经历了一个颇为曲折的发展道路。从新中国成立初期武术"停止、整顿"后的"避谈攻防",到改革开放后"百家争鸣"中的"提倡攻防"以及新世纪"弘扬和培育民族精神"后的"重视攻防"三个发展阶段。

(一)避谈攻防

新中国成立初期,国家与政府就重视武术的发展,并以民族传统形式体育的方式将武术纳入体育部门管理。1954年,教育部以苏联中小学体育教学大纲为蓝本,颁布了《小学体育教学大纲》《中学体育教学大纲》,以及依据这条大纲编写了中小学《体育教学参考书》(教师用书)(1957),当时,"对抗和角力"已经出现在中学体育内容中。由此看来,武术为人所认识了解的重要内容就已经包含了作为技击作用的价值。

　　然而,新中国成立初期,社会上一些武术团体借传习武术名义开馆,实际上干的是传播封建迷信、诈骗等违法乱纪之事。一些社团甚至成为隐藏反革命分子的"巢穴"。对此,1955年的全国体育工作会议对武术工作采取了暂时收缩,加以整顿的方针。这场决定武术发展的整顿思路在学校体育教材得以体现,与新中国成立后首部中小学体育教材(1956年)相比,第二部中小学体育教材(1961年)中已经不再提及武术技击功能,武术套路完全占据了教学内容主导地位。今天我们回顾这次武术整顿工作,的确是彻底改变了武术在接下来几十年的发展命运。尤其是武术技击发展几乎处于停滞状态,许多精深的技击方法逐步"艺随人绝",社会武术、竞技武术、学校武术只能传习用于健身与竞技的套路,"技击性"甚至成为人们不愿谈及的字眼。

　　(二)提倡攻防

　　改革开放后,由于思想解放,文化领域也确立"百花齐放,百家争鸣"方针,武术界掀起了一番关于武术性质争论高潮。作为"文化大革命"后第一部新编的高校体育系通用教材《武术》(1978年),在谈到武术的特点与作用时认为:组成武术套路运动主要内容的踢、打、摔、拿、击、刺等动作是具有特殊的攻防含义的。虽然人们为了不同的健身目的将这些动作进行了适当的改良,但其动作的攻防特点、防范规律仍然存在,这也是区别于其他运动的最大特征。正是基于这一攻防特征,武术锻炼具备了增强体质与防身自卫的双重价值。在《体育系通用教材·武术》(1985年)中论述武术的特点时进一步强调了武术的攻防技击价值:"攻防技击性,是武术运动的主要特点。即使是套路运动,在它的动作和练法中,一般也都具有攻防技击的意义……由于攻防技击性这一特点的存在,因而使人们通过武术锻炼,不仅能够增强体质,而且能够掌握一些格斗的攻防技术。"

　　武术定义的演变与学校武术的发展是相互影响的。1988年12月在北京召开了全国武术专题研讨会,此次大会重新定义了武术概念"武术是以技击动作为主要内容,以套路和格斗为运动形式,注重内外兼修的中国传统体育项目。"这一定义的最大意义在于武术运动开始了"套路"与"对抗运动"两种模式共同发展的轨道,打破了长期以来套路发展的单一局面。武术教育重新还原其本质,技击重新被搬上学校武术教育的舞台。攻防技击内容被编入中小学武术教材,学校武术教育就此走上了武术套路与攻防技击共同发展的道路。

就武术教材的编制而言,学校武术教育中应该要包含有技击攻防内容,这不仅是武术文化本质属性的要求,更是学生武术兴趣所在。因此,改革开放后学校武术教材中攻防技击的内容始终与武术套路教学相伴而行。1978年的中学体育教材武术技击内容:高一教材包含了直拳勾拳、下砸弹踢等单双人攻防练习;高二教材包含了原地和上步搂手勾踢、双架搬推、缠腕拧别、双架搬推、缠腕拧别等单双人攻防练习。1988年的中学体育教材武术技击内容:初一、初二攻防动作包含踢(转体后摆腿)、打(勾拳连击)、摔(拧臂别腿)。2000年《九年义务教育全日制初级中学体育与健康教学大纲(试用修订版)》中规定的武术技击内容:初三包括攻防技法对练套路。

但是在几十年实际的学校武术教学实践中,武术技击仍然没有发挥应有的作用。虽然有各级部门对重视学校武术教育的呼吁与期待,但学校武术却逐步步入"学生喜欢武术,却不喜欢上武术课"的境地。对于这一问题,这一时期武术界专家学者集中探讨了武术攻防技击在学校武术教学中的运用问题。试图通过加强攻防教学,提高学生对武术课的兴趣。

> 武术,讲武之术,它根本的东西是"攻防",离开了攻防就谈不上是"武术"。武术教学中,要使练习者通过形体动作充分表现出内在的精神来,就必须全面认识并深刻理解武术动作的攻防含义,这就是"攻防意识"的作用,失去了它,就体现不出武术的民族风格和运动特色。①

> 在教学方法中应由浅入深,采用直观法、正确示范、讲解动作路线过程、分解教学等手段。这些都有利于学习和掌握武术套路。而光采用这些教学手段和方法,往往会产生套路练习时节奏平淡,用力方法不准确,手法、眼法、身法、步法的配合难以掌握,而且在练习时学生还会感到枯燥,积极性不高。因此,在采用上述手段和方法的基础上,结合动作的攻防讲解、引导、示范、实践,对提高学生学习的积极性,掌握套路的熟练程度,处理动作的节奏,手法、眼法、身法、步法的配合都有较好的效果。②

---

① 资料来源:施荣华.武术教学应重视攻防意识的培养[J].西安体育学院学报,1984(3):58.

② 资料来源:卫志强.攻防讲解在中学武术教学中的正确应用[J].上海体育学院学报,1984(1):77.

用实验法探索高中女生体育课中增加武术攻防练习的意义。研究发现：攻防技术动作结构简单，易教易学，适用中学教材。攻防技术有实用意义，学生学后终身受益。双人进行的攻防技术练习，有益于学生树立互帮互学的良好学风，融洽学生间的关系。①

武术教学主要以技击动作为素材、讲解动作的攻防方法为特色。武术的套路动作具有攻防含义，因此在教学中，教师应结合武术动作的攻防性质讲解示范，使学生明确动作的技击意义，加深对动作的理解，提高学习武术的兴趣，有利于学生正确掌握动作和攻防意识的培养。②

在教学中注重对学生技击意识的培养，增强学生的技击意识，不仅能培养学生对武术套路的兴趣，牢固地掌握套路动作，也有利于下一套路的学习以及今后不断习练武术的习惯。技击意识的增强，本身就是对学生进行传统体育文化的传递。在演练套路中，只有显现出较强的技击意识，才能真正领悟套路的本质，把握武术的精髓。③

总体而言，这一时期武术界学者就武术攻防技击在学校武术教学中的运用问题，进行了一些理论与实践上的探讨，但武术攻防技击仍然没有在学校武术教学中发挥应有的作用。攻防技击教学等相关问题并未引起武术界专家学者的足够重视，表现在所发表的相关研究成果极少，理论研究的深度广度及其实践应用研究尚处初步探讨阶段。到了 21 世纪初这一局面得到扭转。

（三）重视攻防

2004 年 4 月 3 日，中宣部和教育部联合颁发的《中小学开展弘扬和培育民族精神教育实施纲要》中指出："体育课应适量增加中国武术等内容"。这是党和政府在新时期对学校武术教育赋予的历史使命，武术担负起弘扬和培育民族精神的重任。但是，几十年来学校武术教育的实践却是不尽如人意，甚至在有些地区学校武术已经到了"名存实亡"的境地。对此问题，武术界展开了全国范围的调查研究，以摸清存在的问题。其中，对华中地区中小学学生的武术学习兴趣倾向进行调查，研究发现：学生喜欢的武术类别主要集中在攻防技击类（男 61%，女 43%）。对华东地区中小学的学生学习武术动机的调查结果表明：排在第一位的是防身自卫，其次是强身健体，而

---

① 资料来源：陆根秀.高中女生体育课中增加武术攻防练习的探索[J].上海体育学院学报，1989(2)：69-71.
② 资料来源：蔡仲林，周之华.武术[M].北京：高等教育出版社，2000：48.
③ 资料来源：王少军.技击意识在武术套路教学中的作用[J].体育学刊，1997(1)：85.

想通过武术来表现艺术美的寥寥无几。在另一份调研报告中发现：学生的习武动机主要是强身健体和防身自卫,两者的选项比例基本相当,分别为72.4%和71.6%。几次不同规模的武术教育调研报告都可以看到,武术攻防技击在中小学生心目中的重要地位。众多学者对当前武术教育相关问题展开争论。

> "由于受竞技武术的影响,当前中小学武术教学中只重视技术的表象化教学,食而不知其味,忽视了武术攻防技击含义的讲解。以致长期以来,造成学生对武术的误解,似乎武术是一种肢体动作,无任何的文化含义,使学生失去了学习武术的兴趣"。①
>
> "学校武术教学应实现武术技击属性的回归,因为技击是武术的核心,其健身、观赏价值等功能是在技击属性的基础上发展的,离开了技击的武术教学,无异于'舍本逐末'"。②
>
> "从部分学校的武术教学情况来看,教师在教学中主要进行动作过程的说明,而对武术动作的攻防含义普遍少讲或不讲,学生只知其然,不知其所以然,缺乏动作练习和提高的目标,学生做出的武术动作更像体操,学习积极性也逐步下降"③

在这场沸沸扬扬的争论后,新的武术教学改革理念——"淡化套路、突出方法、强调应用"逐步浮出水面,成为专家学者的共识,武术界试图通过以此取得学校武术教育改革重要突破。

2004 年,为了进一步深化高等学校体育教育专业的改革,加强课程建设,提高教学质量,更好地培养适应素质教育需要的体育人才,教育部组织有关高等学校起草了《普通高等学校本科体育教育专业各类主干课程教学指导纲要》。针对现行学校武术教学暴露出来的种种问题,在"武术类课程教学指导纲要"中进一步明确武术类课程是以攻防技击动作为练习手段,以武术知识、武术技能和民族体育文化为主要内容,融健身、防身、修身为一体的体育实践性课程,明确提出了"淡化套路、突出方法、强调应用"的指导思想。这一指导思想是学校武术教育改革的创新思想,力求在学校武术教学

---

① 资料来源：邱丕相.武术文化传承与教育研究[M].北京：高等教育出版社,2011.
② 资料来源：朗勇春,张文涛,李伟艳.我国当代学校武术教育的示范研究[J].上海体育学院学报,2011(3).
③ 资料来源：杨铁犁,季克异,肖彤岭.体育教学指导(小学)[M].北京：高等教育出版社,2011.

内容的选编上体现武术运动的本质特征和符合学生兴趣需要的特点,动作简单实用、易学、易练、易记,并坚持讲授武术运动的基本理论知识,基本动作和技法,防身、健身的基本手段和方法,使学生真正学有所获。

长期以来,学校武术教学局限于武术套路上,而且是竞赛套路,一般的学生很难练,令人望而生畏。武术普修套路教学模式总是过分强调套路,结果事倍功半,学生囫囵吞枣,不仅不能领会动作的含义而且考试后整个忘光,这对武术的传承非但无益,反而有害。所谓淡化套路,并非不要套路,而是要突出重点。武术的教学内容和教学形式,使套路既体现武术的攻防技击性,内容又简短实用,同时还具有传统性的继承,要能够突出激发学生的学习兴趣。突出方法主要是要突出武术攻防自卫的方法,这是武术技术的核心,技术方法有其独特性,应在武术教学中运用各种行之有效的教学方法和手段。重要的是要改变过去"基本功、基本动作、套路、器械"的教学顺序,先散招入手进行单势单招的学习,再进行拆招喂手的模拟攻防练习,最后将这些单势招法以套路的方式串联起来。通过武术动作教学的"说招、解招、拆招",讲解组合动作的攻防含义,不仅展示了武术教学独特的魅力,有助于学生领会动作含义,为攻防对抗打好基础。而且真正意义上加强了学生攻防自卫的意识,提高学生的生存、自我保护、防卫的能力。

三、传承文化:学校武术教育的历史任务

武术作为一项民族传统体育,在其发生发展中也渗透着中国传统文化,受到了中华民族精神的滋养,散发着民族精神的脉动。学校是文化传承的主阵地,忽视了学校,仅使武术文化在民间自生自灭,只能导致武术文化的流失,这绝非武术文化传承的坦途。新中国成立后,武术被作为我国特有的民族传统体育项目受到党和国家的重视。1961 年,由人民教育出版社编辑出版了中小学体育教材,在这些中就有了武术的内容:"为了发挥我国行之有效的民族形式体育运动的作用,特选编了一些适合中小学生的武术教材。由于过去一般小学很少选用武术教材,为了保持武术特有的风格,将武术教材单独列为一类"。由此,武术以"民族形式体育"正式纳入国家体育教材体系,开始了其文化传承之旅。

1961 年体育院校本科讲义《武术》将武术定义为:"武术是拳术、器械套路和有关的锻炼方法所组成的民族形式体育,它具有强筋壮骨、增进健康、锻炼意志等作用,也是我国具有悠久历史的一项民族文化遗产。"这是新中国成立后我国高校武术教育中最早的武术定义,由此看出当初人们对武术教育的期待,新中国武术高等教育是以"民族文化遗产"的面貌在高校中传

承的。

　　"文化大革命"后，高校首部体育系通用教材《武术》（1978 年）对武术的定义为："武术，是以踢、打、摔、拿、击、刺等攻防格斗动作为素材，按照攻守进退、动静疾徐、刚柔虚实等矛盾的相互变化的规律编程徒手和器械的各种套路。它是一种增强体质、培养意志、训练格斗技能的民族形式的体育运动。它具有悠久的历史传统和广泛的群众基础，是劳动人民在生产斗争、阶级斗争和科学实验的社会实践中不断积累和丰富起来的一项文化遗产。"1992 年 11 月正式颁布《九年义务教育全日制小学、初级中学体育教学大纲（试用）》提出了继承和发扬民族传统体育的教材选编原则。

　　可以看出，新中国成立以来，党和政府在实施学校教育中，始终是将传承传统文化作为学校武术的重要目的意义的。但是由于种种原因，几十年的武术教育实践却没有很好地贯彻实施这一内容。"文化传承"并没有受到武术界专家学者们的关注。从新中国成立到 20 世纪 90 年代初，有关武术文化的研究寥寥无几，对武术教育中的文化传承研究更是难见踪迹。这一局面一直延续到 21 世纪。

　　21 世纪以来，推进文化发展已经成为中华民族发展的时代强音。党的十八大所强调的"建设优秀传统文化传承体系，弘扬中华优秀传统文化"，为规划传统武术文化的传承发展，指明了方向。如何以"文化强国建设"为视域，建立优秀传统武术文化的传承体系，成为武术研究领域的一个重点课题。

　　为贯彻落实《中小学开展弘扬和培育民族精神教育实施纲要》，"关于武术教育改革和发展的研究"课题组在全国范围内邀集了上百位研究人员，对这一重点课题进行研究。调研组主要以实地考察为主，通过调研要掌握当前学校武术教育的现状，指出存在的问题，提出利用武术来弘扬民族精神的初步设想和规划，以及新时期中小学武术教材的编写原则。

　　当前学校武术文化传承研究，形成了众多武术教育传承文化的成果。

　　首先是从文化历史的角度重新整理了当代武术教育的历史使命。民族精神具有鼓励、教育和团结本民族人民奋发图强的力量，是一个民族在长期的历史发展中积淀的最优秀、最积极的观念文化。千百年来，以"自强不息"为核心内容民族精神，激励和推动着中华民族奋发进取，不断地创造着灿烂的文化历史，推动着中国走向世界，造福人类。武术是一种重要的教育资源。当今社会要求我们的青少年既不应骄横，也不能骄软。通过武术教育恰恰可以培养勇敢、坚韧、威武不屈的精神和宽容、礼让、和谐、文明的品格。"武术作为一项民族传统体育，在其发生发展中也渗透着中国的传统文化，受到中华民族精神的滋养,散发着民族精神的脉动"中华民族精神在武术中具体体现为"止戈和平、整体为上、崇德重义、自强不息"精神,这是武术在当今以至未来可以承担起教育功能、服务于人的社会化的立足点,也是当代武术教育必须弘扬和培育的民族精神。因此,深入地发掘武术内涵的民族精神,并在弘扬和培育民族精神中发挥积极的作用,则是武术理应承担的历史责任。从文化战略的高度来认识当代武术发展的价值定位。学校武术文化传承教育要在教学内容、教学手段上进行改革。要突破过去技术传授的单一模式,挖掘武术技术的文化内涵,使技术教学渗透着武术文化的传播。历史上关于武林志士爱国主义和自强不息的事迹层出不穷,从古代抗金英雄岳飞、抗倭英雄戚继光,到近代为国家与民族利益抛头颅洒热血的武林豪杰冯三保父女、霍元甲、韩慕侠等。我们在武术教育实践中,将这些可歌可泣的武林故事讲述给学生,也可以印发成学习手册在学生中传播。让学生感受到爱国、自强的民族精神气概。使学生技术学习过程变成获得武术知识、增进武术情感、知晓历史人物、丰富身体体验等多方面教育作用和学习收益的过程。同时,应鼓励地方性课程和校本课程开发。我国幅员辽阔的地域文化造就了丰富多彩的地域武术文化,不同地区的学校武术要着力于提高武术课程的适应性,积极开发校本课程。力争体现出武术的地方特色和武术技击范式的众多流派,并为武术的地方特色和千姿百态提供保护和发展的空间。

其次是探讨了在学校武术教育中"武德"文化传承的现代意义。在学校武术教育中,应当探索多种教育手段和渠道,使文化的传承符合青少年的特点,生动活泼,具有说服力、感染力和渗透力,为他们所接受、所追寻,形成牢固的民族文化接受基础和思想道德基础。这是一项系统工程,它要求我们以教学内容的改革为重点,探索具有示范性的几种武术教学模式为抓手,以三级课程体系的建立为目标。强调习武是为了安邦救国;除恶扬善、重义轻利;尊师重道、勤修苦练。因而,在学校武术教育实践中,武术文化传承教育要发挥"武德培养"的作用,要将"崇德重义"等武德教育贯穿于教学内容、评价指标,使之成为学生道德人格培养的重要方式。在升学率仍然是学校教育第一要务的情况下,青少年教育中"重智力,轻道德"的教育现状普遍存在,进而影响学生的价值观、世界观。自古以来,"尚武崇德"就是习武人最重要的共同信仰与行为准则。"未曾学艺先学礼,未曾习武先习德",武德是习武者要遵循的道德规范和必备的道德品质,规范着习武者的举止。

武术传承要先看人品好坏,只有人品好才能有资格传承技艺。武德教育始终伴随习武过程,武德教育是学习武术知识和武术伦理,坚守"忠义礼智信"修炼身心,通过仁义守则规范言行举止,在长期坚持下成为既有武功又有胆识的正义之人。孔子曰:"志于道,据于德"。修身是道德教育的核心,儒家思想中君子以"修身"为前提,通过修身崇尚道德进行人格培养。儒家修身是人们通过自我修炼来树立尊严,实现社会价值,武术中"点到为止"的技击理念秉承了儒家文化的伦理标准。在"论武较技"时武术名家以"即不得不打,仍示之以打而非打不可之打"来表明武技高强,同时不伤人也不取之性命。霍元甲与外国"大力士"奥比音比武时,奥比音两次差点从台上跌下都被霍元甲救起而免遭伤害,后几场比武以"枪注入喉、剑注入喉"使其不敢动而已,都未取对方的性命。点到即止、礼让为先、不战而胜、心服而已,是中国武术修身智慧与生命关怀的体现。形意拳大师薛颠的徒弟回忆,"他给徒弟示范时,徒弟都防不住他,他的手到徒弟身上,就变打为摔了,把人摔出去又一下捞起来,在他手里不会受伤。做徒弟的被他吓几次,反应能力都有所提高。"这体现了修身教育"为仁由己"之"身德互训"的实践智慧与术道奥妙。武德为体、以功夫为用正是基于传统武术"体用不二"观的理解,如太极中"以柔克刚"的化劲理念,散打赛前敬礼、比赛中"发人而不伤人"和摔后的搀扶等,以及套路演练身体"中正"也是武德的体现。

　　一方面,通过武德教育使得学生明白"德"的重要性,特别是有暴力倾向的学生,让其明白想要获得同学们的喜欢与关注可以通过"仁、义、礼"来表达,在"恶"的事情上不可再做,要以德服人,提高自控力,不可通过打架斗殴等行为来说服别人。通过武德教育对自我起约束作用,从而克制自己不伤害他人,在思想上形成武德意识。另一方面,强调武术之"礼",协助校园"礼治"。礼治是传统中国乡村社会的高度概括,主要体现为在相对闭塞的乡村里,人们通过一代又一代的人经验积累,形成相互遵守的传统。礼治秩序指的是社会通过礼来维持,人们彼此之间都是熟人,公共秩序的规范依靠"礼"也就是依靠"对传统规则的服膺"。像校园这样较为微观的圈层可以通过礼治秩序的配合来管理校园。

　　武术教育实现校园礼治秩序的构建主要是通过武术礼仪的培养。武术礼仪是对习武者身体和道德行为规范的仪式。最为严格的仪式为拜师礼,礼法较多,"头点地"式的磕头,磕得带响是武林里最重的礼节。"男儿膝下有黄金",跪拜礼是传统社会中尊卑长幼伦理规定的折射,传达出对师傅的尊敬程度。除拜师礼节之外,日常生活中礼节也相当讲究。如"拜剑"时握剑的小指要虚钩,也是对老师的一种礼仪,因为剑代表老师,"剑在如师在"。"一日为师,终身为父",师傅在徒弟成长过程中担任着规矩约束和道德教育的责任,"家长式"的师徒关系才使得传统武术技艺延续传承。武术课上教师要重视武术礼仪的规范,进行武术礼仪的教导,对习武者进行身体规训。让学生明白礼仪体现的是对老师、长辈的尊敬,是武术的道德要求。如抱拳礼时,左掌表示德、智、体、美"四育"齐备象征高尚情操,右拳表示勇猛习武,左掌掩右拳相抱表示"勇不滋乱",以此来表达约束、节制勇武的意思。两臂屈圆,左掌右拳拢屈,表示谦虚团结以武会友,天下武林是一家。"左掌为文,右拳为武,文武兼学",表示要虚心求知,尊敬师友。教师通过对抱拳礼内涵的解释以及每次课上行为举止和纪律的要求,如站如松、坐如钟、行如风的身体仪表,悬而不击和击而寸止习惯的养成,让学生把武术礼仪深刻脑海之中,同时使其明白对待同学、学校老师以及长辈也要以礼待之,彰显武术人对道义礼教的恪守。学习武术礼仪使学生"克己复礼",班级初步构建礼治秩序,再通过社会关系由近到远地影响学校以及家庭。学校和家庭人与人之间能有礼节和平相处,促进和谐社会的达成。

学校武术文化传承教育要警惕"仗武欺人"现象,注意培养"师兄弟"般的同学情感,消除校园暴力。在农业社会,家庭是主要的群体形式,以血缘为纽带把家庭的联系扩大至社会,社会结构是"拟血缘关系"和"类亲属关系"。"古人以手足为喻,盖谓四肢虽异,本系一体。"兄弟亲如手足,武林同门同辈师兄弟之间的关系也如有血缘关系的兄弟之间,"兄爱其弟,弟敬其兄,临财相让,遇事相谋,通有无,共忧乐。"平日衣食住行都在一起,习武时互相切磋讨教,遇到困难时能同甘苦共患难。重承诺、讲仁义,肝胆相照、义气冲天的兄弟情谊是难能可贵的品质。学校武术课不仅要习练武术技艺,还需注重培养同学间的感情。武术课有为提高搏斗能力所进行的格斗对练动作,是习武者从单独练习到实战技击的过渡性训练。格斗对练需要对练双方默契配合,在不断反复的对练磨合中能增强相互信任、相互理解、强化合作意识和提高合作能力。如练习夹颈过背摔时,夹颈不能勒到颈部动脉和喉咙,背起后摔不能用蛮力,每次配合需提前沟通,在双方准备好情况下进行,否则容易受伤。器械对练时,扎枪时要扎在对方面侧、颈侧、耳侧,不能直扎对方面部或咽喉;做刀的劈头动作时,刀接近对方背部要使刀刃向斜上方稍翘起,用刀背沿对方背部迅速划弧劈下。这些惊险动作需要节奏一致,默契配合,一旦有差错就会造成伤害事故。通过对练训练让同学在重复练习中默契配合、交流沟通,逐步形成信任感与责任感,进而建立起一种"兄弟"般的情感。

还有鹤拳的盘手训练,两人通过双方手桥互相接触,绞缠粘离不休进行攻防技巧训练。练习时讲究用眼注视对方眉心,用余光注意全身,达到"敌不动我不动,敌欲动我先动"的训练效果。通过练习能使鹤拳动作达到熟能生巧、灵活应用的状态,同时在两两手臂的用力碰撞中体会到"打人"的攻击性和"被打"的痛楚,学生在课堂上模拟体验到施暴和被欺负的感觉,延伸到日常生活就能让施暴者减少暴力的兴奋感,也能让受欺凌者适应暴力的伤害进而敢于展开反抗自救。学生在身体对抗和一招一式磨合中能互相纠正改善动作,遇到困难时相互打气坚持练习,逐步形成了"同甘苦,共患难"的友谊。教师教学中要讲授传统武术"师兄弟情感",将师兄弟生活场景融入课堂,作为"调和剂"引导学生互帮互助,并发挥武术蕴含的师兄弟情感来增加同学情义,以情感的输入使旁观者在校园欺凌发生时不会认为"事不关己"而不作为,欺凌者对于同学有了兄弟情义也能降低欺负和伤害。

第四节　国学定位、课程改革:"他者"视野下武术教育思想重构的宏大愿景与实践

一、国学定位:武术教育思想重构的宏大愿景

　　久远历史的积累和多民族的文化融合,使中国人在体育文化上有许多独特的创造,有不同于西方的一系列理论认识和运动实践。新中国成立以来,中国武术教育在历史的潮流中默默前行,几番的改革呼声始终没有惊起多大波澜。20世纪90年代以来,随着武术学科专业建设的逐步完善,不断有民族传统体育专业研究生步入武术科研领域,他们用自己的科研成果,再次唤起阵阵武术教育改革的呼声。这一时期,包括人为本、终身教育、素质教育等诸多教育理念陆续被引入到学校武术教育研究中,尤其是《中小学开展弘扬和培育民族精神实施纲要》的颁布与实施,掀起了众多专家学者站在更高的起点上,开始反思新中国成立以来武术教育的得失,重新审视学校武术教育的内容体系、价值取向及其发展路向。

　　新中国成立后的武术教育一直是沿着竞技体育的道路发展的,始终没有摆脱"体育"武术的视野,依附于西方竞技体育理念下的体育课堂,其框定的课程内容(套路运动、散打或功法)、评价模式(武术竞赛)等由于被锁定在"体育课"之内,发展路向十分单一,建立在"西方体育"理论之中的学校武术竞技化倾向淡化了广大学生对武术的兴趣。当今的武术教育自身很难发挥传统文化教育的优势,从而在西方体育理念的浸透下与国民教育渐行渐远。正因为如此,仅仅以西方体育理念,将武术定位在一般的体育学科

上,特别是以竞技体育理论来加以研探和框解,这必然会极大地缩小武术文化的生存空间,使中华武术走向浅薄,走向衰落。

值得注意的是,这一轮武术教育的反思,虽然看到了新中国成立以来形成的学校武术教育种种问题,但是作为学校武术教育现代化的历史根基却未能发现,而这才是构成中国教育现代化的中国经验。由此,中国式科学化与现代化的探索,只好再次回归历史,希望进行"寻根"寻求理论的支撑。就是这一背景下,武术"国学重构"研究兴起了。

进入 21 世纪,中国经济步入发展的快车道,伴随而来的是日益高涨的文化自信。传统节日被空前强调,"新读经运动"异军突起,北大、人大率先创建了国学班,紧随其后,许多大学设置了类似的专业和研究机构,武大还设立了国学博士点。这一轮的"国学热"甚至影响到这个时代国家的政治话语和文化行为。于丹以《百家讲坛》带动了全国的"论语热",《论语》成了热销图书。孔子的塑像被矗立在许多大学的校园里。世界上许多国家都设立了孔子学院,成为传扬中华文明的基地,也成为正在高速发展的中国的重要象征。

从当前的社会环境来看,以"国学热"所带动的传统文化热潮再次将国民教育引入公众视野。传统文化在民间生活中的复活和浸润于文化保守主义氛围中的文化写作,使中国人具有了一定的现实人文精神体验,教育界的"人本精神""人本主义"言说才不会完全蹈空架虚,才可能获得其现实的经验对象,由抽象走向具体。博大精深、富有历史内涵的武术,已经成为当今中国文化符号,在弘扬中华文化,实现文化强国中,承担着重要的历史责任。无论是从建设创造性活力和魅力的民族体育和体育文化体系出发,还是从弘扬中华文化,建设中华民族共有精神家园的需要,重构中国武术教育体系是一项值得一代学人集思广益、认真实践的事业。

为此,学者们义正词严地喊出武术"国学定位"的口号。

从中华文化的伟大复兴着想,我们主张有必要推动国术的复兴,在现实条件下,探索国术的发展之路,实际上也是重新建构国术系统,探索中华民族体育体系的新结构和新赛制。①

无论是划归必修课程,还是学校制度保障,武术所具备的功能与价值必须作为国民教育的一个重要指引。武术只有纳入国民强制教育体系,才能更好地发挥其提升国民道德水平、改善国民体质状况、弘扬中

① 资料来源:马明达,马廉贞.国术与国学——写在世界中华国术大赛之前[J].搏击,2009(5):4-6.

华民族精神、传承传统文化思想的应有作用。①

　　强化武术国学意识就是使武术能够以民族文化的身份和高度在世界立足；强化武术的国学意识，就是让曾经迷失自我的体育化、运动化的武术回归到文化的、身体的、艺术的、精神的多元框架；强化武术的国学意识，就是让武术这一活态文化把民族精神、民族情感传播给下一代，真正把武术作为整个国家民族的一种文化象征和身份标识。②

　　新中国成立以来，如果说在"政治化"时代大量存在意识形态的遮蔽性，使中国武术难以表达真实，学校武术教育成为注重"艺术"表演的套路舞台；在改革开放后，以竞技体育优先的"竞技化、专业化"时代，学校武术教育被迫专注于武术基本功、动作规格，不得不将传统武术价值和真实文化情节暂时搁置。而今步入文化自信时代，教育工作者开始思考武术文化实践的各种维度，期待尽可能表达文化的真实。由此产生的是超越"体育性"的武术"国学"定位，武术研究正是基于"大众文化"调整自己的研究立场、探索符合新时代要求的表达方式。

　　正是基于文化全球化下的国学定位，其根深蒂固的理念在于"世界主义"与"民族主义"截然不同的两条发展路径。推崇国学的学者就是看到西方霸权文化在全球肆无忌惮地扩张，其实质就是西方经济政治观念输出后的文化殖民。与之相对应，武术成为处于寄生于西方体育状态下特殊的"怪胎"，在西方"文化话语霸权"环境下的中西文化杂交所新产生的现代"非驴非马"变种，或称之为"穿着唐装的体育"与"拿着刀枪剑棍的体操"。消极方面，它要反殖民化或去殖民化。积极方面，为了实现"和而不同"的文化追求，中国武术教育尝试一种基于传统文化自尊的自我表达。力求通过建构传统文化知识体系，以中国经验叙事，逐步形成属于自己的学术话语。因此，"国学定位"就是一种研究视角的重置，从原本希望在西方体育理论中探索突破当下武术教育的"困境"，开始变化成"关注自我"。通过理解与实践中国教育，形成中国学校武术教育理论。鉴于"国学定位"仍然具有"他者"导向的自我殖民色彩，为了进一步体现与落实"国学定位"，遂有"拳种意识""文化意识""学科意识"等概念的相继出场。

二、新课程理念：武术教育改革的应然之路

　　课程，是作为实现学校教育的课题与目标的手段（或曰"媒体"）而存在

---

①　资料来源：郭玉成.武术应纳入国民强制教育体系[J].搏击·武术科学,2012,9(12)：1.
②　资料来源：倪金福,张顺英.论国学视角下中国武术的回归[J].体育学刊,2014(5)：3.

的,它反映学校教育的有目的的计划及其展开过程。学校教育是一种有目的、有计划、有组织的活动,"课程"则体现了这种目的性、计划性、组织性。所以说所谓课程,"一言以蔽之,就是在学校中教学什么、何时教学、如何教学"。然而,当下学界关注的新课程观不再把课程限定于现成的科目、学生的经验或是教学的计划与目标,它"超越了学科和教学计划的含义,也不再仅指学习者的经验,它越来越成为一种'符号表征',越来越成为一种'文本',通过这种文本可以解读和构建出多元的意义。"

研究武术教育改革,起点应该由根本的课程观念入手,需要在新课程观下全面解释学校武术特征。并在新课程观的指导下,进行一场由表及里,由评价标准到学校文化等全方位的考察。

（一）学问中心课程到人本主义课程

1. 学问中心课程

学问中心课程产生与 20 世纪 60 年代的课程改革运动,将学生培养成小科学家是其目标。从根本上讲,这个假设是以下述的确信为前提的:"无论哪里,在知识的尖端也好,在三年级的教室里也好,智力的活动全都一样……学习物理学的小学生其实就是一个物理学家。而且,对他们来说,像物理学家那样来学习物理学,比起做别的什么来,较为容易。"学问中引申的知识是建构课程的基础。"为了引起最有效的学习,教学的单元应当依据学问的结构类型加以形成。"这就是说,学问知识是课程的唯一源泉,教学要根据学问的逻辑与结构展开。专业化与结构化是学问中心课程的主要特征。布鲁纳在《论认知》中强调,"正是知识的结构——它的相互关系或因果关系——应当成为教育的重点。因为,赋予学习的对象以意义,开拓新的经验领域的,正是这种构造,亦即使七零八落"的现象得以系统化的概念。因此,现代化论强调的是基础知识,尤其关注知识学问在教育人过程的重要价值。

纵观新中国成立以来,学校武术教育正是基于这种"学问中心课程"的理念框架建构。在竞技武术优先发展的背景下,竞技武术训练竞赛所构建起来的"知识",成了学校武术教育发展的"学问"。武术教学是由基本功(腰功、腿功、桩功等);基本动作(基本手型、基本步法;跳跃动作等);套路(少年套路、初级套路、竞赛套路等)等作为教学主要内容展开。武术教学阶段也是按照成为"武术顶尖运动员"的培养模式展开的。第一阶段:进行武术的基本功、基本动作、基础套路,重点规范动作规格,在学会动作的同时促进专项素质。第二阶段:逐步从基本套路过渡到器械套路习练,了解不同套路的风格特点。第三阶段:习练对练项目,掌握其中蕴含的攻防技术。

要在这三个阶段完成武术教学"知识点"必须符合一定的武术教学与训

练原则：自觉积极性原则；直观性原则；从实际情况出发，区别对待原则、系统性原则；巩固与提高相结合的原则；长期性与周期性原则；全面训练与专项训练相结合原则；从难、从严、从实战出发和大运动量训练原则（"三从一大"）。这些以竞技武术的"知识"，形成了学校武术教育的"学问"，并以此为基础，形成了教学的"结构"，形成了系统的"基本功—基本技术—基本套路"武术教育的课程。这种"学问中心的武术课程"带来的是学校武术教学大纲、教学进度、课堂教学、课程考核、课外武术训练，都带着浓厚的竞技武术色彩，力图打造出一批又一批的"专业性武术运动员"。

　　虽然体育教育与专业体育有关系，但两者存在根本性的不同，前者是面向全体学生，其主要目的不是培养运动员，更不是培养体育方面的学科专家，教育教学目标主要是促进学生身心健康、全面发展，使他们成为健康的公民。后者是面向少数具有运动天赋的学生，是培养某一运动项目的后备专业运动员或专门人才，其训练和比赛目标主要是提高竞技运动成绩，争金夺银，而这往往是以牺牲健康为代价的。①

2. 人本主义课程

人本主义课程是在抨击学问中心课程的"非人性化"的浪潮中应运而生的。从传授大学学者书斋的学问知识过渡到学习者的本性与要求；承认儿童的学习方式同成熟学者的研究活动有重大的质的差异；学校课程必须同青少年的生活及现实的社会问题联系起来。

学习就是学生去发现经验。教学内容不能同学的生活经验毫无关系。罗杰斯说过，"有意义的学习只是在教材同学生自身的目的发生关系，有学生去认知时，才能发生"。学校教育中的学生非人性化，就是由于学校同学生生活现实的脱节，以及灌输对成人或学生均属重要，但对学生却不适宜的知识。关注学科在学校体育领域就是典型的"运动技术中心论"。这一观点认为，体育课的根本任务就是传授运动技术，评价体育教学质量主要是以学生掌握了多少运动技术、掌握的程度如何为标准，忽视学生在体育学习和锻炼过程中的情感体验和心理感受，导致大多数学生不喜欢体育课堂学习，宁可自己去进行体育活动。Valliant 研究表明，缺少愉快感或兴趣是放弃体育锻炼的主要原因，由于缺乏运动愉快感，有 50% 以上的人在获得理想的健康效果前就放弃运动。如果学生对体育与健康课的学习感受是无趣、无聊，甚

---

① 资料来源：季浏.论面向学生的中国体育与健康新课程[J].体育科学,2013(11)：32.

至厌恶,那么,他们只能被动应付、消极学习。"学问中心课程"带来的武术教学"基本功—基本动作—套路—器械"的传统教学程序,体操式的重复动作,单调苛刻的动作定型,烦琐的路线变化……,所有这些让原本兴致盎然的学生变得无精打采。

人本主义课程编制必须符合兴趣需要原则(the criterion of interests and needs)。这个原则以学习者当前的兴趣与需要为着眼点,认为凡是符合学习者兴趣与需要的教材均为好教材。广而言之,即凡是能帮助学习者个人实现其目的解决其问题的教材,均为可选教材。这个原则特别重视学习者在各年龄所表现的兴趣与需要,即重视学习者的本性。长期以来,我们都是按照体育学科的逻辑内容体系,即竞技运动的训练内容体系来编排教学内容体系,而且,这些教学内容体系又是成人专家设计的,造成体育教学内容的成人化、竞技化倾向十分严重。

因此,在解决学校武术"教什么"时,必须注意武术课程的内容要符合学生身心发育的规律,满足学生的爱好与需求。据调查发现:学生的习武动机主要是强身健体和防身自卫,两者的选项比例基本相当,分别为72.4%和71.6%;了解传统文化与培养坚韧品质处于次要位置,比例分别为39.9%和46.0%。通过练习具有攻防表现性和具有攻防再现性的武术技术体现出来的"这是武术有别于其他民族传统体育项目的本质属性,也是无数吸引广大青少年的魅力所在"。中小学武术教育必须通过彰显武术的攻防特性来激发学生习武兴趣,达到增强体质的目的。在选取教学内容与教学方法手段上,应该按照传统武术"体用兼备""练打结合"的思路,利用武术技击法讲授,擒拿格斗法的尝试,提高学生学习武术的兴趣。

面对学校武术"如何教"的问题,应该注重来自学生"生活经验"的"企求"。武侠文化、武打动作历来是我国学者创作的重要文化源泉。从影视中的武打戏到小说中武侠英雄再到身边不同人群的习武场景,我国中小学生从小耳濡目染,好奇于刀光剑影,感动于侠义精神。自然而然地将这些心理迁移到学校武术课,应该承认的是,从上课初始学生是抱有极大的兴趣与热情。

在探讨现实问题时,学生兴趣盎然;教育的问题,不是知识,也不是单纯地组织课程的内容,而是在学生的生活经验中,选择对学生来说有意义的教材。联系学校武术课程来说,所谓学生的生活经验,是指学生在现实生活中经历和体验过并感兴趣的武术知识和技能。

在信息化、网络化时代,来自互联网的热点知识,将能以"迅雷不及掩耳之势"快速传播。因此,如何通过微信、微博、博客等网络方式吸引学生兴趣,进行武术教学,将是学者们关注的热点。另外,面对当今选秀时代的特征,学校武术教育可以通过选秀的方式,选出武术明星、武状元。让这些明星成了学生心目中的"偶像",满足学生猎奇与"追星"等个性心理特征,激发学生的习武兴趣。

武术是个表演性很强的项目,学校武术教育手段方法应更多以参加表演的方式教学,让学生在各种形式的"武术展演"中,展示自我,逆向激励学生课后的武术练习。学习经验是通过学生的主动行为发生的,学习的最终结果取决于学生做了什么,而不是教师做了什么。教育目标必须通过特定的学习经验才能实现,学生通过经验学习,从而产生和养成教育目标所规定的行为。由此可见,实现教育目标主要不是指教学内容,而是指学生的学习经验。

> 李慧珍老师这样解释:"我们没有按照规定的教材教,我觉得上面的教材不好,不大适合现在的学生,学生不感兴趣的,大纲都是什么规定拳、太极拳,学生就是感到没意思,想学点有意思的,你看我们表演开幕式,就来点舞龙舞狮跑跑场地,让学生跳跳,来点刀花,前挑后撩,那么学生一看这个好看,顿时就来精神了!平时在电影里看到这些东西,现在我要教了,一个个都要器械自己试试,感觉感觉这个(动作)。"①

师徒传承是中国农耕社会中武术教育的最基本传承方式。用现代教育学观点来解读传统武术师徒传承教育方式可以看出,传统武术教育过分注重师傅的教,过分强调老师的主导作用,如"名师一点,胜似十年苦练"等,在具体的教学方法上,把学生当作接受武术知识的容器灌输,多是灌输式、填鸭式教学方法。伯纳德·库尔库耳说:"这类传统教育学的动力不是发展作为主体的人的人格,使人不断获得自由和超越,而只是片面获得大堆知识而已"忽视徒弟的主观能动性。在现代武术教育中,学生是主客体的对立统一。从老师角度而言,学生处在受教育的地位,是老师加工的对象;从学生教育而言,学生在武术学习中,他要感知、想象、体悟,表现出一定的主体能动性。现代的跆拳道这么风靡中国,不能说和发挥学生的主体能动性教学理念无关。新的教育理念就是要充分发挥学生的主体能动性,老师要尊重学生的能动性,使学生成为学习的主人,而不是纯粹地客观接受塑造的对象。

---

① 资料来源:陈梅宝.上海育才中学武术教育改革的研究:以口述历史为方法[D].上海体育学院,2011.

（二）校本课程

校本课程（school-based curriculum）源自各国对学校教育的反思，它是一群热爱与关注教育人士的"学校重建运动"（movement to restructure school）的产物。"校本课程开发"（school-based curriculum development）是各校根据自己的条件与实际，"自下而上"的课程开发。按照经济合作与发展组织的定义：校本课程开放是指"基于学校自发的行动，促使各级教育系统之间的权力和责任重新分配；因此学校获得法律和行政的自主权和专业地位，从事课程发展的过程"。

　　体育与健康教学内容要与学生的生活经验相联系，这更有利于学生的学习：一是，当体育学科的知识和技能为学生所熟悉时，学生的学习会是兴致勃勃和生动活泼的，这样就使得体育学科的知识和技能与学生的生活经验有机联系起来，使得体育学科的知识和技能更有价值和意义，并受到学生的喜爱。①

我国地域辽阔，不同的地形地貌下带来武术文化的多样性与特殊性，形成不同风格特征、不同演练方式、各具特色的拳种流派、地域武术。武术校本课程开发，要立足于我国地域特色鲜明、武术拳种流派丰富多彩的大国国情，鼓励因地制宜开发具有地方特色，更符合独特的地方环境和教育需求的校本课程。

　　福建泉州鲤城区实验小学积极开发南少林武术文化，创编适合小学生的"三战八法操"和"宋江棍"，并将泉州籍俞大猷、郑成功、施琅等民族英雄刻苦习武、习武为民、习武救国的事迹写成故事，编进教材，使南少林等优秀民族文化得到的有效的传承，促进了孩子们意志品质的良性发展。该校《南拳：文化传承从课堂开始》校本课程案例被翻译成外语并被推荐参加联合国教科文组织"体育健康与文化"主题研讨。在鲤城，南少林武术文化正蔚然成风，日前，泉州七中、泉州六中代表鲤城区参加泉州市中小学生五祖拳健身操会操比赛分获中学组一等奖的第一名、第二名；区实验小学获得小学组一等奖的第一名。学校将五祖拳健身操作为校园阳光体育大课间活动的一项重要内容在师生中加以推

---

① 资料来源：季浏.论面向学生的中国体育与健康新课程[J].体育科学,2013(11)：31.

广、传播,以此丰富校园文化生活。①

胶州一中是青岛市普通高中中唯一的一所武术特色学校,有着广泛的群众练武基础,武术兴趣小组连续坚持多年,为武术校本课程的开发和研究积累了丰富的经验,学校领导对武术校本课程的研究和开发给予大力支持,拨款30多万元作为专项资金。开放了《武术校本课程的研究和实施》。这套校本课程的主要内容以校高级教师刘正海老师创编的“三铺龙拳”为蓝本,辅以刀术、双匕首、实战擒拿术等。创编的三铺龙拳系列以武术兴趣小组的形式在该校开展多年,深受学生的喜爱,并取得了良好的效果。这套武术校本课程的研究进行了多年,获胶州市科研成果一等奖,国家科研成果二等奖。

在教学改革过程中,“家长、学生都可能是改革的发动者,而且成为协助改革的重要资源。而每一位教师都有责任参与创造一个良好的组织环境,使个人和团体都能不断地探究和成长。”教师是开发校本课程的主力。要求参与开发的每一个教师,特别是青年教师,具备开发的能力。这就需要有“校内进修”。即以各个学校为单位,为旨在增强教学力量和教师专业能力,解决学校面临问题而计划并实施的教师进修。校本课程有助于提升教学效果,并且根据情况的变化,经常对课程加以修订,从而获得工作的满足感与成就感。

上海育才中学是武术教育改革成功的典范。在《体育教学大纲》之外制定了极具特殊的武术教育校本课程,主要内容包括了规定华拳、初级剑术、简化太极拳等。在“男拳”教改中,育才中学通过五种渠道解决师资问题。利用社会资源,聘请拳师和武术专家,加强体育教师的武术培训;从外校抽调武术专业的体育教师,担任“男拳”教改的组织者;以教研活动为阵地,推进其他专业体育教师的武术“业务进修”;利用代课教师、实习教师,充实武术师资力量;发挥小干部的助手作用,辅助教师的武术教学。

(三)“质性课程评价”与“量化课程评价”

“课程评价”,就是判断课程优劣。各个学校的主要教学活动无非是基于所编制的课程展开的。而作为编制的前提,此前活动的检查、评价是不可或缺的。多年来,“量化课程评价”(quantitative curriculum evaluation)模式一直占主流地位,就是力图把复杂的教育现象、课程现象简化为数量,根据量化的数据进行分析、比较,推断某一评价对象的成效。“质性课程评价”

———————

① 资料来源:根植本土开发富有闽南文化特色的校本课程.泉州晚报[N].2013-06-16.

（qualitative curriculum evaluation），是针对"量化课程评价"的偏失的一种反动。它力图通过自然的调查，全面充分地阐释对象的各种特质，以彰显其意义，促进理解。

"质性课程评价"与"量化课程评价"的着眼点不同，它有许多模式和方法。"质性课程评价"的优点在于：首先，变化多样的评价方式有利于学生在比较多元的机会中表现自己的学习进程。其次，重视师生和同学之间的互动以及家庭与学校的互动，视学生家庭与社会的多元歧异为文化的资源，并能有效地加以运用。最后，能够翔实记录与学生学习有关的重要信息，使评价公平而翔实。

学校武术课考核始终依据竞技武术套路评价方式，从掌握武术套路动作的规范性入手，考查学生掌握程度，综合课堂表现分给出最终的武术课成绩。而对于教学要求的"突出学生自主性学习"，绝大多数体育教师是认同的，但在实际的课堂教学中难以实施。泰勒指出："评价过程实际上是一个确定课程与教学计划实际达到教育目标的程度的过程。评价必须评估学生的行为，因为教育所追求的正是这些行为的变化。"

因此，武术教学的考核应突出"质性课程评价"。将武术课的考核评价融入学生平时的课堂、课后，甚至课外的社会实践中。可以将校园武术竞赛、武术段位考评列入考核范围。武术竞赛可以检验武术课的教学效果，是学校体育教学重要组成部分。比赛能使学生学会"规则"意识，通过"守规则"观念的培养，最终过渡与成为遵守社会规则、"守纪律""守法"的合格社会公民。通过竞技比赛，学生学会团队意识、集体意识，学会尊重对手、尊重队友，懂得团结协作，彼此忍让是取得胜利的关键因素；是打磨"独生子"一代性格孤僻、自我为中心等性格缺陷的有效方式，促使他们懂得容忍，学会沟通，养成"胜不骄、败不馁"的优秀意志品质，也是将下一代培养德智体美全面发展的社会主义接班人重要的一条路径。

这种武术竞赛有别于当下的竞技武术套路比赛，其组织方式类似于当前广受青少年学生喜欢的"娱乐秀"，将原本较为枯燥的武术基本功、基本套路以个人或团体的方式进行展演，以"秀出风采，炫出武风"为主题的武术竞赛更加符合青少年学生心理，更易于激发兴趣主动投入习武活动，这种展演式的评价，可发挥展示、激励、示范作用。同时，要注意的是绝不能将这种评价做成"竞技武术竞赛的翻版，也难以照搬以社会武术为主线的段位制比赛"。也可以根据"秀选时代"之特征，将学校武术的展演变成"阳光青年""学校武术形象代言人"的选拔，扩大青少年的参与度。将武术基本动作和基本功、套路与格斗的展演转变为学生"炫我才艺、秀我武魂"的舞台。

　　根据武术教学中动作形成与掌握的特点,"质性课程评价"甚至可以摆脱传统单一的教师评价,转换为学生评价或者教师与学生的共同评价。发挥学生主观能动性,让学生做相互评价,不仅使学生对武术动作学习的优劣有了更为直观的感知,进而形成一种潜在的激励,让学生在课后刻苦练习。上海育才学校对此有着成功的经验。

　　　　叶传林老师解释道:"关于这个拳操评分,我们就是这样的!让七年级的学生评六年级的,八年级的评七年级的,九年级的评八年级,反过来再是六年级评九年级!为什么这样呢?主要是想让学生参与到武术活动中,让他们看看自己编的操,在别人眼中表演得怎么样!还有就是看看各个班级水平怎么样,班主任到底负责不负责,这里面当然就是全班一起参加的,男女都有的!女生听话点,男生可能不大喜欢,我说了!至少要一个男生参加,不具体定人数,但是男生每多一个男生就加一分啊!是这样的!学生评分前,当然我们对评分学生进行培训,不是让你瞎打分的!老师那个时候也在旁边做仲裁的!随时看学生打分情况的!这么一来,可以说我们老师省力,不过说确实吧!评分的学生知道什么动作做下来全班整齐,哪个动作好看,他们慢慢评了都知道的!"①

　　评价要"为学生提供展示自己能力、水平和个性的机会,鼓励和促进学生进步与发展"。过去那种仅仅关注学生运动能力与体能,由教师单方面应用定量与结果性的评价已经不符合时代的发展进步对教育提出的更高要求。学习评价应该是为了学生看到自身的不足,懂得如何在原有基础上继续改进的一种自我学习、自我发展的过程。评价不是为了选拔优秀选手,将学生优胜劣汰,而是一种诊断回馈与激励促进的作用。这就需要通过研究与探索构建起一套涵盖评价标准、评价主体、评价内容方法等系统的教学评价体系。总之,学习评价的最终目的就是要让学生更热爱学习,体验武术课学习的成功感与乐趣。

　　(四)学校文化

　　教育的主体是环境。教育是一种激发潜能与传递知识技能的过程。教育的主体不仅仅是教师,还包括为学生人格形成产生影响而建设的校园物质文化环境。所以说,学校的物质文化环境也是教育的主体。这种校园物

―――――――――――

①　资料来源:陈梅宝.上海育才中学武术教育改革的研究:以口述历史为方法[D].上海体育学院,2011.

质文化环境丰富了学生认识态度与能力,加深了体验感。正是源于对生产生活、社会自然的体验,在潜移默化中促进了学生人格的形成。

学校作为对受教育者开展系统教育的组织机构,是以集体形式展开日常教育活动的。这种教育活动就是在教师与学生之间形成的文化活动。在这里便会产生一定的行为方式,亦即一定的文化,而形成了的文化又会反过来制约成员的行为。关于这一点,我们在日常生活中其实也是感受得到的。比如,当你跨进校门时,你总会自然地感到一种学校特有的氛围,这种氛围往往体现了各个学校作为集体的个性。这种个性并不仅仅停留于单纯显性的这样或那样的行为事实,它还起着指引学校集体的每一个成员的思考方式与行为方式的一种规范作用。因此,它是一种囊括了集体成员的行为之根基的某种意识、价值观、习惯、风俗等的一般行为方式的广泛概念。也就是说,它不限于表面上所谓的这所学校"气氛好、校风好"之类的标签,而是这种气氛和校风作用于这所学校的每一个人,影响每一个学生的人格形成。

上海某中学将配上刚劲有力的音乐的规定拳操,通过学校不同的活动平台进行展演。有在"文艺周"举办的全校性的拳操展演活动。还有充分运用每年一度的学校运动进行拳操集中展演,学生通过自主习练、集体协作,根据同学们的兴趣爱好选取不同形式武术动作,各美其美,展示自我。学校还成立了武术锻炼小组和武术协会,充分利用课外活动时开展学生自主锻炼,甚至通过代训的方式委托少体校提升学校武术的竞技水平,多年来队员代表学校参加全国青少年锦标赛并屡获嘉奖。

福州某小学屏北分校开展的特色武术操成了福州市阳光体育活动的一大亮点。将阳光体育的开展和武术相结合,是福州钱塘小学屏北分校的一个特色活动。在全面操练武术操的同时,该校还提倡把阳光体育的思想内涵和武术道德融合在一起。为此,该校通过多渠道宣讲武术知识,做到"以武扬德,以武励志,以武促学":包括在校园橱窗栏内设置武术文化栏;在武术锻炼中宣传武术道德,每月评选"星级武术队员"等。

除了正常的武术教学活动,学校定期邀请当地武术家进校与学术交流展演;学校武术馆摆放了各种武术器械;武术冠军的优美动作图片、武术历史故事图片等等武术宣传图片在校园里随处可见,这些都激发了学生对传统武术的好奇心。通过武术实物(器械),传统武术真实的载体(武术家),武术故事(图片宣传)等多渠道所营造出的武术文化氛围,让学生切身感受到传统武术文化的魅力。进而为武术教学活动奠定了良好的兴趣基础。

这些学校正是利用校园武术活动构成了独特的校园武术文化,这些校园文化发了潜在课程的作用,通过学生的日常学习环境,不仅影响着学校学生、教师的武术观念,时时刻刻体验到武术文化的氛围,还可以让学生家长在潜移默化中增长武术知识,成为学生学习武术、练习武术的坚强后盾。

（五）治理欺凌

学校武术教育在应对"校园欺凌"的作用成为武术教育继"改善青少年体质,青少年文化自信的培养"之后又一重要发展维度,是"尚武精神教育"在新时期的实践和探索。通过探索学校武术教育在"增进学生身心健康发展"中服务"校园欺凌"治理的机制,将学校武术的发展作为中国式经验,实现"加强中华优秀文化教育,落实立德树人"教育目标,进一步发掘武术教育的现代意义。降低或避免学校武术"简单形式化""教育快餐化"等方面问题,力图在阐发文化精髓、完善传承制度中扩大学校武术教育对构建和谐社会的影响力。

近年来,校园欺凌事件及其治理也逐渐成为社会广泛关注的研究热点。已有的校园欺凌研究主要集中在四个方面:一是描述性研究,就欺凌行为发生的频率、类型、性别差异、基本特点等进行问卷调查研究。二是相关研究,探讨欺凌者和受欺凌者的人格、个性特点、家庭教养方式等与欺凌行为间的关系。家庭是个人社会化的最早场所,家庭环境和家长的教育方式对青少年健康人格的形成有重要影响。三是干预性研究,探讨校园欺凌行为的干预和预防措施。四是由于武术教育具有全方位的教育功能,武术学者尝试运用武术教育对校园欺凌的干预研究,如习武能增强被欺凌者的格斗技能,提高抗暴能力,还能修身养性,控制易暴行为与性格。当前干预性研究成为国内外校园欺凌研究重中之重,尤其重在探索行之有效的教育手段,构建治理体系对欺凌者、被欺凌者人格品质进行有效干预。

从近代以来学校武术的发展历程来看,其研究经历了四个阶段:① 民国时期"土洋体育之争","国粹"身份促使中国武术由"私塾教育""学堂教育"向现代学校教育转型。② 新中国初期武术被纳入体育部门管理,是一种可以增强人民体质的"体育项目",成为学校体育课教学内容。③ 改革开放至 20 世纪末在素质教育背景下,为应对"学生不爱上武术课"的问题,推动学校武术教学改革的研究备受关注(周之华,1999)。同时,学校武术作为传承文化的功能日益受到重视(洪浩,2001)。④ 21 世纪以来,在强调国家发展的"中国式经验"背景下,武术是作为当代中国文化自觉、文化自信等中国式体育被认知的,学校武术成为"弘扬和培育民族精神"的重要载体(戴国斌,2014)。

目前,在将学校武术的发展作为中国式经验的研究中,存在两种研究范式,其一是"文化传承"的研究,国家体育总局武术研究院(2008)确立了学校武术教育应区别于一般体育项目仅以技术传授为主要目的的教学模式，而要通过武术技术的教学达到"传承民族文化，弘扬民族精神"的价值主旨。吕韶钧、武冬（2013）认为"突出拳种，弘扬文化"应该成为学校武术教育改革重点。其二是"品格教育"研究，张峰（2017）认为通过尚武教育，成就受教育者阳刚之身躯气质，正派之文化个性，成为生存"强者"、生活"能人"和生命"英雄"。

当前武术教育应对校园欺凌治理研究反映出三方面的研究动态：① 以武术技术、技能为内容，以增强"体力"为向度，激发运动激情，实现增强学生体质之目标。② 以"武"为手段，选择"尚武、品武"路径，提升学生"心力、胆力"，培养其团结协作和顽强拼搏的意志品质，在"尚武教育"的框架下，在学校内进行传承与开发。③ 通过学校武术教育全方位功能的角度，以"学校—家庭—社会"的分析框架，探究学校主导，培育与发展孩子在成长过程中的家庭协同，引导法律机构的介入，发扬传统文化和全民健身的社会参与，形成尚武精神教育多元主体协同合作的治理方式。以上研究动态为后继研究指明了方向。

在校园欺凌治理视域下，揭示学校、家庭、政府、社会组织等多元主体的参与性、制度性、合作性等议题，当前学界就"立德树人　完善中华优秀传统文化教育"的时代命题，展开在校园欺凌治理中传承武术的机制研究。

综上所述，在当今新课程观指导下，构建起包括教学理念、课程设计、教学评价、校园文化的全方位学校武术教育思想，是解决当前学校武术教育困境的理论基础。值得注意的是，学校武术教育思想的构建离不开教育部门相关政策的紧密配合。当前，"立德树人"已经成为我国教育根本任务，成为办人民满意教育的必然要求。但是，几十年来在高考指挥棒指引下的"应试教育"仍然是我国中小学教育挥之不去的样板。面对以升学为目标的功利主义思维，现实中学者潜心钻研的种种教学改革、教研机构极力推广的教学理念都显得苍白无力、难以落地。事实上，新中国成立以来颁布的种种学校武术教育理念，无论是素质教育还是技击引导，无论是传承文化抑或是国学定位，均未构建起大众对传统体育的心理与文化认同，加上历史上武术的"停止、整顿"与当下的"约架事件""武术打假"等种种负面武术现象传播，让原本脆弱的武术教育渐失根基。因此，深入落实"弘扬国粹""传统文化进校园"的历史任务，推动学校武术工作进一步开展，需要加强社会层面的心理认同与文化认同，从政策上建构起学校武术教育实施方案，确保形成一种社会信仰，支持与热爱学校武术教育。

第五章 中国近现代武术文化思想

鸦片战争的炮火,轰开了闭关锁国的大门,击碎了"天朝"泱泱大国的美梦。以近代科学为特征之一的西方文化,开始被中国所认识。中西两种不同地域、不同时代内涵的文化在同一时空相遇了。"睁眼看世界""师夷长技以制夷",力主效法西方,走近代化道路成为社会进步思想家的主流。在"西学东渐"的文化碰撞中,原本被视为"蛮夷小技"的西方近代体育随着"军国民体育"渠道,大刀阔斧地风行于神州大地。囿于时局,国人站在强兵、强种、强国的高度,将尚武与国家民族的命运联系在一起。尚武需求与国粹思潮让已退出军事战场的传统武术有了新的历史使命,传统武术被作为强国强种的有效载体推向历史的前台。

新中国成立后,武术被视为一种增进人民健康的体育运动,纳入体育部门管理。因此,新中国成立以来武术的发展始终沿着"体育性"道路不断深入。改革开放后,人们逐步意识到"武术文化"价值意义之重大。看到武术不仅仅是活动身体的体育运动,更是我国民族传统文化遗产中的瑰宝,是传承与弘扬中华民族文化的重要载体。当今,"文化强国"成为发展与复兴中国的重要组成部分,武术文化已成为当今武术研究的时代强音,武术发展视野不再仅仅是锻炼身体的"体育",更应是一种"文化"。

"武术文化思想"是将武术视为一种整体的中华传统文化系统来对待的观念及其在行为方式上所规定的武术发展道路,是一种混合了强烈社会实用"技术"理性诉求与朴实的人文价值观的思想。这一思想的核心为武术是一种具有完整的、稳定的内涵结构和价值结构的文化系统,突出了武术人文追求的国学文化意蕴。本章拟从武术文化发展的三种路向入手,归结武术文化思想:两个张力——"寻根、现代化";一个趋势——"返本开新"。试图从武术文化的角度审视近代以来武术思想史。

第一节　基于规训视域的"武术文化思想"学名建构

德国学者雅斯贝尔斯(1883~1969)在 1949 年出版的《历史起源与目标》一书中指出,公元前 800 至公元前 200 年间,尤其是公元前 600 至公元前 300 年间,是人类文明的"轴心时代",各个文明都出现了伟大的精神导师——古希腊有苏格拉底、柏拉图、亚里士多德,以色列有犹太教先知,古印度有释迦牟尼,中国有孔子、老子……这些人缔造了不同的文化传统。雅斯贝尔斯说:"人类一直靠轴心时代所产生的思考和创造的一切而生存,每一次新的飞跃都回顾这一时期,并被它重新燃起火焰。"当今的中国正在经历着"新的飞跃",武术作为中华传统文化,历经千年传承走到以信息化、全球化为特征的时代,武术究竟为何能延绵流传? 仅仅从现状的角度研究这个问题,容易落入"刻舟求剑"的陷阱。应把武术作为人类创造的一种文化来认识,可以充分展现武术在不同阶段的价值。因此也的确需要"回顾"一下武术自身的文化之源。

话语通常指的是和一个结构有关的一种语言,它包括表达了这个机构价值体系的思想和语句。话语一旦形成,它就为分析提供了一个领域,而这种分析是我们进行自我认识的一个中心部分。武术文化思想学名定位必须从"文化"入手。通过"文化""武术文化""武术文化思想"等词语阐释,进而探寻能够界定"武术文化思想"学术范畴的话语,也为分析"武术文化思想"学名定位提供了知识的界域。

一、"文化"到"武术文化"

什么是文化呢? 这并不是一个容易解答的问题。人类学者往往狃于所见,而好立界说。恰如《中国文化概论》所言:"文化概念广狭的确定,应由研究者的学科、课题、内容而定。"基于这点认识,在博览众多"文化"概念界定的基础上,施德克认为"文化是一个社会所表现的一切生活活动的总名"的观点更易于为武术界所采用。因为文化是一种整合的复杂体,它包括无形的精神东西,也包括有形的物质东西。因此,我以为无形的意识形态,有形的生活方式中不可少的器物,都属于文化的范畴。运用这种理解,为武术文化研究学者提供了更为宽广的知识空间。

几千年华夏文明土壤中孕育成长的中华武术作为一种民族文化之魂,

它印证了民族变迁的过程,含纳了本土文化的优势。

作为一种社会生活的传统文化表现方式,其博大精深的内容体系、深奥莫测的技击方式与丰富的功能价值折射出中华民族独具魅力的文化形态,是华夏祖先世代按照自己的生活方式、价值观念、风俗习惯等传统文化所创造的独有财富。千百年的历史发展过程,武术文化是根植于多民族同域沃壤之上,感受着世界最古老文明之一的文化浸染,早已集儒、道、佛等多家文化于一体。

几千年来,武术在漫长的萌芽、发展的每一个历史进程都与当时的社会生产力与生产关系密切相关。伴随着社会的变迁,武术的社会价值张力在不断进行着"自我调适",以满足不同社会的需求。这也构成武术在中华历史长河中延绵流传的内在动因。从源于原始社会与兽斗争中作为生存技能性质的武术萌芽,到封建社会作为军事武艺性质的武术;从古代社会作为"两两搏斗"而存在的搏杀技艺,到近代以来由"强国保种"发展至"健身竞技"的体育性武术。新中国成立后,武术被视为一种增进人民健康的体育运动,纳入体育部门管理。因此,新中国成立以来武术的发展始终沿着"体育性"道路不断深入。

改革开放后,人们逐步意识到"武术文化"价值意义之重大。看到武术不仅仅是活动身体的体育运动,更是我国民族传统文化遗产中的瑰宝,是传承与弘扬中华民族文化的重要载体。武术一路走来,到了当今现代文明高度发达的社会,"文化强国"成为发展与复兴中国的重要组成部分,"一个没有深厚的文化底蕴和强大的文化竞争力的民族很难说是一个有希望的民族"。当今的武术发展视野不再仅仅停留于一种"两两搏斗"的搏杀技艺,或是锻炼身体的体育武术,更应是一种"文化武术",是用"以技击技术为核心,以中国传统哲学思想为基础,包括与武技密切相关的器物、传承和民俗,以及由它们所蕴含的民族精神共同组成的中国传统文化。"构成的"武术文化"武装起来的"文化武术"。武术文化已成为当今武术研究的时代强音。

武术属于文化,文化是武术的属概念,或者说文化是武术的上位概念。这一点已经毋庸置疑。"武术文化"是将武术作为一种研究对象谈文化,最终"文化"是目的。旷文楠先生较早解释了"武术文化"概念,应该将武术"作为一种整体的文化系统来对待,而不仅仅是将其作为一类技术技能来看待",而且还应视武术为"某一特定历史需要、动机和价值取向支配和驱动下各种历史文化因素的总和。"当今,还有一种较为系统的武术文化认识,"以技击技术为核心,以中国传统哲学思想为基础,包括与武技密切相关的器物、传承和民俗,以及由它们所蕴含的民族精神共同组成的中国传统文化。"几十年武术理论的研究,学者们对"武术文化"逐步有了更加全面深刻的认识,这也为规训"武术文化思想"奠定了深厚的理论基础。

"武术文化"概念的提出也有意与"体育性武术"研究划出界线。相比"体育性武术","武术文化"更多了"不属于体育范畴的'实用武技'和身体运动以外的一些精神、思想意识方面和民俗事象、与武术相关的文化遗存等多方面的内容"。而这一部分正是研究"武术文化"意义之所在。

正是基于对传统武术文化价值的认识,结合时代的需求,当前学者们将武术研究提升到文化价值研究的高度,希望通过挖掘传统武术文化中积极因素,探寻西方"人文危机"的消解之路以及应对西方文化霸权对我国传统文化的冲击,并以此提高武术在新的历史条件下的价值定位。

二、"传统""国术""中国":规训的话语

"武术文化"是武术自觉后提出,是近代以来西学东渐中人们发现武术体育性,形成"体育武术"思想之后,对武术民族性追认、武术文化研究之结果。"武术文化思想"是将武术视为一种整体的中华传统文化系统来对待的观念及其在行为方式上所规定的武术发展道路,是一种混合了强烈社会实用"技术"理性诉求与朴实的人文价值观的思想。这一思想的核心为武术是一种具有完整的、稳定的内涵结构和价值结构的文化系统,突出了武术人文追求的国学文化意蕴。

武术文化思想的学名定位让这一学科规训准则至少包含了"传统""国术""中国"等规训话语。这些话语构成了文化武术思想"规范化裁决"的"知识工具",需要关注对这些知识"细端末节"进行"零敲碎打"地分类管理,建立起权力与知识的联系。"权力与知识直接就是相互包含的;没有构建一个相关的知识领域就不可能建立起权力关系。"让后来研究者进入这一领域时,必须首先甄别"国别"上所区分的中国与外国;"历史时空"上理解的传统与现代;"学科自觉"意义上划定的国术与体育等本学科边际界限。任何试图进入这一领域的学者不得不接受这些规训规则,并有责任站在学术尊严立场上通过"训练"不断塑造与完善学科界域。换句话说,武术文化研究者需要通过不断的学习,加强对中国传统技击术知识体系的理解,才能形成正确的武术学科理论,引导武术实践的深入发展。

本章拟从武术文化发展的三种路向入手,归结武术文化思想:两个张力——"寻根、现代化";一个趋势——"返本开新"。试图以武术文化的角度审视近代以来武术思想史。

第二节 寻根：武术文化研究张力之一

回溯本源，以向回看的方式进行文化认同，确认自己处在一个强大的历史空间和族群文化之中，拥有一些可以充分应对变化的传统资源，自己是这一传统中的一分子，凭着凸显和夸张这种文化传统与民族历史的方式，人获得所需要的自信心和凝聚力，这种历史记忆的方式常常可以称为寻根。近代以来，武术文化的寻根已经经历了近代"尚武与国粹思潮"下对传统武术"科学化"认识，改革开放后在"光大民族文化遗产"中通过"挖整"的寻根，以及进入二十一世纪后在"文化强国"的感召下的再次寻根三个阶段。

一、强国强种、科学化改造固有之体育：近代武术文化寻根之目的

近代中国士人面临西潮冲击，实际处于"世界"的边缘甚至未能"进入"世界的背景之下，多数中国精英都在思考一个共同的问题：中国向何处去？他们在不同场合的唇枪舌剑，其实考虑的、关注的早已是深远的国家民族生死存亡的重大议题，而绝非仅仅是局限于学术层面。因此，从"军国民教育"到尚武强国，从保存国粹到整理国故再到对传统武术是"鬼道精神"的批判，这一近三十年的发展演化进程不仅需要沿学术发展的内在理论进行梳理探索（这方面的研究仍相当薄弱），更应从思想史（有时甚至包括社会史）及思想与学术互动的角度考察分析。

（一）强国强种下的"尚武"需求

19世纪末帝国主义列强野蛮侵略与瓜分中国，给中国带来空前深重的民族灾难，面临亡国亡种的危机，这种危机促进了人们的觉醒，救亡图存成了当时最为紧迫的民族问题。众多有识之士，社会热血青年开始寻求兴国安邦的出路，进而有了"师夷长技以制夷"的维新救国，试图借鉴西方先进的科学技术、制度、教育和文化等，并将之运用于救民族于危亡的革命实践中来。

就在仁人志士积极开展洋务运动、维新变法以求中体西用、西学东渐等一系列救亡图存过程中，一些人也时刻关注国人"体魄之弱""盖一国之事，同于人身。今夫人身，逸则弱，劳则强者，固常理也。然使病夫焉，日从事于超距赢越之间，以是求强，则有速其死而已矣"。意识到"病夫的身体"是汉民族走向衰败的根本缘由。由于西方列强"其鸷悍长大既胜我矣，而德慧术智又为吾民所不及"，而中国宋代以后尚武之风渐失，导致"其民偷生而畏

法,治之得其道则以易相安,治之失其道亦易以日窳,是以及其末流,每转为质胜者之所制"。

1877 年,严复作为福建船政学堂的第一批留欧生,被派往英国学习海军。在留学期间,严复就注意到东西方学生体质的差别,而造成这种差别的原因在于西方人从小练习体操,从而体质明显优于中国学生,体育锻炼对人的体质影响很大。据当时驻英公使郭嵩焘的《伦敦与巴黎日记》载:格林里治肄业生六人来见,严又陵(宗光)谈最畅。……严又陵又言:"西洋筋骨皆强,华人不能。一日,其教习令在学数十人同习筑垒,皆短衣以从。至则锄锹数十具并列,人执一锄,排列以进,掘土尺许,堆积土面又尺许。先为之程,限一点钟筑成堞,约通下坎凡三尺,可以屏身自蔽。至一点钟而教师之垒先成,余皆及半,惟中国学生工程最少,而精力衰竭极矣。此由西洋操练筋骨,自少习成故也。"其言多可听。

严复指出,"物竞者,物争自存也;天择者,存其宜种也",处于竞争的环境中,物种都要依靠竞争来获得生存的机会,人类和自然界的其他生物一样,同样需要竞争来争取生存的机会,而决定一个种族竞争力的既有"文"的因素,又有"质"的因素,"质"指的就是身体素质,"……种之相为强弱,其故有二,有鸷悍长大之强,有德慧术智之强;有以质胜者,有以文胜者"。中国古代就有许多以"质"胜"文"的实例,"以质胜者,游牧射猎之民是也。……固其民乐战轻死,有魁杰者为之要约而驱使之,其势可以强天下"。

面对西方用现代技术装备起来的战争手段,长期的赢弱文化造就的儒生与弱女子只能遭遇屡战屡败的境地。中国已经是"民力已堕、民智已卑、民德已薄",因此站在"柔弱文明,卒不能抵野之力"的立场上,"鼓民力"被摆在教育救亡图存的首位,国人对身体的高度关注掀起了近代"尚武"的潮流。有识之士积极推崇古代斯巴达之尚武教育、德国近代之铁血主义以及日本重武尚武的武士道精神。

维新派谭嗣同将长期的赢弱文化祸根归结为"主静论",认为"主静者惰归之暮气,鬼道也"。少年时谭嗣同对游侠非常向往,常以侠士自居,而且喜爱舞刀击剑,"弱娴技击,身手尚便,长弄孤矢,尤乐驰骋"。梁启超在《谭嗣同传》中说他"好任侠,善剑术",谭嗣同另著有《剑经衍葛》一卷。谭嗣同爱读《墨子》,对墨家的任侠精神也很赞赏,在《仁学·自序》中,谭嗣同写道:"墨有两派:一曰'任侠',吾所谓仁也,在汉有党锢,在宋有永嘉,略得其一体。"他认为世界是一个运动的世界,反对"主静论",主张"君子之学,恒其动也",人们只有"喜动",社会才会"崛兴",故"西人喜动而霸五大洲,驯至文士亦尚体操,妇女亦侈游历,此其崛兴为何如矣"。

　　洋务运动之后的戊戌维新运动将军队中的西洋兵操引进了学校教育，人们开始从德智体三方面认识学校教育。认识到：体育不仅有军事上的强兵作用，更有在国家与民族长远利益上的强种、强国作用。由强兵、强种、强国引发而至的体育观念，符合当时中国社会变革的要求，被当时的社会先进分子普遍接受。"火器输入中国之后，国人多弃体育技击而不讲，则致社会个人积弱愈甚"，因此有识之士纷纷提倡技击，振起尚武精神。这一时期尚武之风与当时"军国民教育思潮"相融合，推动华夏大地掀起一股强烈的习武练武热潮。全国各地纷纷成立各种形式国术讲习团体，一些学校相继在体育课上增添武术内容，或开展课外武术活动。习武场所由乡村民间转向城市学校，习武需求由个体、群体主导转向国家视野，习武之风在中国由军队向学校、由学校向社会传播，尚武强国成为晚清社会变革时期国人的普遍共识。

　　（二）国粹主义思潮下社会复古论

　　中国悠久的历史造就了异常强大的传统文化势力，即使在面临民族生死存亡的晚清社会，传统文化势力依然左右着中国的大局。作为传统文化的守卫者，大学士倭仁曾经认为："立国之道，尚礼仪不尚谋权；根本之图，在人心不在技艺。今求之一艺之末，而又奉夷人为师……古往今来未闻有持术数而能衰振弱者也。天下之大，不患无才。如以天文、算学必须讲习，博采旁求，必有精其术者，何必夷人，何必师事夷人？"可见闭关锁国下的"天朝"，对西方的工业化革命的浪潮一无所知，将西方科学视为了一种我国固有的民间技艺，传统势力的顽固与浅薄一览无余。传统文化积淀的故步自封，带来的是一种潜意识里的盲目自信，认为在世界发展的大局中，传统文化的主体无须变动，只需要在原有的基础上增添一些新的西学内容就可以了，阻碍了对自身文化深层次的反思。这也造就了"中体西用"内在逻辑。悠久历史的中国传统文化具有强大的惯性，19世纪初中国刮起的一起"国粹主义"浪潮正是这种惯性的生动再现。

　　国粹主义是清代末年（1902~1905年）形成的一种文化流派。它在近代中国思想史上是一种引人注目的思想观念。"国粹"指的是中国的学问，中国的道德，中国的精神。国粹主义者认为，"国粹"的存在是事实，爱护它、保存它、提倡它、发扬光大它，也是中华儿女子孙万代责无旁贷的事。国粹派人士反复强调"国学即国魂""国粹亡则国亡"，对当时"国学"濒临危亡的状态深感焦虑。值得注意的是，"初建的国粹主义文化观，并不一般地反对西学，而是主张将国学和西学相互参验会通"，"是故国粹以精神而存，服左衽之服，无害其国粹也；欧化以物质而昌，行曾史之行，无害其欧化也"。事实上,这是一批爱国志士既苦恼于数十年来西学之无效,又认定中国的贫弱纯系清朝"异族统治"所致,于是便掉过头来,不再向西方"寻求真理",转而在自己悠久的历史和古老的文明中"寻求真理",试图设计出一条自我复兴之路。

国粹主义文化观强烈地透露出中国知识界普遍存在的对中华传统文化的真诚情意和崇高评价。国粹主义固然存在偏执的一面,但其合理内核却值得世人深思。因为历史已经证实:"在处理中西文化关系的问题上,在实现中国文化革新、实现中国文化近代化的过程中,如果对于这种深厚的民族文化情愫有任何忽视,都会导致重大偏差。"20世纪初,活跃于中国社会的仁人志士,几乎无一例外地都受过中国传统文化的深厚熏陶,他们内心深处固有的文化情结并不会随着世事的变迁而改变。同样,在西方体育蜂拥进入中国时,传统体育的鼓吹者们都不由自主地通过吸取我国传统体育伦理价值及其文化观念的营养,期待从中找到攻击对手的有力论据。仅仅从弘扬民族灿烂文化的热情与自豪感的角度,国粹主义体育人是值得世人所尊崇的。

正当中国新文化运动如火如荼展开,西方现代体育也正悄然迈进中国的大门。由此带来的问题就是土生土长的传统体育不可避免地与西方体育来一场激烈的正面碰撞。鸦片战争后,为增强国人尚武品质,引进了军国民体育;基督教会学校全盘引进了西洋近代体育在学校中传播;华北七次地区性运动会活动,全都把持在基督教青年会之手。这不能不激起国内爱国人士的民族情绪。这种情况下,中华武术作为国人首倡和最具代表性的"国粹"被推上了历史的舞台。

（三）尚武与国粹主义思潮叠加下的武术寻根之旅

1915年,国内体育界的有识之士,对于西方体育的传入始终有不同的看法,认为"各国之体操运动,必有各国之特长,及其风俗习惯等的不同,未必尽合我国人也……",并提出需要从我国国情的实际出发来发展我国的体育运动。因为来源于不同民族、不同国家的体育运动受其风俗习惯不同的影响,具有其独特的运动规律特征,未必符合中国的国情。也有人对土洋体育提出中肯的观点"吾人对于洋体育非敢谓尽美尽善,竭力宣传,竭力拥护也;亦非敢谓土体育不美不善,而排斥之,而摧残之也。学术固无国界,体育何分洋土？体育如有教育意义,不分洋土,自当采而行之;其不善者,立应淘汰,亦无须顾虑洋土。"这些观点让我国体育界对传统体育文化有了新的认识,并对传统体育的功能价值做了重新评估。当时有人将传统体育视为一种"实质体育",其运动形式的目的"本不专在改良形体",还得兼顾其实用价值，"无事则为强健之劳动者，有事则为强健之军人斯"，主张从传统体育形式中选择拳术、击剑等兼具武艺效果的运动方式。

1915年，王怀琪将传统健身术"八段锦"，按照姿势编成简明的方法，题名为"八段锦体操"，《教育杂志》图文并载，推荐给高等小学及中学作为体育教材。之后，有人在《教育杂志》评价道："自兴学以来，体育之科，步趋随人，礼失而术诸野，道失而学在夷。有心世道者同声一慨，亦宁知吾高妙之柔术，尚有未灭绝者耶。阅报见有以印八段锦编作学校体操者，盖是有心人也"。在江苏省立各学校第二次联合运动会上，八段锦的表演备受欢迎。1915年，《特定教育纲要》的出台实质是一场声势浩大的复古运动，是对近代教育的宣战，体现在体育上则以挖掘中国传统体育为主要手段，自觉或不自觉地对传统体育进行局部改造，为传统体育的发展开辟了新的蹊径，值得肯定。但其过分夸大传统体育以至于否定其他体育形式的存在，严重阻碍了近代体育发展，影响是消极的。

为了反对新文化运动，对抗西方现代体育项目在中国传播，北洋政府借保留国粹与提倡尊孔读经之名，开始宣扬山西陆军学堂教官马良的新式武术——"中华新武术"。"中华新武术"是从我国各门各派的传统武术套路中选择具有普遍性意义的技术动作，创编的符合武术套路演练规则的形式武术套路，即"依习拳术当然之顺序，按习它种科学方法排列之"。1911年，马良邀请了社会武术名家，共同商议创编了武术教材——《中华新武术》，包括摔角、拳脚、棍术和剑术四科。1914年，马良担任陆军47旅旅长兼济南卫戍司令官时，又再次广邀各派武术界人士，修订了《中华新武术》。当时，为之作序的人物有黎元洪、冯国璋、徐世昌、梁启超等。因此，中华新武术应是"我国之国粹，我国之科学"。为了促进武术的社会认同，全方位构建武术文化体系，马良甚至希望在全国推行一种标志各级官阶身份三等九级的"佩剑制度"，以发扬中国传统的"武德""武风"。1917年，马良的《中华新武术》被陆军部监定为军警必学之术。同年夏天，在全国中学校长会议上，也通过决议推广新武术，将新武术列为中等以上学校的体操课程。

辛亥革命后，面对民贫国弱备受帝国主义列强侵略凌辱的社会现实。在尚武思潮、国粹思潮等阵阵旨在抵御外来文化侵略、强国强种等社会思潮影响下，主张对民族传统体育进行挖掘和整理的观念逐渐成为社会的广泛认同。因为："体育名词，本我固有，体育历史间见错出。远寻，源于儒家之游艺舞蹈，释、道二家之修养锻炼。其间力士侠客技击等事，史不绝书。"甚至有人认为："拳艺者，体育之最上乘也。"因而他们呼吁，应从民族传统体育中找出"在时间、能力上、经济上都合算"的"适宜运动来"。武术界先驱积极宣传国术救国的思想，倡导习练武术，以强国强种。张之江（1882~1966）充分利用自己在军界、政界的影响极力推广武术。他认为"拳术国技，为我国民族固有之体育……勇武之精神，为我民族之天性。"通过习练武术可以健身、自卫，更重要的是可以磨砺人们的意志力，增强国人的尚武品质。"国术是体用兼备的，既可以强身强种，同时能增进白兵格斗的技术，不论平时战时，皆可得着国术的功效，使人人有自卫卫国的能力。"在张之江的积极努力下，全国先后有 24 个省（自治区、直辖市）、300 多个县（市）成立了国术馆。一时间习武之风在中华大地上蔓延，极大地改善了身体羸弱，萎靡不振的国民形象。

二、扬我国威、振奋民族精神：武术文化寻根的精神动力

文化意蕴是蕴藏在文化形式（包括物质和精神的）中的社会内涵和审美趣味，如民族精神、历史意识、思维方式、心理结构、和审美原则等，需要人们深入体味才能感悟到。往往文化意蕴价值的实现即意味着客体最深层价值的实现。文化意蕴使种种文化形式以符合"人的本性"得以存在，只有当主体具备了足够的"生活经验、人生体验或人生哲理"时，才能真正品味到它，并服务于主体。武术文化意蕴价值取向表现为对中国武术所内涵和折射出来的深层文化精神价值追求。武术热时期，民族精神教育价值正是武术文化意蕴在那种特定年代的真实蕴含。

（一）李小龙功夫片所展示的民族精神蕴含

十一届三中全会以后，改革开放迎来了思想上的大解放，社会各界呈现出一片积极向上的进取势头。曾经沉寂一时的中国武术，借助改革的浪潮得到迅速普及发展。值得注意的是，由于功夫片的宣传，国人在习武、练武热潮中，一股民族精神热潮在民众中传播。20 世纪 70 年代初期，随着李小龙在美国的成名而让"中国功夫"声名远扬。李小龙在《唐山大兄》《精武门》《猛龙过江》等功夫片中用一身真功夫，成功演绎了誓死捍卫民族尊严的中国人形象。李小龙功夫片所展示的不畏强暴和敢于与外国侵略者抗争的民族主义感情，正是"见义勇为、除霸安良"的武侠气概和中华民族"自强不息、厚德载物"的民族精神的充分展示。鸦片战争以来，中华民族饱受屈辱和压迫，在国人心中始终存在一种能重振国威的"英雄情结"，李小龙正是这种英雄的化身，迎合了中国人的民族自尊心理。在《精武门》中，导演注重中国功夫与西洋技击术种种对抗的画面，一场场惊心动魄的搏斗激发起观众强烈的民族情感。尤其是借助武侠霍元甲之口——"中国人不是病夫"的台词及其抡起铁拳砸烂洋人树起的"中国人与狗不得入内"的屈辱牌子，更

是将强烈的私仇与国恨得以升华,其场面令港台观众和海外侨胞热血沸腾、为之动容。

在港台、海外,李小龙的功夫片不仅宣传了神奇的中国功夫,更是极大振奋了港台观众及其海外侨胞,让那个年代远离家乡的中华儿女感受到了一种中华民族精神的力量,增强了民族凝聚力。一股习武、练武的热潮逐步向世界各地传开,形成一种"武术热"的域外环境,带来了"武术热"内外互动的格局。李小龙本人也因为功夫片而名扬四海,他甚至在东南亚许多国家被称为:"比耶稣更受欢迎的人。"

(二)《少林寺》等功夫片宣扬的民族气节

武打片《少林寺》于1980年开始拍摄,发行以后在短短的半年时间里,全国观看的人次就达到了四亿一千万。继而引发一股席卷全国的武术热潮,到少林寺学习中国功夫成为许多人的梦想追求。广大武术爱好者到少林寺并不是去学仙术以期得道上天,而是去学地道的中华传统武术。《少林寺》成为一部在武侠电影史上具有划时代意义的作品,影片一反旧式武打片中那种纯表演的花架与镜头技巧的卖弄,通过朴素真实的功夫让国内外观众真正欣赏到了中华民族珍贵的传统文化。甚至有影评家认为:一部《少林寺》让曾经被辱为"东亚病夫"中华民族,得到一次"扬眉吐气"的机会。

《武当》《武林志》《木棉袈裟》等武术动作影片在《少林寺》之后相继发行。这些功夫片的播出进一步加深了人们对中华武术的向往之情。其中《武林志》中的武术演员以高超的武功、精湛的表演技艺,深深地感染了观众,取到了很好的艺术效果。尤其是影片所展示的武林好汉面对狂妄的西洋拳手,将生死置之度外,最终凭借高超的武功击败洋人的场景,让观众充分感受到"中国人民崇高的气节和铮铮的铁骨",生动展示了中国人民反抗帝国主义侵略者的斗争精神,表现中华民族、中国人民的民族尊严和英雄气概。

(三)功夫片所展示民族精神蕴含构成人们奋发向上的精神动力

改革开放后所拍摄的一系列功夫片,满足了人民群众对文化生活的需求,让中华武术借助新的传播方式迅速发展。更重要的是,通过影片塑造的英雄形象传达出了一种爱国思想与民族进取精神,这正是经过十年浩劫过后整装待发的中国人所需要的。改革开放使得人们的思想得到解放,需要一种奋发向上,自强不息的精神作为改革进取的精神动力。

从欧洲的文艺复兴,到新文化运动,在世界历史上几乎每一次重大的社会变革,总是需要某种思想启蒙运动作为先导,进而引发民族精神的巨大解放。席卷全国的武术热让人们在功夫片中体验着中华古老文明的同时,一种奋发向上,自强不息的民族精神力量也在全社会蔓延,极大地"激发了青少年的爱国热情"。这是因为中华武术作为一种具有浓郁民族特色的人体文化活动方式,经过现代化的宣传被人们所接受,必然能够成为发扬民族精神的重要载体,"对振奋民族精神产生难以估量的作用。"正是这种精神力量推动着中国人民在改革的道路上奋勇向前。

三、振兴武术、光大民族文化遗产：改革开放初期武术文化寻根的历史责任

思想是一个连续性的过程,当我们要研究改革开放以来文化武术思想形成时,进行必要的"回溯性的追认",往往是历史研究惯用的手段。希望"在知识、权力的开端之处发现它们本源的非纯粹性、非同一性"。"追溯并标出对象的出身"是福柯谱系学所采用的主要方法,有鉴于此,文化武术思想研究必须从探索其思想的源头开始。

(一)厘清西方思想、传承中国文明：文化热的焦点

"文化热"兴起于80年代中期。由于1984年"走向未来"丛书第一批正式出版、中国文化书院成立和新一代青年学者开始成为《读书》杂志的主流作者,这一年被学者们视为新启蒙运动的发端。文化引进和文化比较是80年代"文化热"的中心内容,这一时期,出现了五四运动以后最大规模的一次翻译出版西方学术著作的大潮,包括《现象学》《阐释学》《存在主义》《法兰克福派》等著作的出版,在思想文化界产生了巨大影响。后现代主义的代表人物福柯、德里达等人被作为现代西方人文思潮的一个组成部分被我们熟知。借此展现西方思想传统的生发流变过程,从而为我们返回现代中国之核心问题奠定坚实的文本基础。

"文化热"期间,梳理和探究西方文明的根源及脉络,成为理解并提升自身要义的借鉴,整理和传承中国文明的传统,更是实现并弘扬自身价值的根本。二者的交汇,塑造出现代中国之精神品格的必由进路。经过文化中西、古今对比,强化了国人的民族主义和爱国主义情结,体现这一时期社会思潮特定的"寻根文学",着重展现的是传统文化的精华,通过寻根期待为今人反思现代中国的社会和精神处境铺建思考的进阶,找寻中华民族之所以能够延续和长存之魂。

(二)挖掘整理、摸清家底：寻根视野下的武术挖整

改革开放,人们禁锢多年的思想得到解放。当看到"文化大革命"给武术界带来的巨大伤害,许多民间武术面临"人琴俱亡"的危险,社会各界对劫后保存民族文化遗产的责任感与危机感十分迫切。围绕"光大民族文化遗

产,振兴中华武术,造福全人类"的基本工作主题,武术界积极展开了各项工作。尤其是 80 年代中期进行的武术挖掘整理,是新中国成立以来对传统武术进行的最大规模整理研究。在国家体委统一部署下,8000 余名学者与民间武术人士进行了长达 3 年的传统武术"寻根"活动,也是一场"史上空前"的抢救武术文化遗产工作,许多老拳师"奔走相告、献谱献艺"。经过这次迄今为止仍然是武术界最大规模的"田野调查",查明了流传于各地的 129 个武术拳种,完成《拳械录》和《武术史志》等理论典籍 651 万多字,采访了老拳师 4826 人,征集文献资料 1318 本,套路录像 3364 套,收集了有关拳经拳谱等文献 482 本,古兵器 392 件,实物 29 件等,极大充实了武术文物资料库。"挖整"不仅具有武术界"拨乱反正"的历史意义,同时通过"挖整",将武术真正摆到"民族文化瑰宝"的位置,以向历史寻根的方式"摸清了武术的家底"。

（三）从体育到文化：武术思想的进阶

"文化热"时期跟随文化引进的是各种西方现代高新科学技术,这些现代知识技术给国家科技进步、知识创新提供了源源不断的动力,不断改变着国人的生产生活。我国体育学者将现代医学、生物力学等高新科学技术以及西方人文社会新兴学科应用于体育科学研究,极大促进了我国体育科学迅速成长。

随着改革开放后武术各项工作的展开,全国各地掀起一股"武术热",在这一时期我国正逐步升温的"文化热"气氛的烘托下,极大激发了武术学者的研究热情,武术人以自己的方式融入对自身文化的探寻,并以此起点开始"文化武术思想"规训之路。借助文化热及其研究成果(一批文献的翻译、传统文化概念,传统文化的历史价值等国学研究及其不断引入体育科学领域的西方社会学、自然科学等),武术学者从这些研究中寻找到武术文化研究的新视角,他们从"光大民族文化遗产"的角度出发,进行了武术寻根文化研究。相对于"武术挖整"所采用的"田野法"研究,武术史学文化研究中对武术的寻根更多采用历史学、社会学等方法,通过传统文化中的医学、兵学、哲学、艺术、宗教等方面对武术的渗透,探询武术技击术,以及它所代表的宗族流派、创拳理念、养生观念等等诸多传统文化因素。认为"武术文化属于整个中华文化巨系统中的一个具有显著特色的子系统。"尤其是借助人类学、社会学、历史学、价值学、教育学等学科研究方法与研究成果,极大开拓了武术文化的研究视野,并以这些学科为起点开始了寻根与现代化武术的文化学研究。

这场武术文化研究热潮转变了武术原本大多停留于具体的体能、技术和战术等属于实力、手段和经验层面的研究,扭转了新中国成立以来的"体育武术"思想定位,奠定了"文化武术思想"的认识起点,丰富了武术文化的视野,为武术成为"由术至道"的文化转化开辟了广阔的空间。

四、从小武术走向大武术:改革开放后武术文化寻根的视野突破

新中国成立以来,武术的体育化发展方向,使得人们一提到武术,自然就会想到由各种武术套路构成的刀光剑影,或者是拳打脚踢的散打格斗场面,从一招一式的技术动作或者是从健身防身的功能作用来观察品味武术,这种认识只能说是"小武术观"。经历改革开放后文化热洗礼,"武术是中国独具魅力的传统文化"的认识逐步深入武术管理层、武术专家学者、普通习武者心中。1988 年,中国国际武术节在杭州与深圳举行,来自 5 大洲 30多个国家和地区 500 多位武术界朋友参加了这次盛会。这次节日不只有竞技比赛,而且有武术理论的讲解,国际武术界朋友,从哲学、美学、人体科学方面受到了理论的感染。这次节日还初步展示了武乐、武舞、武戏等武术文艺的风貌。武术与古典戏剧融为一体的《三岔口》《盗仙草》,武术与古典音乐融为一体的《将军令》,都使人叹为观止,领会了武术的丰富文艺内涵。国际武术节还有一个引人入胜的是武术服装、器材的展销,各国的朋友在武术节活动期间,欣赏了杭州西湖的美丽风光,巡礼深圳特区的建设新姿,由此搭建起了武术经济的平台。但看到武术节的盛况,李铁映也不由发出感叹:"武术是个文化现象,是一种高雅文化"。学者们逐步认识到"武术在华夏大地上绵延发展数千年,这幅漫长的武术历史画卷受到中华古老文化绚丽多彩的点染。它不只有多种门派的技术源流,而且还有内涵深邃的哲学思想、美学思想、医学思想。"练习太极拳的人,不再仅仅讲究太极拳的基本动作、姿势、套路,他们更希望了解的是太极拳背后的文化,甚至还追踪到《易经》里去研习太极拳的哲学基础。许多人一边练拳习武,一边探讨中医的经络学说、阴阳学说,将中医正骨、指法、按摩等医疗手段发扬光大。以武侠为题材的武打电影、小说,成为文学艺术领域一道独具中国特色的风景线。随着经济的发展,人民生活水平的不断提高,武术的器材、服装、图书、纪念品等构成的武术经济将成为一种潜在的新兴行业。武术的光环从体育辐射到文化、经济领域,也是从小武术向大武术迈进的思想进阶。

值得注意的是,改革开放后,国家安定团结、社会经济文化繁荣发展的局面,也吸引了大批国外武术爱好者到中国习武。他们来中国习武,除了练习武术技击技术、套路动作,更多的是希望了解中国武术文化。

法国武术爱好者说学太极不懂《易经》就没味道了。他们习武通过学太极领悟一些中国哲学的奥秘。法国有两位学者要求我们去个少林武术团,其中要有人介绍少林拳与哲学、医学、宗教的关系。苏联近二、三年刚兴起武术热,他们的远东研究所武术中心来的第一封信就说,他们学武术不仅是为了学拳、健身,还想进一步通过学武术,学习中国的哲学、社会学、心理学。

美国纽约"现代武士"学校创始人麦西纳先生在《人民日报》刊文《"现代武士"的中国之行》:"这次旅行赋予了我更多的智慧,完善了我的人生。在我寻求知识和智慧的人生中,我的一部分将永远和中国在一起。"①

"在现代武术学校习武的学生,有的仅仅是为了学习武打和格斗,而对真正的武术精神,即武魂产生了迷茫。为此,我下决心带一部分学生来中国,以便帮助他们寻找真正的武术传统、文化、哲学和精神,进行武术寻根。"②

1989年,徐才到意大利访问,参观了北部城市波伦亚一所武术馆,馆主是中国武术界的老朋友邓·大西,在他的武术馆里摆满了刀、枪、剑、棍等中国武术器械,还悬挂具有武术特色的纪念品,你看,右上角挂着的是一幅中国武术协会的白底黄穗的小会旗……一进武术馆就看到门楣上写着"蛇拳道""功夫拳""一拳必胜""禅"的汉字,从那歪歪扭扭的字体看是出自外国人的手笔。走进武术馆的训练房,正面墙壁上又是一番中国气派的景观,两旁悬挂着意大利和中国国旗,当中的上部是邓·大西师傅的肖像,下部是中国字的条幅,中部是大大的一个"禅"字。

新中国成立以来武术的体育性认识所形成的"小武术观",到改革开放后逐步形成武术文化、经济、健身等大武术观认识。这种大武术观的出现代表了武术发展意识的转变,是站在更高的层次去建构现代武术,由此带来的社会效应当然是前所未有的。这一点首先在1990年的北京亚运会上得到充分的展示。

在这一届亚运会上武术首次成了正式比赛项目,更重要的是,通过精心策划,让中国传统武术文化渗入了亚运会的每个角落,向全亚洲人

---

① 资料来源:徐才.徐才武术文集[M].北京:人民体育出版社,1995:236.
② 资料来源:徐才.徐才武术文集[M].北京:人民体育出版社,1995:240.

民展现了中国传统文化的魅力。《世界论坛报》上一篇题为"北京亚运带来了震撼"的述评说得好:"在北京亚运会之前,有谁敢说中国的太极拳、民间腰鼓与中国武术等等,能独撑国际性表演舞台的场面而出尽风头呢?"这篇述评还感慨地说:"西方文明所形成的浪潮,100多年来淹没了这个世界;没有其他文明足以对抗西方文明。但在北京亚运会开幕式上,我们终于看到了一个令人惊异的信息,……以中国传统文化为重要内容的东方艺术,不但有力量对抗西方文明,甚至比西方文明更能显示人生的哲理,更有深刻的内涵。"①

大武术观是文化热衷"武术寻根"的产物,是改革开放后武术发展思想的视野突破。随着改革的浪潮,大武术观期待构建起的武术文化圈,逐步渗入多个领域,潜移默化地改变着人们的生活方式。2011年,中国武术协会主席高小军作了题为《树立大武术观,加强标准化建设,推动武术事业全面、协调、可持续发展》的报告,大武术观再次引发关注。与20年前的大武术观相比,这一轮的武术发展是建立在国家经济快速发展,国内生产总值排到世界第二,我国圆满举办"北京奥运会",基于空前壮大的国家民族自信心与自豪感社会背景下,武术界依据当前文化体育发展趋势,探索武术发展战略,研究武术发展规律的基础上,重新规划的宏大奋斗蓝图。

"大武术观"已经超越简单的空间概念,而是站在提升国家软实力,服务于继承与弘扬民族优秀文化传统遗产的高度,提出的一种富有丰富内涵的科学思想体系。该思想从武术发展的多元化路径出发,探讨武术历史性、当代性和未来性价值的利用和开发。其目的不再局限于满足本国人民文化精神需求,而是站在更高的视野,调动一切积极因素,满足不同人群的精神需求,为世界人民文化交流提供一种中国经验。"大武术观"的提出,不仅在学术界引发研究的中国武术发展的热潮,更是吸引了来自社会各界有志于研究中国武术,弘扬民族传统文化的国人关注。他们不断加入参与武术、支持武术发展的队伍。在武术界,大武术观作为加强协调、促进和谐的思想基础,正引领广大武术从业人员从武术的全局和整体思考问题,营造大环境,建立大市场,迎来大合作,促成大发展。

五、"弘扬与培育民族精神":新的历史使命下武术文化寻根的理路

进入21世纪以后,国家层面再次认识到民族文化重要性,意识到"文化

① 资料来源:徐才.徐才武术文集[M].北京:人民体育出版社,1995:229.

越来越成为民族凝聚力和创造力的重要源泉",希望从传统文化中寻找民族文化的精神家园。特别是党的十八大所提出的"建设优秀传统文化传承体系,弘扬中华优秀传统文化",构筑起了传统武术文化强有力的理论指南。如何传承与挖掘传统武术文化中的积极因素,融入"文化强国战略",成为武术研究的重大问题。

时代发展的文化强音与武术发展遇到的文化困境,促使武术界再次掀起寻根武术热潮,学者们从多种角度探寻了武术文化之根。与以往的研究不同的是,这一轮武术寻根的目的是从传统武术文化提炼文化精神因素,以期站在更高的国家精神高度发展研究武术,促进武术新一轮的创业,尤其是在武术入奥失败后,武术界需要一种新的精神制高点,引领武术发展。围绕这一中心议题展开的武术寻根研究取得丰富硕果。

通过寻根,学者们首先撇清了"门户之见、宗派主义、封建迷信、伪科学等武术文化的糟粕",提出了要"批判性继承武术文化,是武术健康发展的动力"。在此基础上,学者们以深度的理论视野看到武术是一种"和平文化、伦理文化,它的格斗术更注重用意、行气、用劲的巧妙和整体和谐,追求'内圣外王'的君子式格斗较技"。所传达的是"自强不息、厚德载物"的中国传统文化精神内核。传统武术身心俱练的文化挖掘,让武术教育承担起新的历史责任,《中小学开展弘扬和培育民族精神教育实施纲要》,明确提出"中小学适当增加中国武术等内容"。明确了通过武术教育,可以"培育和弘扬民族精神"。而且通过武术本质的探讨看到"教化才是技击背后真义的思想之光"。中国武术区别于其他民族类似项目的民族特色,"乃是其本身已经寓含的人文追求。"更重要的是"中国武术不仅仅是一种体育运动,而是与儒道释一样,自有其类似于儒道释的基于人性论的对人的终极关怀。"

这一轮武术寻根文化得出的结论,是从时代赋予武术新的历史使命出发,试图回答武术由具体的"体能、技术、战术"等经验层面之"术",向"内可以治身、外可以应变、与道同符"中,"治身"与"应变"融通兼备之"道"的文化转换,为传统武术在现代社会生存提供一种终极意义。

六、寻根武术的意义

"无论在任何时代、任何社会,历史研究都同其他社会活动一样,受到在特定的时间和地点占据主导地位的思想倾向的控制"。同样,改革开放后的武术寻根也主要缘起于这一时期"占据主导地位的思想"的引导。

武术寻根研究是将武术放到传统文化大视野下追溯式的研究,通过研究武术发展过程不断摄取传统文化的营养来寻求武术文化之根。这种研究方法类似于修宗谱的惯用手法,是有一定问题的。毕竟,当人们自觉不自觉地在"历史记忆"中去翻箱倒柜的时候,这种"历史记忆"早已经经过各种知识、思想与信仰的渲染、删改和涂抹,经过了各种文字文本的选择、简化和润饰,特别是它可能已经屈服了流行风尚和世俗习惯,也可能嵌入了某种相当深刻的意图,但这种实际上并不那么准确的历史寻根,却是发掘思想资源的一种普遍方式。这一种挖掘思想资源的方法实际上成为"规训"文化武术的基本路向——向传统寻根。与此同时,与寻根武术研究思路截然不同的另一文化研究路向,却始终将目光投向"西方"的现代化。

第三节　现代化：武术文化研究张力之二

"现代化"这个概念是用来概括人类近期发展进程中社会急剧转变总动态的新名词。塞缪尔·亨廷顿在《变化社会中的政治秩序》一书中认为,"现代化是一个多层面的进程,它涉及人类思想和行为所有领域里的变革",现代化往往指"一长期的文化与社会的变迁,而这种变迁为该转变中的社会的成员所接受,而视之为有益的,不可避免的或可欲的。"

对于武术现代化进程来说,更多指的是铲除封建思想障碍,倡导民主、科学、平等、自由的精神,迎接诸多"现代性"问题带来的挑战,推动武术在变幻莫测的历史潮流中不断进步。

一、"土洋武术之争"：现代化武术的启蒙

纵观一百多年的武术现代化过程,其实是一个传统与现代不断抗争的过程。这一过程大致发生了两轮的热潮期。第一轮是发生在民国"土洋武术之争"时期,在当时扛着民主与科学大旗下,武术现代化已经初现端倪,民国时期文献"一般谈国术者,皆同为腐化不合科学之运动,近人则以数学,重学,力学,生理学,心理学,估计国术之价值,则国术不仅含有科学性,而且完全科学化"。

这一论调大致代表了时人对现代化的武术理解与良好诉求。众多知识精英借用当时自然科学与社会科学等方面的成果,是站在"强国保种"的角度义正词严地喊出了武术"科学"之价值。

值得注意的是,这场"土洋体育之争"仅仅是世纪之初"中西文化之争"大潮下的支流,"其争论的大背景是中西文化孰优孰劣和中国社会要不要坚

守中国文化的问题"。在这场论战之中,"中国传统的价值系统已经被推倒,但西方新的思想却没有能有系统地在中国生根,中国市场所充斥的只是浮光掠影的标语、口号与未能建构化的观念。"种种现代化武术理论在水深火热的社会事实下,显然难以融入推翻旧制度,建立新制度的进步大潮中。因此,这场争论带来的仅仅是国人朦胧的现代化武术意识。

二、现代化武术的逐步成熟

（一）现代化：民族的集体诉求

第二轮武术现代化的发端于新中国成立初期,而真正走向成熟却是80年代"文化热"。与第一轮民主与科学思潮相比,这一轮的现代化谈论的问题变成传统文化在现代化中的地位和作用的问题,现代化是讨论的前提而不是讨论的重点,现代化已经成了一个民族的集体诉求,也是支配80年代中国思想文化界的主导话语。

在这一语境下,作为传统优秀文化代表的武术如何顺应历史潮流,既能在现代化的语境下大刀阔斧改革中寻找生存与发展的空间,又能保持好其"传统文化"气质,防止逐渐被现代化淹没而发生"文化断裂"。这一历史课题毫无"前车之鉴"地摆在武术界知识精英面前。

（二）现代化武术逐步成熟的路径

几十年来,现代化武术进程中,最大硕果应该是将原本属于技击搏斗技术的传统武术进行了现代化的改造,创新出符合体育性质的武术运动方式,形成了训练体制、竞赛法规和技术体系等包含诸多内容的竞技武术。这种套路方式的改造满足了大众化、健身化、竞技化要求,武术由一种为"练为战"的技击之术,改造为一种"练为看"的健康之术,武术成为人们喜闻乐见的活动方式在全国铺开。由此开始了以竞技武术为符号的现代化武术之旅。由武术套路为主体编成各式各类的武术教材,进入不同层次学校,成为学校武术教育重要内容;二十四式太极拳、木兰拳等创编武术套路让广大群众感受到武术健身的魅力;竞技武术规则不断推陈出新,引领着竞技武术不断向"高、难、美、新"以及"快、准、狠"发出挑战。

武术段位制的设置实施是现代化武术另一标志。作为东方传统体育的武术要融入西方体育大舞台,就必须将其进行符合西方竞技价值观的现代化改革。而同为东方传统体育的柔道与跆拳道能进入奥运会,正是得益于其现代化改革的成功,突出表现为实现了运动项目的科学化与规范化。其中,段位制作为一种制度保障,在有效促进体育活动社会化过程中起了重要的作用。由此,《中国武术段位制》的制定与推广,于1998年被摆上中国武术现代化议程。经过十多年的逐步改革完善,2011 年中国武术段位制标准化进入了一个新的开端。由管理方式标准化、考试内容标准化和操作模式标准化三方面构成的段位制改革体系的建立;《中国武术段位制手册》、《中国武术段位制系列教程》和《〈中国武术段位制〉理论考试电子题库》、中国武术段位制徽章、武术段位训练服式样等一系列段位制管理文件与资证标志的成功推出;"中国武术段位制官方网站"的正式启用,所有举措标志着中国武术段位制标准化管理朝着现代化与规范化又迈进了坚实的一步。

三、现代化武术的张力

奥林匹克运动会作为西方体育走向成熟巅峰的标志,始终是武术现代化进程中最高的目标定位。在北京申奥成功后,看到武术有望成为奥运大家族的一员,武术界更是将研究的目光聚焦于现代化武术的轨道上。所研究的现代化武术议题大多是站在全球化、国际化视野下研究武术的科学化训练、奥运武术竞赛规则制定、武术标准化研究、武术国际化传播等等,以及由此扩散开的众多现代化武术议题。与此同时,站在"文化认同""文化自觉""文化安全"等语境下,武术文化研究转向"保护中传承"的努力,提出现代化过程并不放弃传统,借助"非物质文化"的视野,集中探讨了"活态文化""传承人""地域武术"等议题。力图借助挖掘与保护建立起一种"文化自信",并通过一种"传统的改造",将文化武术融入文化大发展大繁荣的视角,逐渐成为武术文化研究的重中之重。

值得注意的是,借助 80 年代大量引入的西方翻译文本,从西方汉学家的视野研究中国武术文化的问题,以及通过运用西方先进科研方法介入太极拳的健康生理机制研究等,这部分研究正逐步引领现代化武术理论前沿,让文化武术研究更多了一种国际化的视野。

四、异化:现代化武术的反思

中华武术是祖国优秀传统文化的瑰宝。其蕴含丰富的哲学思想、精深的技击理论,以及神奇的健身养生效果,与多种文化形态相互渗透紧密关联。"武术文化属于整个中华文化巨系统中的一个具有显著特色的子系统。"由于武术具有蕴涵丰富的民族文化特征,即使在现代文明高度发展的社会里,武术仍然被寄予深深的厚望,承载着弘扬民族文化,倡导民族精神,抵御西化等历史重任。然而,武术在现代化发展过程中,面临东西方文化相互交融、急剧碰撞,在不自觉的状态下发生了潜移默化的变化。这些变化甚至直接侵蚀了武术原本的面貌,剥离了武术传统文化的根本,产生了"异化"。面对十八大报告提出的"道路自信、理论自信、制度自信"的新使命，站在"文化自觉"的立场上，反思武术现代化异化，可以理清思绪，揭开阻碍武术发展的阴霾，期待引发学界对武术文化"自知之明"的思考。

（一）"异化"与武术异化的内涵

1. "异化"的内涵

作为普通的、一般的科学术语的异化，指一物向他物的变化，就是事物自己向异己物的变化。在马克思看来是指在人与对象关系中发生了"对象的丧失和被对象奴役"。而作为具有独立的社会科学研究价值的异化概念，乃是源于德国古典哲学的作为哲学术语的异化概念。《辞海》中对异化的解释为：异化指主体在一定的发展阶段，分裂出它的对立面，变成外在的异己力量。

在中国国内社会科学界广泛使用的异化概念是以王若水先生 1963 年归纳的释义为蓝本的，他把异化解释为："主体由于自身矛盾的发展而产生自己的对立面，产生客体，而这种客体作为一种外在的，异己的力量而凌驾于主体之上，转过来束缚主体、压制主体"。

在体育运动领域方面，学者们从不同角度研究了"体育异化"。集中探讨了"竞技运动中的文化性异化和社会性异化的内涵及其两者之间的关系""竞技运动中人性与异化问题""竞技体育异化与运动员权益保障"等相关问题。尤其是看到"现代科技对奥林匹克运动的消极影响"，体育理论界期待一种"纯粹的体育"，呼吁让竞技体育"回归身体"，这些研究对竞技运动理论研究提供了一种永恒的哲学视角。

2. 武术异化的内涵

基于以上对异化概念的理解，本文将武术异化概念定义为："武术异化"是指武术在实践活动过程中，消退了其原本的民族特质，偏离了传统文化土壤，在不自觉的状态下发生了异化现象。包括武术文化异化与人异化两个方面。具体说来主要包含两层含义。

首先，现代武术的发展背离了其本真追求。随着人们对武术认识的不断深入，认为武术最大的特色是：其有类似于儒道释的基于人性论对人的终极关怀及其对生命意义的追求。但这种追求又受到其所处社会条件的制约。也就是说，武术在追求人的自由与发展中，有摆脱一定社会阶段内所形成工具价值方面的职责，价值理性和工具理性的和谐统一是武术的本真追求。然而，在现代竞技武术在相当大的程度上替代了武术的话语权的情况下，武术就一直被定位为一种功利性压倒一切的活动，于是在现实中工具理性凌驾于价值理性之上。受限于国内固有的体制，虽然有学者对此开展了批判与反思,但武术工具性的观念仍然保持着其主流地位。在这种背景之下的武术现实背离了武术的本真。

在理论上,武术习练过程、武术展演比赛、武术评价体系等等属于武术实践的一切具体行为都是为了实现对人生命的关怀。现实中武术的评价体系却能限制对生命自由的追求。竞技武术就是这一现象的整体诠释。这种目的与手段的颠倒造成了当今武术最显著的症结之一,即"人"在武术中的失落。这种目的与手段的颠倒影响深远、广泛,有着复杂且深刻的社会历史背景,是武术实践中众多问题和危机的根源之一。

（二）武术异化的文化异化

武术异化的文化异化是指武术的发展背离了其文化的特质而出现了异化。要做到"文化自觉",首先必须理解文化的根本之所在。即"生活在一定文化中的人对其文化有'自知之明',明白它的来历、形成过程、所具有的特色和它发展的趋势"。

武术是在中华几千年文明中孕育发展起来的,它扎根于深厚的中华民族传统文化的沃土中。中华传统哲学思想、传统医学、传统兵学等传统优秀文化都在武术文化身上打下深深的印迹。所以说,武术文化成为一种以中国文化心理结构为指导,以攻防格斗的人体动作为核心的人体文化。

近代以来,中国社会经历了一场深刻的社会大转型,即由传统农业社会走向现代工业社会,从自然经济到市场经济的全面现代化过程。这一过程中,外来社会文化观念与我国传统文化不断发生着激烈的碰撞。受西方竞技体育"更高、更快、更强"理念的影响,传统武术文化发生了由表及里的异化过程。

1. 武术的传承异化

武术的传承异化是指传统武术在横向或纵向传播过程中,其结构和要求偏离其本真而产生的异化。这种异化主要表现在由于传承者之间关系及其择徒选材要求的异化。

（1）传承者之间的关系由"师徒"异化为"师生"。师徒传承与师生传承,一字之差,失之毫厘,差之千里。中国武术的传统传承方式可以归结为师徒论,至今依然继承并且只存在于民间习武群体中。师徒传承,是中国传统儒学思想在武学上的真实展现。传统师徒关系是以"父"与"子"的关系,一日为师终身为父。"徒视师若父,遵师命,守师训,忠心耿耿,绝不能有三心二意。"可见师父在这种裙带关系中具有绝对权威,武术各门派所制定的门规诫约都对师道尊严有着严格的规定。

传统武术的传承方式对传统武术的继承具有决定性作用,尤其是入室弟子在传统武术的传承中具有特殊意义。"虽受业门徒,非入室弟子,莫得亲言。"(《晋书·杨轲传》)由此可见,成为入室弟子后不仅在武术上得到真传,更多的是在思想与行为上将受到门派教规等约束。师徒关系一旦形成便建立起师傅个人威信和地位,对弟子的思想与行为形成强大的约束性。

时过境迁,人类生存环境的变化,传统的中国武术传承结构已经异化为"师生关系"。"师生关系是教师与学生之间在教育过程中为完成一定的教育任务,以教和学为中介而形成的一种特殊的社会关系,是学校最基本的人际关系"。现代教育中要求师生关系是一种平等交往,讲求合作的关系。要求尊重师生独立的人格,追求教师与学生各自所具有的主体性。教师应该"相信学生自己具有的生长可能性,认为学生拥有自己的选择权",这种平等的师生关系更为符合人性的观点已经成为一种普遍的共识。建立在"上帝面前人人平等"的西方民主文化下的师生关系,削弱了教师的绝对权威,与中国传统师徒关系所追求的师道尊严截然不同。其所承载的文化底蕴显然难以背负起传统武术中师徒传承的那份历史厚重。

(2)择徒选材要求的异化。传统武术在择徒问题上,不仅注重弟子在身体、悟性等方面的要求,更重要的是要考察习武者道德状况。武德是各个拳种门派拳谱、戒律中的首要要求,它所涵盖的基本内容,是千百年来我国传统社会中被共同认可的伦理道德。自古以来,我国就有"非信廉仁勇,不能传兵论剑"之说。《杨氏传抄太极拳谱》中列有八不传,如:不传不忠不孝之人,不传无理无恩之人等。历代武术宗师,"在一种巨大的文化感召下,恪守传统,甘心于贫困寂寞,不为荣辱贵贱所动,把习武作为一种生存方式,为本门技艺穷毕生之精力"。在日常实践中,敬重权威、道德感等传统始终潜移默化着我国劳动人民的思维方式。

武术在当代的传承基本上可以概括为师生论或者教练员与运动员的关系,是区别于传统传承形式的发展模式。如今,在这种武术的师生传承过程中,传统的"择徒规范"等武术传承要求已被现代武术发展所遗弃。以地方运动队为主的武术运动员选材更加注重求艺者身体条件以及悟性的选择;与传统武术中"开馆授徒"相比,如今遍布大江南北的武术馆校招生,已经与现代市场经济商业运作模式紧密相连,目的是广纳生源,以便财源广进。市场经济本身是以追求实效为根本目的,市场经济思想就是以功利与效果为基础的思维。社会的转型引发了一个用商业化的功利标准取代精神信仰与道德标准的问题。当今"择徒传艺"处于商业化的评判标准上,这对习武者的人生观、价值观及所承担的社会职能,都有着很大的影响。如此一来,对学武者不分良莠,自然是鱼龙混杂,武德考察早已无从谈起。传统的择徒拜师规范已经大不如前,产生了质的变化。

2. 武术的技术异化

"技术"一词在现今武术练习群体中的含义表达与传统武术中"技术"一词的表达，虽同称作为"技术"，但是内容含义却大不相同。武术技术内容的变化直接影响到了武术技术功能的变化。武术技术的异化主要体现在武术技术表演化与竞技化。

（1）武术技术表演化。原始社会的武术是自发的、零散的狩猎生存活动。经历到奴隶社会武术在原始社会的基础上异化成为各部族间争夺资源的争斗工具。封建社会时代的到来使得武术在冷兵器军事领域得到了前所未有的极致发展。沧海桑田，历代武术宗师以自己的行为准则、价值观念、审美情趣，经历千锤百炼、砥砺揣摩，使武术成为具有民族性格的技击术。

随着时代的变迁，对武术真实的技击要求已经逐渐弱化，但并不意味着技击的消失，而是成为一种"想象的技击"隐藏于各种套路表演之中。以中国武术为重要元素而创作的功夫舞台剧《风中少林》《少林武魂》《武颂》，大胆地采用艺术编写手法，更多元素的创新，更加夸张的艺术渲染力，实现了武术与艺术美的结合，观赏者在欣赏武术表演的同时，无不为之震撼。人们在观赏中国功夫魅力过程中接受中国文化。《风中少林》依托中国功夫这一主线，融合服装、舞美、编导等现代手段，将中国文化在澳大利亚作了完美展示，于酷暑中的南半球刮起一股"少林之风"。《少林武魂》在美国百老汇连演 24 场，场均上座率达到 85%，在纽约掀起了一股不折不扣的中国热，创造了中国文化"走出去"的多项第一。以《风中少林》为代表的一系列功夫舞台剧成功之处在于，它是以"中国功夫为艺术载体，通过'武'动的身体、故事、情节表达丰富的文化内涵"，为武术文化开辟了一个崭新的发展领域。

这些功夫剧正是民族传统文化与现代社会生活相融合的产物，具有一种"仪式或象征特性"，同时"它们采取参照旧形式的方式来回应新形势"，因此也可以说是一种"传统的发明"。武术由技击之术异化成为"东方表演艺术"的事实已经基本形成。面对这种"传统的发明"，应该用高度"文化自觉"的态度"加强对文化转型的自主能力，取得决定适应新环境、新时代文化选择的自主地位"。避免因"文化自觉"的缺失造成类似"中国功夫市场好莱坞控制"等等的文化附属地位持续上演。

（2）武术技术竞技化。19 世纪末期，西方体育伴随着坚船利炮进入我泱泱大国。在一场针对"土洋体育之争"的喧嚣之后，作为中国本土体育代表的武术便开始了向现代化转型的历程。尤其是在新中国成立后，武术运动在曲折发展中确立了其体育性质定位。至此，武术开始了长达半个多世纪体育化、竞技化发展轨道。

　　几十年来,沿着西方体育"可比性""可量化"等竞技文化特征,武术竞技化改革经历了一场由动作制定到审美规则的西化转型。在这过程中所取得的最大的"突破"或者说"成功"就是学习与借鉴了西方体操。自从20世纪50年代开始,由于学习了西方体操能跳能转,动作观赏性强、造型优美,武术比赛改革出现了侧空翻(翻筋斗)、腾空转体360°等跳跃造型。对于这种竞技化,改革之初,武术界就有众多不同的看法。尤其在1959年新中国第一部武术规则实施后出现了种种不满论调,认为"吸收了一些体操舞蹈动作,在一定程度上削弱了武术的特点"。紧接而来的是对这种改革方式的批判,认为这是"中国式体操"而不是武术。北京申奥成功,武术的竞技化改革热潮再一次掀起。面对全国上下"武术入奥"的急切心情,武术界再次深入探讨了竞技体操科学性操作方法。随后创新性进行了"A级、B级、C级"等难度动作改革。应该说,这种创新在一段时期内大大增加了武术赛场上对运动员竞技水平的区分度,提高了武术比赛的"可比性",向武术竞技化改革迈进了一大步。

　　然而,21世纪是信息化、科技化的世纪。伴随着人工智能技术的运用、科学营养配方不断推陈出新,人类生理极限不断被刷新。当学者们还在论证创新动作对于竞技武术"可比性""可量化"带来的改变时,发现代表了武术套路最高难度的动作——"720°转体"等C级动作被大多数一线运动员轻而易举地完成。尤其是在高水平比赛中,记分牌上C级评分基本被定格在"2"分。再加上国际武术人士一直以来并不认同这种改革方式,纷纷要求降低规定动作的难度。现实改革的艰难,国际、国内舆论的呼唤,迫使武术竞赛规则再次做出调整,重新思考对武术"精、气、神"的理解。

　　3. 武术的评价异化

　　(1)单练评价由内涵异化为量化。武术竞技运动化,"可比性""可量化"自然成为武术发展必须要遵循的原则。为了让武术发展与国际接轨,武术界从竞赛体制、项目设置到技术创新及规则裁判等,对竞技武术大刀阔斧地改革,以期更加符合"可量化"的评价标准。从集体打分到分组打分,从整体评价到增设难度动作加分,所有这些都是为了评价更加客观,更加量化。这种依托西方文化精神建立起的评价标准注重练体塑形,注重局部调节,讲求客观超越,依靠量化指标。这与中国传统武术注重练意健神,注重整体调节,讲求自然而然,依靠内省体悟的评价标准是完全背道而驰的。

　　传统武术在提高技击能力的过程中追求"技、身、心"的和谐统一。需要指出的是,这里所说的"技"不仅是包括形式上的套路演练,更重要的是指从"形"到"化",从"有"到"无"——技进乎道的深刻把握。在健身观上,强调以"内"为主的内外兼修,而非西方体育那种外在的自我张扬;在审美观上,传统武术并不刻意形架的规范,而追求一种"拳无拳,意无意,无意之中是真意"的神明之境。武术天生的民族传统文化根基造就了独特的审美标准与评判标准。外在动作上追求"动迅静定""刚柔相济"等肢体语言表达;内在意识上既要有"外示安逸,内宜鼓荡"的精神,更要有"形断意连,势断气连"等气韵表达。那种讲究的"寸劲",那种"蓄势待发"的内气,那种追求"落地生根"的桩功,这些都是只有对武术有着执着热爱的人所痴心追求的。将这些讲求内在、追求意识的内涵进行量化评价,其结果只能是异化了武术文化的本真。

（2）对练评价由以武会友异化为击昏制胜。散打是按照竞技体育发展模式形成的。在追求客观,量化思想的指引下,武术两两对练胜负评判自然需要一整套严格的数字,在打一拳得一分,踢一腿得两分的规则指导下,对练的双方自然要将使用最大功力的武术动作作用于对手,其目的是以最快的速度、最大的力量击伤对手,甚至击昏对手,直接获胜。这种依靠击昏来评判胜负的武术评价与中国传统武术拳理背道而驰。

传统武术历来讲究"躬行体悟""阴阳互济"。追求一种"意思安详"以巧打拙的"名士风流"。传统拳理要求每个习武者在人际交往中要谦逊和气,在武术意识里,很多理念都以和合忠恕之道为核心,讲究以武会友,遇事要适度忍让,不到万不得已的情况下不与人交手,即使是被迫应敌,在一般情况下也不骤下杀手;并且提倡在与人较技时,点到为止,而不是西方竞技体育的冷酷无情。同时把那种以硬犯硬、殆同牛斗,视为粗夫莽汉的下乘之技,无关武学;即便以熟练的招式胜人,也不过是有形之间的中乘之技,只有使对方"仰之弥高,俯之弥深",如临天网无可逃遁,才算进入了所谓"浑然无迹,妙手空空"的上乘之境。武术家在解说技术动作时,也常常渗透了这种思想。"打连环时,枪根空半寸、一寸,渐至一尺不败,对破放出,是于长人一尺矣。此敬岩秘诀。孟子云:'自反而缩。'孔子云:'躬自厚而薄责于人。'正合。"（《手臂录·卷二·枪法微言》）著名武术家吴殳对技击的这种解释,正是深受孔子"礼之用,和为贵"思想的影响。

总的来说,当前强势的竞技武术文化禁锢了人们对传统武术的神往和追求,逐渐形成了异化的武术文化。"对传统文化的鲁莽切割,对传统文化积极因素的轻率否定,将导致民族文化观念的虚无主义滋生以及对外来文化脱离现实的顶礼膜拜,甚至产生不切实际的文化重建的狂热"。武术文化异化的结果使传统武术的价值被消解与误读,进而割裂了传统武术与中国传统文化的血缘关系。

（三）武术异化中的人异化

"文化是现实的、历史的和具体的,文化以人为本,文化核心的问题是人类如何和应该以何种方式生存。而我们所期望达到的一种文化自觉状态，也需要在以人为本的立场中寻求立足点"。武术异化中的人异化是指在武术运动中，为了满足人的各自利益追求，而将运动员工具化，使运动员成为"工具人""职能人"，以及在这种体制之下，相关职能部门人行为的异化。也就是说"在人异化现象中的运动者则完全丧失了人类的本质"。

在商业主义、功利主义、实用主义的价值评判标准下，许多习武者放弃了理想、信仰、终极关怀，自我身份认定变得模糊，不得不按照实用方式规范自己的习武生涯。这种在竞技体育发展中普遍存在的问题，在威廉姆斯看来是一种典型"功利主义"的结果，其规定的道德标准并不关心个人的需要与满足，只要求能最大限度地促进与提升整体利益。最终导致竞技武术参与者形体与心理两方面的异化。

1. 形体异化

传统武术练习者多以技击实战为基本目的。实战技术不仅在技术上有特定的要求，在身体形态上同样具有广泛的普遍性。如尚派形意拳创始人尚云祥就以"铁胳膊"与"铁脚佛"等闻名武林。这些身体特点也在技击格斗上锦上添花，为格斗技术的正常发挥起到了关键作用。然而，在西方竞技体育训练体系中建立起来的竞技武术，训练中不可避免地出现加大运动负荷，不顾忌运动员的生理极限和心理极限等人的生理属性，使得武术练习者的身体形态发生了质的改变。

几十年来，竞技武术改革极大地提高了武术的"竞技性""可比性"。但是，这种所谓的以提高"竞技性""可比性"所创新出的难度动作却是以大多数运动员付出惨痛伤病为代价。有学者研究发现，在我国青少年武术运动员中"有80.6%的受试者曾经因练习跳跃难度而受伤，仅19.4%受试者无受伤经历"。受伤的部位集中于膝关节、腰部、踝关节。这些人体重要运动环节的损伤有可能跟随青少年一生，给他们未来的健康生活带来众多消极影响。

"我们已经看到科学技术怎样把人从日夜循环、四季循环的暴虐中解放出来；但就在解放人们脱离古老的奴役的行动中，却又把他们束缚在另一种新的奴役中了。"青少年处于成长的关键期，大强度超负荷的训练往往会对运动员身体发育和体型造成伤害，直接后果是让武术运动员的身体形态指标出现异化，例如有些武术运动员身高明显偏矮、"O"形腿现象严重。很多有这种现象的女运动员甚至不敢穿裙子，这影响了她们面对社会的自信心。在现代各种竞争日益激烈的社会里，这种身体形态将无疑使人处于弱势状态。这些都构成了武术异化后最显性的后果。托马斯说："竞技者在受伤时就会体验到各种异化感。其中一点就是由于竞技者丧失了做自己想做的事情的自由而产生的无力感"竞技武术运动水平的不断提高,带来的结果却是使"物质力量成为有智慧的生命,而人的生命则化为愚钝的物质力量"。在这种异化了的武术文化中人失去了其本身的主体性,只表现为一种被动性,运动员们在过高的社会期待的压力下处于一种持续性的高度精神紧张状态。他们感觉不到武术带来的身心健康快乐,反而使得他们在身体和精神上受到严重的打击。

2. 心理异化

中国传统武术出现竞技化后,异化了武术训练、比赛等管理运行中人与人的关系,这种关系的存在主要体现在具有正常认知水平的人心理上的变化。而这种心理异化主要存在于武术裁判员、教练员,运动员以及相关在职人员。在举国体制办奥运的制度下,竞技武术不管内在是否真的符合了奥运标准,至少在表面上已经"竞技体育化"了。

在商品经济与竞技赛场紧密相连的时代,竞技运动中所形成的利益社会必然会与商品经济紧密地结合在一起。竞技武术从招生到就业,从训练到比赛不可避免地被利益社会所捆绑。参与竞技武术的运动员、教练员脱离了兴趣爱好和自主意志,不再谈论充分发挥练武者主动性和创造性的极大发展。现代竞技体育运动异化形成的"拜金主义""锦标主义"等倾向不可避免地在竞技武术中再现。金钱名利影响着竞技武术教练员、运动员思绪;武术裁判员不得不对关系户另眼相待,举人情分;相关利益组织为了共同的目的明争暗斗甚至不择手段。如此一来,那些狭隘的、局限于自身的个人的权利被当作真实的权利,从而导致了人的社会性的异化和割裂,陷入了"敌视人的唯物主义"泥潭。所以说,无论是否品尝到奥运带来快乐,现代竞技体育异化的身影已经在武术身上打下烙印。

"竞技运动中的拜金主义是腐蚀剂,它影响了竞技运动的发展,并会使竞技运动走向歧途……受拜金主义支配的运动员在竞技运动中成了赚钱的工具,从而使自己沦为金钱的奴隶,丧失了作为竞技运动主体的人的本质"。中国传统武术拳理要求习武以和为贵,重在天人合一,在修炼中修身养性,愉悦自我。

然而商业化对习武者的道德感构成了巨大冲击,功利化的价值观取代了道德激情,削弱了习武者的批判意识。在拜金主义文化驱使下,武者心理发生了扭曲而带来人的异化。

(四)武术异化的评价

当代中国正面临着传统社会现代化的过程,以市场经济为基础的社会转型带来了整个社会结构深刻的变化。在与西方文化的交流与碰撞过程中，武术发展偏离其传统文化的土壤，在不自觉的状态下发生了异化现象。武术异化是一个由表及里的长期过程，不仅包括技术、传承、评价等文化异化层面，而且还包含人的形体、心理等人异化层面。也就是说，在不自觉的状态下，当前的武术异化问题已经形成错综复杂的稳固体系，这种体系必将深刻影响着武术发展道路。

值得注意的是，文化自觉"不带任何'文化回归'的意思，不是要'复旧'，同时也不主张'全盘西化'或'全盘他化'。自知之明是为了加强文化转型的自主能力，取得决定适应新环境、新时代文化选择的自主地位。"因此，在文化自觉过程中"传统与创造的结合极为关键"。

同样，研究武术异化，是为了在现代化语境下认识自己的文化，进一步反观武术的本来面目，做到文化的"自知之明"，进而探寻武术文化在传统与现代交融中互补的可能空间，期待能在这个已经形成的多元文化世界里确立一套能和各种文化和平共处，各抒所长的武术文化。因此，站在这个意义上，武术"异化"并不等同于"退化"，更不意味着否定武术现代化发展的积极作用和竞技武术的历史功绩。

五、现代化武术的意义

现代化武术在文化发展路径上似乎与寻根武术是截然不同的两股轨道，其实这也是武术文化发展的一种延续，只不过在面对现实与历史的激烈冲突，武术知识精英为了现实的需要，不得不放弃来自历史的统一经验和统一身份，他们虽然也在努力回忆文化差异的来源，但是，他们把这种传统和历史看成是一个不断变化的过程，试图淡化旧的历史约束，越过传统的文化边界，融入新的知识与经验中，他们的寻根是为了更深地挖根。

如果说寻根武术的文化出场思路隐含了一种民族主义和文化保守主义的倾向，那么现代化武术的文化出场则隐含了世界主义和文化激进主义的倾向。但是在中国，特别是在当今中国正以文化强国的姿态迈入世界大格局的时候，很多人都被两种取向纠缠着，游移于两者之间，没有立足点，仿佛浮荡在空中一样，现出极度的焦虑和紧张。这种焦虑与紧张最终被武术人奥失败彻底打垮，在做出"入奥并非武术现代化唯一的选择"的思想判断后，同时看到了"现代化武术也带来众多现代性问题"。武术文化现代化研究再次开始转向，武术知识精英开始反思新的现代化之路，试图以一种"返本开新"的理路寻求未来。

第四节　返本开新：武术文化研究的趋势

社会学者冷纳（Daniel Lerner）研究转型期社会的人时，在"传统者"与"现代人"之间设定了一个"过渡人"的概念。"过渡人"特征是一眼向"过去"回顾，一眼向"未来"瞻望，由于他生活在"双重价值系统"中，所以常会遭遇到"价值的困窘"。同时，"过渡人"在向西学习中，在如何保持自我的主体性上，"更多出于'道出于二'的大背景下，探索如何各存其道的蹊径。"改革开放后，面对文化选择的武术学者也充当了类似于这种"过渡人"的角色。

"人的思想不分国界，哲学不分东西"。很多人习惯于将传统文化称为国学，但又有一些人将国学限缩至孔孟老庄，认为他们是完美的、神圣的，因而是不可置疑的。从全球范围来看，任何作这种坚持的文化似乎都出现过这样那样的问题。实际上，文化从来都不是铁板一块，除非如埃及文明、巴比伦文明那样已经死亡，变成化石，否则必然是鲜活的、流淌的、变动不居的。余英时先生曾经总结过，中国思想史出现过四大突破：① 从"礼崩乐坏"到"道为天下裂"（战国时期，百家蜂起）；② 个体自由与群体秩序（汉末一直延续到魏晋南北朝，即 3～6 世纪）；③ 回向三代与同治天下（唐宋之际）；④ 士商互动与觉民行道（明代，16 世纪）。我们发现，越是对传统了解得更加透彻、爱得更加深沉的人物，越是可能革故鼎新，去透脱，去延伸，去超越。这种情怀，在儒家叫为往圣继绝学，在佛教叫续佛慧命。张岱年先生认为"中国的哲学，以周秦哲学为最宏伟，创造力最雄厚，内容最丰富，为以后的哲学所不及"，西洋哲学及其思想方法输入中国后"我们可以期待着一个可以媲美先秦的这些灿烂的情形的到来"。

20 世纪 30 年代，中国有一个学派"学衡派"，以陈寅恪为精神领袖。陈氏在《学衡》杂志上说："一方面不忘记本民族的文化传统，一方面努力向西方学习。我认为可概括成四个字：返本开新。返本：不是回到古代，而是对文化之源头进行认真的打量；开新则是在打量以后，让文化的江河继续流向前方，所谓'周虽旧邦，其命维新'（《诗经·大雅·文王》），所谓'苟日新，日日新，又日新'（《礼记·大学》）。"

处于这一时期的武术文化精英面临的最大问题是"认同"的问题，他们的"自我形象"是不稳定的，也是不清楚的。找不到"真我"，寻不到"认同"的对象，他们最大的努力是追求一种"综合"，即企图把武术传统的与现代的两个价值体系中最好的成分，融化为一种"运作的，功能的综合"。这个路径就是"返本开新"。

从文化的本质意义上说,文化成果的价值就在于返本开新,体现了人类对创造活动的理想追求和智慧高度,是突破前人的成果而贡献新的理念、内容、产品、形式和消费的能力。武术文化要在新的社会发展格局中继续前行,就必须强化武术文化的创新活力、内容魅力、竞争实力,在内容开发、活力激发、集聚创新等方面全面实施中国武术文化创新力战略。

一、传承与包容的内容开发

在21世纪全球化背景下,文化内容的开发既要注重历史文化遗产的传承,还要激励面向未来的创意开发,不仅要注重延续本地区、本民族的文化之根,更要以世界性的包容胸怀,让多元文化进行激荡碰撞。"文化特性是一个更加多变的自我改造过程:与其说是过去的遗产,不如说是一项未来工程。"同样,武术文化也始终处于一个面向"未来"的改造与开发过程。

对于武术文化内容传承与包容的开发问题,就是意味着一种"综合创新"。"挑选的古今中外不同系统所包含的要素",较为容易相容的主要是舞台艺术和外来文化中的某些东西,这是在当前条件下武术发展所可能的,也是必要的方式。当前,学者们从传播学、产业化等视角出发探寻了武术文化产业内容综合创新发展之路。这一情况下,一种新兴文化武术现象的崛起引发广泛关注,即以《功夫传奇》《风中少林》《什刹海》等功夫剧在东西方大放异彩,甚至成为中国文化"走出去"战略的文化符号。《少林武魂》在美国百老汇连演24场,场均上座率达到85%,在纽约掀起了一股不折不扣的中国热,创造了中国文化"走出去"的多项第一。《风中少林》依托中国功夫这一主线,融合服装、舞美、编导等现代手段,将中国文化在澳大利亚作了完美展示,于酷暑中的南半球刮起一股"少林之风"。这些功夫剧正是民族传统文化与现代社会生活相融合的产物,具有一种"仪式或象征特性",同时"它们采取参照旧形式的方式来回应新形势",因此也可以说是一种"传统的发明"。而且由于"文化不仅仅是'除旧开新',而且也是'推陈出新'或'温故知新'。'现代化'一方面突破了'传统',另一方面也同时继续并更新了'传统'"。这种"传统的发明"正是武术"文化自觉"的表现,其所映衬出文化蕴意正是古老武术延绵不绝的关键所在。

二、跨界合作的活力激发

联合国教育、科学及文化组织的《旅游、文化和可持续发展》文件强调:"一个国家和地区文化创新活力的激发与对社会的贡献,必须由多个专业、多个部门共同来参与,这与文化的特点直接相关。"采取"自主开发创造、结成战略联盟、技术合作开发、资源市场共享"等多种路径的"跨界合作",也是返本开新文化武术的必要途径。

2010 年在北京大学英杰交流中心举行了"2010 中国国际体育产业高峰论坛"。在这次高峰论坛上国家体育总局武术运动管理中心主任高小军、《中国体育报》常务副总编辑张乐年、IMG 亚洲区副总裁及市场和销售总经理范思高、《中国日报》总编助理任侃等还共同探讨了"武术的全球化版图",试图构建我国武术产业国际化发展的科学体系。这种集不同领域精英的高峰论坛,正是武术文化综合创新在思想上跨界合作的准备。

以"武林大会""功夫王""WMA"等武术赛事为代表的武术现代化创新模式,带来别具一格的武术文化的活力激发。"出于法而不泥于法"依托拳种、真打实斗、三大武术运动形式相统一的电视武术大赛,积极探索了武术文化产业化创新路径,是传统武术在武术界、影视、广告传媒、出版商跨界合作包装下的一次全新出场。这种综合创新所产生的社会效应也预示着未来武术的发展趋向。

三、因地制宜的集聚创新

不同民族、不同种族的人所生活的地理环境、社会条件的不同,是造就文化的多样性与独特性的根源所在。武术文化作为优秀的传统中国文化,不可避免地附有地域的烙印。地理环境对武术文化的形成和延续,武术文化的多样性和特殊性都产生着深远的影响。由此也带来了分布广泛、各具特色的拳种流派、地域武术。武术文化的综合创造,要立足于中国国土辽阔、民族众多、地域特色鲜明、武术拳种流派丰富多彩的大国国情,鼓励因地制宜的武术文化创新开发。

通过各种地域特色的武术节让人们看到了这种武术文化的创新开发。目前最具代表性的是三大传统武术节,即沧州国际武术节,国际传统武术节,中国郑州国际少林武术节。三个武术节各具特色,郑州当仁不让以少林武术为主,国际传统武术节关注于整个传统武术的层面,而在沧州主打八极拳为代表的传统拳种。

通过举办少林武术节,郑州在传承传统少林武术文化的基础上,进行了大量的武术文化综合创新。首先是武术节庆文化。如今的"郑州国际少林武术节"已经成了闻名遐迩的盛大武术文化活动,成为全世界武术爱好者两年一次切磋武艺,传播传统文化的平台。其次是武术节旅游文化。通过武术节形式多样的活动,"少林武术""禅宗文化""寺院文化"逐步成为当地旅游文化符号,形成了一种文化传播与经济发展的互动局面。还有少林医文化产品推广。少林中医学在少林的传播过程中,经历代少林僧人不断的推衍,形成了以养生、治病为核心的独具风格的推拿、通窍、素疗、坐禅等医疗方法,如今这种独具特色的医文化与禅宗、武术构成了少林"三宝"。

地域特色武术节的经验启迪人们:把握全球化趋势,将分布广泛的地域拳种进行因地制宜的文化开发,把创意、经济、社会、文化等结合起来,使武术文化的综合创造成果不仅造福本国人民,而且成为贡献给全人类的文化财富。当然,这种向未来武术的转化,需要激活相应历史资源,在"综合创新"的基础上寻求发展。目前摔跤与武术散打结合的"手搏"、太极拳与球类运动结合而产生的"太极柔力球""打中线"运动就是较好的例证,也为武术的未来发展揭开了序幕。

第五节　"武术文化思想"学名规训的反思

武术的历史就是"文"化的历史,一开始野蛮血腥的技击术"文"化出套路,近现代又与体操、体育相结合,"文"化出"新武术"、竞技武术、健身武术等样式。目前的武术"文"化已不再完全是"中式",而是具有了"中西文化融合"的特征。

面对传统文化与现代化,中国文化研究处于一种"冲击-回应"模式的应对方式。改革开放以来,武术发展沸沸扬扬,从武术挖掘整理是 80 年代武术文化工作的重头戏到竞技武术申请入奥,再到重新挖掘传统武术精神。站在规范意义的文化进步史设定出发角度去理解,三十多年来武术文化研究,是在寻根与现代化两条思想路向不断冲突与反思中,逐步走上一条综合创新之路。其兴起的思路来源于"光大文化遗产"中对传统文化的依附,通过寻根武术努力塑造了"传统文化"的知识空间,彰显了武术"传统性"话语;而促使其走向成熟的却是现代化与全球化带来的入世价值取向——现代化武术,是全力挣脱已经规定的传统武术文化研究范式,展示属于"西方"的现代化面目,从而将传统的武术文化扭转为现代性的文化知识;直至近来以综合创新武术全新出场,是挣脱中西、古今之分的精神束缚,放宽视野,彰显传统与现代的共性,提出在"返本开新"中展示个性,以此展示"武术文化"的学术研究魅力。

当然,这三个部分的基本路向并不是孤立存在,而是一种交叉螺旋式的向上发展。值得欣慰的是,正是基于这种文化选择的波动,武术的发展过程不仅延续了旧学,也接引了新知,使文化武术思想一面延续,一面变异。

"武术文化思想"是融合了民族传统概念与现代新思维的产物,是个完全意义上现代问题。对于这种新的学术问题,需要通过"规训"以获得学术敬重。

站在"知识-权利"的角度去理解,三十多年来,武术文化研究是以"文化热"为开端,逐步构建起"武术文化思想"规训准则,形成了这一领域的学科界域、聚焦问题、共同体认可等知识范畴。所有进入这一研究领域的学者必须以这些知识范畴进行"自我规训","这种规训是一个学科得以形成固定的研究领域、学科规则和学术传承的条件。"

但是,由于对"武术文化思想"的学术意识形成还处于初级阶段,尚未形成足够的历史厚度。在研究过程中对自我规训的严格程度、学术成果所产生的影响力等方面,无法与众多相邻学科相媲美,仍然存在难以跨越的学术局限。

一、武术文化思想的学科自觉难以超越特定历史阶段

经过规训构建起的"武术文化思想",在逐步完善自身研究领域过程中使思想走向成熟,大致建构起学术领地。值得注意的是,"人们理解世界的方式取决于理性秩序和一组话语构成,这些是不能跨越不同认知型存在的。"

"武术文化思想"只能产生于特定的世界观和话语组织起来的历史阶段,这些历史阶段只能依据特定的世界观和话语得到解释。也就是说,在武术文化思想自我规训过程中存在种种难以跨越的矛盾,这种矛盾是"特定的世界观和话语组织起来的历史阶段"带来的。例如在由"术"至"道"的文化转化中,面对长久以来,因为仅仅以"体育面孔"存在于"学校武术教育"中而陷入种种困境,力图通过将武术提升至"国学"地位的态度,希望以此摆脱对现代化武术的诘难。然而,在当今的教育体制之下,这种良好的意愿与学科责任显然难以在已经约定成俗的话语体系下得以重新解释。

二、武术文化思想研究从大叙事转向小叙事

后现代主义于20世纪80年代引入中国,其特有的立场观点逐渐在学术界得到比较广泛的传播。在文学批评、社会学、政治学、教育学等研究领域,后现代主义成为一种思考问题的方式,扎根于中国知识界的理论言说与思考中,提出了自成体系的论述。后现代主义的反"元解释"和"文本意

义",而使人们的思想不再拘泥于社会理想、人生意义、国家前途、传统道德等,从而使人的思想得到彻底的解放,也使人对于自我有了更深刻的了解。如在教育学领域,教育定义中的反本质倾向,研究方法不再关注一种"宏大叙事"而是转向探究原本看似细枝末节的"小叙事",随之发生变化的是研究对象,更多关注的是来自个体边缘与差异性、非理性,这些都构成了中国教育学文本中后现代主义思维方式。

同样,在当前武术界,由于"国术"带来的"国家"意识,让原本纯粹学术研究为出发点的文化武术研究,不可避免地笼罩上一层民族主义、国家精神的色彩。这种意识让武术文化研究无论在"武术挖掘整理"中的寻根,还是在"加入奥运会大家庭"的现代化过程中,往往拘泥于民族情感视野的"宏大叙事",而真正影响学术研究的"一般知识、思想与信仰世界"却被学者忽视或成为不愿涉及的"边缘领域"。

如此一来,武术文化思想研究远远还未建构起"儒释道思想"意义上的,严谨而普适的学术规范。按照葛兰西的公民社会理论,"意识形态虽然是全民共享,却主要是知识分子操作"。因此,文化武术学者任重而道远。

三、武术文化思想研究的学科质疑

在向至高真理跋涉的武术文化研究的艰辛历程中,不断吸收了哲学、人类学、社会学等人文社会科学研究方法,这种海纳百川的研究胸怀似乎跨越了学科分际,由此也带来某种"僭越"之嫌,引发邻近学科的多方质疑。甚至成为"主张砍掉体育学下属的'民族传统体育学'学科,将之归并到训练学"的缘由之一。然而事实上,学科分际因为"过度专业化和技术化"可能把学问变成"与人无关的一种事业",限制了研究者的视野。

四、武术文化思想研究需要警惕"伪文化"现象

在社交媒体火热发展的 21 世纪,"马保国事件"成为火爆全网的热梗,掀起互联网对武术的嘲讽热潮,造梗背后,马保国是为武术正名还是跳梁小丑,其真实目的不得而知,但是此类事件并不是个例,与之相似的还有 2017 年的"徐雷事件"等。频频出现的武术乱象暴露了社会武术发展过程中的失序,偏离了武术文化最为纯真的传承理念,制造出武术文化乃至武术思想的"伪文化"。社会武术失序的深层逻辑是武术发展土壤的改变,评价标准的变迁,使得习武者对于身份认同存在缺失感,物欲化的驱使下部分习武者以及相关研究学者向利益看齐,为武术的传承与发展蒙上阴影。在"求真"中认识了解武术进行武术文化思想研究时,应先对武术充分了解,或者成果由

武术专业人士初步审核,避免出现专业性错误,影响大众认知,挤压真文化的生存空间。

根据学者的数据分析可知,武术文化思想研究稳步发展,体育院校成为研究的中坚力量,想要研究深层逻辑,必须从"原创性"与"主体性"出发,而武术中最具个性化特征的研究点是拳种。拳种在地域文化的基础上呈现出迥异的演练风格,包含着创拳者所表达的文化信息,区别于戏曲、中医等相似的中国传统体系,是研究者介入社会武术的重要出发点。研究拳种还可以为社会大众普及武术知识,撕下顶着武术招摇撞骗的伪装,避免"伪文化"的出现,提高武术的公信力。

无论如何,学者们以高度"文化自觉"的学术使命勾勒出了一条清晰的武术文化研究主线,通过自我规训所构建起的学科边际界限、思想路向、评价标准,为后来者铺平了道路、指明了路向。并以此为起点,促使"武术"在各种关乎"国学"的人文社会科学学科获得理论尊严与学术敬重。

第六章　民族复兴：近现代 武术思想形成与 发展的恒定主题

　　思想史描述的是思想在时间流程中的建构、定形与变异的连续性历史。任何一种思想，无论其内容如何丰富、复杂，无论其所涉及的问题如何广泛、深刻，它一定有一个自觉的主题，正是基于这种主题，思想的发展便有了"延续性"。固有的思想资源不断地被历史记忆唤起，并在新的生活环境中被重新诠释，以及在重新诠释时的再度重构这样一种过程。

　　拉夫乔在他的名著《存在的大链条》(*The Great Chain of Being: A Study of theHistory of an Idea*)中，用了"链条"来隐喻观念史上的连续性，这个隐喻提醒我们，知识、思想和信仰的传承与连续，往往像锁链互相环扣一样，前一链要扣住后一链，后一链也得扣住前一链，任意一链的松动与开口，都有使连续中断的可能。

　　中国近现代武术思想一百多年的传承与演变亦不会例外。纵观中国近现代武术思想发展的历史，我们可以发现，中国近代武术思想传承与演变，始终围绕着实现"民族复兴"这样一个主题而展开。近代武术民族复兴思想通过"尚武精神"得以彰显，即通过尚武而"强兵、强种、强身"。现代武术民族复兴思想则在"文化自觉"中得以延续，即"自觉于社会意识、自觉于国家建设"。

　　1840年鸦片战争后，中华民族面临着数千年来从未有过的"大变局"，一个具有灿烂文明历史的国家从此走上了屈辱、抗争和追赶的道路。从"睁眼看世界"到"师夷长技以制夷"，在"西学东渐"的文化碰撞中，西方近代体育逐步进入中国，并与武术形成一种传统与现代两种文化的争论。当时在武术思想认识上的表现是：中国人注重于尚武强兵、强种、强国的社会作用。由此，人们对武术的解读，总是在强兵御侮、强种强国的主题下，将武术与国家的前途和命运结合在一起。国人逐步做出了"技不如人、制度不如人、思想不如人"的思想总结之后，近代国家的衰弱被归结为了"身体不如人"。由此引发了"尚武强兵""尚武强种""尚武强身"等社会思想狂潮。也就有了用体操(体育)对国民身体的改造,有了国人对土体育(国术)种种期待,拉开了以"民族复兴"为主线的武术思想发展序幕。

中华人民共和国成立后,武术受到党和国家的高度重视。武术被纳入体育部门管理,成为"增强人民体质"不可或缺的组成部分。新中国成立以来70年的武术实践,以及新中国成立以来的经济、政治和社会文化事业的蓬勃发展,决定了新中国成立以来的武术思想,必然也伴随着社会性质的变革和社会的全面进步、武术实践的发展而发生了根本性的变化,取得了令世人瞩目的辉煌成就。完成由近代武术向现代武术迈进,武术民族复兴思想则在"文化自觉"中得以延续,即武术发展"自觉于社会意识、自觉于国家建设"。正试图在强调国家发展的"中国式经验"背景下,用中国的话语构建起"具有中国特点、中国风格、中国气派"中国武术文化。

第一节　尚武救国:近代武术的思想基础

鸦片战争以后,西方列强的洋枪洋炮撞开了中国封建社会闭关锁国的大门,西方先进的工业生产方式与制度对封建自然经济与制度形成强烈的冲击。中国面临前所未有之大变局,国人思想观念势必随着社会的动荡而发生剧烈的变化。表现在传统武术领域,则是激烈的新旧体育之争以及武术何以救国的问题。

由封建主义而资本主义,这本来是社会发展的自然规律。但中国社会自身的发展没有完成这种取代,帝国主义的侵略,改变了中国社会自身发展的轨迹,中国不仅没有成为资本主义,反而逐步沦为个半殖民地半封建社会资本主义的生产方式和西方文明,伴随军舰和大炮而来,先进与落后之间裹挟着民族侵略与民族生存的尖锐矛盾和冲突。先进的中国人曾诚心诚意地向西方的"老师"学习,然而"老师"却无意于中国的现代化,它们热衷的是对中国领土、主权和资源的掠夺。彻底推翻腐朽落后的封建专制制度,建立一种新的、符合中国社会自身发展规律的制度,已经成为国人共同的呼声。然而空前严重的民族危机,却使这一急务为争取民族的生存和独立这一更为急迫的任务所掩盖。如此一来,近代中国最重要的政治任务就是救亡图存、民族主义。在这一背景下的武术也因其特殊的功能价值,走上探索"尚武救国"的道路。

中华文化在主流上有着深厚的尚武传统。虽然有过一段因为"重文轻武"导致尚武之风衰落的历史,但是在"救亡图存"的近代,尚武再次成为国人讨论的主题。从康有为的"若夫当列强之世,尤重尚武"到张之洞的"三尚(尚公、尚实、尚武)"再到孙中山提出的"尚武精神"。国民对尚武的理解也发生军事、兵操、体育、军国民等一系列的转变,但对尚武可以救国始终持有一致的看法。

中国习于文弱数千百年矣,以含忍为机谋,以勇武为粗事,相沿既久性情随习尚而俱移,强毅坚忍之风消灭殆尽,任人剥割痛痒不知,时势迁流,积成贫弱,一若吾国民夙无尚武精神者,呜呼,此非独朝廷之羞抑,亦全国人民所当引为深耻也。

夫武为吾国粹而近今人民心性所深惧而讳言者也,惟武可以立国,而民若可以致亡,惟武足以葆身,而民若可以速死,尺籍之中,决无千金之子,惟游手好闲者,借为糊口资,击刺拳勇,上流之人视为贱技,惟江湖卖解,市井无赖始得习焉,久矣夫果敢刚强之气节,烈侠义之风,无复有丝毫遗留于吾人身体中矣,奴隶我而叱辱受之,牛马我而鞭笞安之,庸讵知我祖宗宅此区,夏安奠厥居,经几许汗血之功,战斗之役,而始克有此,祖宗奋勇而得之,子孙安坐而覆之,其贤不肖之相去几何耶,故不欲保存吾国则已,苟欲保存则惟有尚武,不欲保存国粹则已,苟欲保存,则宜尚武,盖武之为道,大可卫国,小可卫身,为先民遗传之天性不可一日缺者也。①

我常听见人说,现在的世界只有强权没有公理,又说弱肉强食为天演的公例,又说现今是铁血世界,须抱铁血主义。这几句话,细细想想无非要人尚武的意思。譬之动物,豺狼虎豹有了强牙利爪,无论什么野兽都不敢去欺侮他们。人有出众的武艺,无论遇了什么危险,总有抵御的方法,国家有了精兵,无论什么强国,不敢妄启野心。从这样看来,尚武精神是个人与国家最要紧的事情。②

对于"尚武",仁者见仁智者见智,也是当时社会民主、科学的态度。在新旧文化激烈碰撞的时代,"土洋体育之争"一度成为社会精英关注的热点,此时的"尚武"无论指向军事和兵操,还是指向体育和体操,甚至将"尚武"等同于"军国民",都与武术存在千丝万缕的关系,武术的身影始终伴随

① 资料来源：王蕴曾.论尚武为吾国国粹[J].国学杂志,1915(2)：3.
② 资料来源：佚名.国民须有尚武精神[J].通俗教育杂志,1913(5)：27.

左右。

对近代中国"尚武救国"的探索,从 19 世纪 70~80 年代的"洋务派"的"尚武强兵"和 90 年代的"新学"维新变法之后的"尚武强国",以及 20 世纪初的民主革命思潮中的"尚武强身",这个过程大体反映了这一历史时期,不同阶段上的社会精英,对此问题认识不断深化的过程。左宗棠、张之洞、洪秀全、严复、孙中山、梁启超、徐一冰、张之江这些具有代表性的思想家们的思想,具有不同阶段或同一阶段的不同特点,但其认识又是相互衔接的,有着一代比一代更加深化的明显特征。

一、尚武强兵

晚清时期,随着西方侵略者的铁蹄在中华大地肆意践踏,国家陷入生死存亡危机。在国家民族危亡之际,一场声势浩大的洋务运动在中国展开,以求自强。自曾国藩、胡林翼、左宗棠、李鸿章等以儒生而领兵,开启了晚清士大夫问兵的风气,尚武强兵就开始贯穿于始终。

没落的晚清首先表现在其军事上的腐败无能。曾国藩在《议汰兵疏》一文中对官军的腐败曾做出了如下的描述:"漳、泉悍卒,以千百械斗为常;黔蜀冗兵,以勾结盗贼为业;其他吸食鸦片,聚开赌场,各省皆然。大抵无事则游手恣睢,有事则雇无赖之人代充,见贼则望风奔溃,贼去则杀民以邀功。"第一次鸦片战争时期,作为清军主力军的绿营到广州参战却是:"奉调之初,沿路劫夺","抵粤以后,喧呶纷扰"。而真正到了战场上打仗时,则是"望见夷船,急发空炮数声,卷包而遁。"倒是三元里人民凭借大刀、长矛等简陋的冷兵器,屡屡打得英军落荒而逃、死伤无数。面对国家生死存亡的战争格局,曾国藩表现出极其强烈的反侵略爱国情绪。他在《送黎樾乔侍御南归》诗中说:"逆夷昔烂漫,兵甲御南东。杀人饲蛟鳄,人海为之红。君时即我谋,雪涕向苍穹。"作为一名进步的青年知识分子,曾国藩除了对侵略者的仇视以外,亦对朝廷的丧师辱国,特别是清朝军队的反侵略表现表示了极大的不满。1853 年,他在回籍服丧期间,又奉旨帮办湖南团练,从此正式开始了他的军旅生涯,曾国藩首先认识到了军队无力守护国土的根源:"平日毫无训练,技艺生疏,心虚胆怯所致",迫切需要"别树一帜,改弦更张",重新打造一支能征善战的军事武装,紧接着应运而生的是曾国藩亲自统领的"湘军"。作为早期洋务运动的重要代表人物,曾国藩自然十分清楚洋枪洋炮在战争中的威力,因此他大力购入西式火器而且主张自主建厂生产火器。与此同时,他仍然十分重视传统军事武艺的训练,对两种武器在现代战争中作用有着十分清醒的认识:"练技艺者,刀、矛能保身,能刺人;枪、炮能命中,能及远。"他还对士兵们说："要你们学习拳棍，是操练你们的筋力；要你们学习枪法，是操练你们的手脚；要你们跑坡、跳坑，是操练你们的步履；要你们学习刀矛耙叉，是操练你们的技艺对于个体技艺训练的作用。"曾国藩认为，军队只有每天不懈地操练，才能锻炼其体魄，娴熟其技艺。所以他在《晓谕新募乡勇》中要求："每日午后，即在本营演习拳、棒、刀、矛、耙、叉，一日不可间断。"

左宗棠是中国近代历史上的一位著名的军事家。胡林翼评价左宗棠"廉介刚方，秉性良实，忠肝义胆，与时俗迥异。其胸罗古今地图兵法，本朝国章，切实讲求，精通时务。"当时湖南地区自古民风强悍，好胜崇武，左宗棠长期受这种民风土气的熏陶，从小习武崇尚武道。左宗棠十分重视战备，以期达到国富兵强的目的，指出"农隙而讲武，所以齐民志而习戎经也……"，强调以农为本，兼习身体、器械的思想，一举多得。左宗棠不但重视勤练兵而且他还注重士兵的心理素质培养，"大小操演固宜加勤，然非调之随征，俾令历练有素，则虽技艺可观，终不足侍。盖打仗以胆气为贵，素练之卒，不如久战之兵，以练技而未练胆也"。所以"练兵之要，首练心，次练胆，而力与技其下焉"。在治军上，他提出：严明纪律，毋令兵勇扰害。是为至要……兵勇杀贼，原以安民。团练御暴，非以为暴。敢有恃强恃众，扰害闾阎，欺压良善，擅为军令者，官司访查得实，即通禀本部院分别治罪。如系游勇，立予斩决。他还主张教育改革，在对于旧式书院的改造中他提道："书院之设，原以讲求实学，非专尚训诂、辞章。凡天文、舆地、兵法、算学等经世之务，皆儒生分内之事。"兵法、舆地等自然科学门类应大量增加学时，以期"文武兼习，学行交修"。他特别指出："又体操一事，为习兵事者之初基，即与旧传八段锦、易筋经诸法相类，所以强固身体，增长精神，必不可少。"

张之洞是晚清洋务派和推动清末军事改革的中坚力量。看到清政府因软弱无力，洋人遂敢横加欺侮，得出了"探源之策，在于自强；自强之术，必先练兵"的结论，提出要用洋枪洋炮训练八旗禁军和京师绿营。看到东西洋各强国"精研兵事，最重武职"，并且拥有"众以当兵为荣，以从军为乐，以败奔为耻"的传统理念，他十分佩服这些国家的尚武之风，深刻体会的一支强大的军队是国家得以延续的生存基础。对于如何形成国家的尚武之风，张之洞认为首先要做的就是提高军队官兵的社会地位，真正落实"尚武强兵"的国策，在全社会形成一种"凡为兵勇者俨然可列士流"以及"人人有执干戈卫社稷之心"的观念。

李鸿章认识到了中西方军事实力的差距，为抵御外侮而创办军事学堂，于1881年创办天津水师学堂（又称北洋水师学堂），在课程开设上"中学西学,文事武备,量晷分时,兼程并课"。曾就读于天津水师学堂的王恩溥在《谈谈六十三年前的体育活动》中谈道:那时的体育活动内容,作为校内正式体育课程的,有击剑、刺棍、木棒、拳击、哑铃、足球、跳栏比赛……我们那时所学的体操最初为德国操,主要演习方城操及军事操,后来到了戊戌年间就改为英国操了。继天津水师后李鸿章于 1885 年又创办天津武备学堂。在李鸿章上书清廷的奏章中曾指出:西方各国"陆营将弁,必由武备书院造就而出"。因此,"我非尽敌之长,不能致敌之命"。故创办武备学堂,是"以其人之道,还治其人之身"。否则"与强敌从事,终恐难操胜算"。

　　太平天国运动代表了旧式农民革命顶峰。"亦军亦教,亦兵亦农"的管理制度,使得太平天国广泛推行传统的练武强兵思想。所以还在金田起义之前,太平天国就利用宗教联络起义农民在一些地方设立"大馆",作为宣讲革命道理和打拳习武、操练兵马的场所。其中著名的"上帝坪"是太平军习武练兵的重要场所,负责操练武艺的是著名将领杨秀清等人。金田起义后,太平天国对于操练武艺更有明文规定:"凡各衙各馆兄弟,在馆无事,除练习天情外,俱要磨洗刀矛,操练武艺,以备临阵杀妖,不得偷安。"所以太平天国的武艺训练有着各种各样的内容和各种各样的方法。正是这些训练,大大地提高了太平军的战斗力,使敌人也不得不承认太平天国的军队是"以人众为技,以敢死为技,以能耐劳苦、忍饥渴为技,其打仗亦有熟习之技。" 为鼓励练兵习武,选拔武艺人才,天国颁布武考制,分为乡试、县试、省试和天试。各级考试先试马射、步射,其次开弓、舞刀、举石等,最后试军事理论。各级武试合格者分别授予艺士、英士、毅士、猛士与武状元等称号。此外,天国还实行"招贤"制。"无论门第出身",凡同情革命且精通武艺者,均召集任用。天国首领、重臣名将,多精通武艺,英勇善战,其中还不乏一些女中豪杰。

二、尚武强种

　　19 世纪 40~50 年代,中国封闭的大门刚被打开。在西方列强的"船坚炮利""奇技淫巧"面前,地主阶级改革派的思想家和农民阶级思想家,各自提出了它们不同的主张。魏源力主"以夷制夷""师夷之长技以制夷",主张引进西方的"火轮机、火炮车、自来火、自转磨,千斤顶"之类的"利器"以强国;洪秀全则从西方引进"上帝"动员农民,以图建立"无处不均匀,无人不饱暖"的人间天国。

　　帝国主义列强入侵造成的割地、赔款,使"天下震动、举国廷诤,都人惶骇",严重摧残了广大劳动人民的身心。"体魄之弱,至中国而极矣,身体不具之妇女,居十之五,嗜鸦片者,居十之一二,龙钟惫甚而若废人者,居十之一,还有跛者、聋者、盲者、哑者、疾病伶仃者,又居十分之一二。所谓宅全无缺之人,不过十分之一而已"。中国人被扣上了"东亚病夫"的耻辱帽,国民身体令人担忧,这一局面使中国思想界为之震撼。严复于 1895 年 3 月在天津《直报》上发表的《原强》首次将中国比拟成重病在身的"病夫"。严复所说的"病夫"是中国近代衰弱的表征,是他将国家比喻成人之身体,并将国之富强归因于"手足体力"的结果。在翻译孟德斯鸠的《法意》时,严复在按语中对中国尚武之风的流失及后果进行了深入的阐释。"必谓吾国礼俗为亘古不迁,此亦非极挚之论也。取宋以后之民风,较唐以前之习俗,盖有绝不相类者也。顾他国之变也,降而益通,而吾国之变也,进而愈锢。其尤可见者,莫若国民尚武好事之风,如古之人好猎,今则舍山僻之区,以是为业者,不可见矣。他若击球挟弹、拔河剑舞诸戏,凡古人所深嗜而以为乐方者,今皆不少概见。大抵古人之于戏乐也,皆躬自为之,故于血气精神有鼓荡发扬之效,而今人之于戏乐也,辄使人为之,而已则高坐纵观而已,是故,其为技益贱,而其为气益输。自治教粗开,则武健侠烈敢斗轻死之风,至于变质尚文,化深俗易,则良儒俭啬计深虑远之民多,隐忧之大,可胜言哉"。这些能够对人的身体、精神起到锻炼鼓舞作用的体育活动因为"为技益贱"不再受人重视,进而导致国人"为气益输",严复对中国尚武气的流失表示出深深的遗憾。

梁启超说:"甲午之前,我国士大夫言西法者,以为西人之长不过在船坚炮利,机器精良",而"乙未和议成,士大夫渐知泰西之强由于学术"。由此,"本现代思潮的精神,谋社会之改造"成为中国社会精英最热门的话题。信仰各种主义的社团、小团体应运而生,其改变国家的思路更是五花八门,"科学救国""实业救国""新村主义"等。正是在这种背景下,"尚武强国"进入社会精英的视野。如果说以曾国藩、左宗棠等人为代表的洋务派尚武是为"强兵",那么戊戌变法之后,以康有为、孙中山为代表的改良革命派的尚武则为国家与民族利益上的"强种"。尚武甚至成了"起衰振弱的治病良方",只有通过尚武才能唤醒民众并洗刷"东亚病夫"的耻辱。

毕竟,在近代社会精英将武术进学校、进军队的冲锋中,有着他们对武术与教育和军事的想象性联系。如"技击术与枪炮、飞机有同等作用"(孙文语)、"冲锋格斗,杀敌致果,国术尤能独操胜算"(张之江语)、"古人六艺之教,射、御居二,已开体操、拳勇之先声"(何炳语)。

梁启超在《论尚武》中以古希腊的斯巴达为例说:"彼斯巴达一弹丸之国耳,举国民族,寥寥不及万人,顾乃能内制数十万之异族,外挫十余万之汝军,雄霸希腊,与雅典狎主齐盟也,曰惟尚武故。"他又以德国为例说,"19 世纪之中叶,日耳曼民族,分国散立,萎靡不振,受拿破仑之蹂躏。"后"改革兵制,首创举国皆兵之法",使"举国之人,无不受军人之教育,具军人之资格","德意志遂为世界唯一之武国。"因此他得出了自己的研究结论是:"此数国者(包括俄国和日本),其文化之浅深不一辙,其民族之名宜不一途,其国土之广狭不一致,要其能驰骋中原,屹立地球者,无不恃此尚武之精神。"他痛恨地说:"神明华胄,开化最先,然二千年来,出而与仙远租遇,无不挫折败北,受其窘屈,此实中国历史之一大污点,而我国民百世弥天之大辱也。"他认为中国本来是有尚武的传统的,但"我民族武德之断丧,则自统一专制政体之行始矣"是"统专制政体,务在使天下皆弱,惟一人独强,然后志乃得逞。故曰,一人为刚,万夫为柔。"所以在秦始皇后,"中国轻武之习,自古然矣"。"所谓军人者,直不膏恶少无赖之代名词;其号称武士者,直视为不足齿之伦父。"其带来的可怕后果就是"以文弱闻于天下,柔懦之病,深入膏肓。乃至强悍性成驰突无前之蛮族,及其同化于我,亦且传染此病,筋弛力脆,尽失其强悍之本性。"他叹息道:中国"重文轻武之习既成,于是武事废堕,民气柔靡。二千年之腐气败习,深入于国民之脑,遂使群国之人,奄奄如病夫,冉冉如弱女,温温如菩萨,戢戢如驯羊。呜乎! 人孰不恶争乱而乐和平,而乌知和平之弱我毒我乃如是之酷也!"因此他大声疾呼:"今者爱国之士,莫不知奖励尚武精神之为急务。"

辛亥革命后,面对"土洋体育"之争,孙中山站在强国保种的高度力鼎土体育——武术,认为那些提倡洋体育的人只是学了一点"西洋文明之粗末",就武断地否定土体育的技能,是十分不明智的举动。他在《精武本纪·序》更是称赞精武体育会成立以来所创下的历史功绩,即"以振起从来体育之技击术为务,于强种保国有莫大之关系"。认为"国家和人民需要掌握自卫强盛之道,才能生存"。也就是说,国家如果掌握了"自卫之道"就能强种保国,人民如果掌握了"自卫之道"则能强健体魄。孙中山将"尚武精神"视为救国的一种手段,通过"强种"来达到"保国"和"强国"的目的。

张之江目睹我国民气不振,相习成风,年龄未老,魂魄已游坟墓,操作不力,生产日减,民贫国弱备受帝国主义列强侵略凌辱的社会现实,"念大难当前,应积极恢复民族体育。"积极宣传体育救国的思想,在中央国术馆成立大会发表宣言"强国必先强种,强种必先强身","国术是我们固有的技能,是锻炼体魄的方法","研究国术,即为强健身体之捷径。"大力提倡武术,以便强种强国,壮我中华。

三、尚武强身

甲午战争失败的惨痛教训,让国人放弃了"技术救国"的梦想。戊戌变法和辛亥革命失败也让国人明白了"照搬西方的政治制度"同样是行不通的。希望通过尚武而强国强种，反映了辛亥革命后人们寻求新出路的急切心理，对于落后的民国社会来说这充其量是属于乌托邦式的理想。那么紧接而来的尚武强身则更多了一种脚踏实地的意味。这主要得益于时人对"病夫"的结论，先是社会精英对近代中国社会的认识，后来成为认识中国人的一面镜子。看到国弱也是身体的衰弱，中国与西方的比较和竞争也就成了身体的权衡。因此，身体的羸弱是国弱之根本原因，是"争存于万国"的资本，因为"病入膏肓者是不可能有竞争力的"。社会精英从国人的身体联想到了国家，他们面对国人柔弱身体时难以抑制"亡国灭种"的焦虑。继"技不如人"、制度与思想不如人之后，国人对中国近代衰弱的归因又找到了身体，归因于我们身体的不如人，得出"百不如人"的结论。

为实现尚武强身，社会精英不仅有理论上的准备，舆情上动员，更重要的是一系列相关措施的措施方案的相继出台，为尚武强身的实现奠定了坚实的基础。

（一）社会舆情

"增强中华民族体质，洗刷东亚病夫耻辱"成为近代社会精英的首要任务。徐一冰认为体育"是为强国之道，教育之本也"，所以提出普及体育应成为一种国家行为。他说："民强则国强，古今中外一也。故谋国民身体之健康，乃国家富强之久计。是则普及全国体育，国家焉可置之不顾！"由此他提出了在学校体育中应增添本国技击一门。他说："我国技击，为最高尚之运动，惟以练习艰苦，工夫深远，文弱者流，辄鄙夷视之，实则行之于学校，即为我国最古最良之体操术。"因此他建议，"凡自高等小学第三学年起，即可添入体操科内，以修养勇健之体格，保存国技之菁华，强种强国，亦教育之急务也。"

教育家蔡元培更是借其特有的影响力大力鼓吹尚武强身之重要性。"中国教育应重尚武，不但为保卫国家计，亦为强身健体计。"他说，"余上次由欧返国，曾在北大提倡。学生军，即是此意。"所以他说："余之主张，各学校应一律提倡体育，国民身体既强，临时授以'军事知识'，亦可执干戈以卫国家。此则余对于教育前途之意见也。"

作为当时国术力推者，张之江先生在《十九年五卅纪念勖中央国术馆同志》中，大声疾呼"外人以东亚病夫目我，是我们自己甘于堕落不长进，才被外人所轻视"。张之江于《大公报》发文，言"国术之用，不仅健身强种，且可拒寇御侮，既合生理卫生，又极经济便利，不拘性别老幼，不限于时间空间，富美感、饶兴趣，锻炼甚便，普及亦易。""试看中国大地，儒教之国，敷衍苟且,庸懦怠惰之习,已久成为风俗,拳勇志士竟地位低下,视习武者不屑一顾,故相沿成习,面对今日国人体格委顿,事业颓废,可谓不武无术已极。然看我国数千年辉煌历史,'诛草莱,驱猛兽,关荆荒,厌恶物,开疆数万里,版图半大卜,生存至今者,全赖吾祖吾宗遗留之拳棒刀剑也'"。

> 欲强其国必先强其兵,欲强其兵必先强其身,强身以强其兵,强兵以强其国,此天然之理,必然之道也。方今欧美人士,莫不以此为重要事,夫强身无他,必先讲其修身卫身之道,卫其身而使之远害,修其身而日至康强,于是四肢百体无或受污积之虞,无或有疲乏之虑,故强兵之道,修身卫身乃其原因耳。

> 国之盛衰,在于民气,身之强弱,在于血气,血气充实则身体自是强壮,人人体强血旺则何虑民气不盛,民气既盛,则一国事业安有不蒸蒸日上哉,所以人民体格强健,为图强之本。

国人在羡仰外域之文明与学识之时,更应国术延续,促进和鼓励其发展,使崇武、精武精神为中华民族演绎与生俱来的有风气。

1928 年 5 月在南京举行的"第一次全国教育会议"上海特别市教育局"请全国一致提倡体育案"中开始探讨,将国人的身体上升为需要国家管理的高度,并试图通过国术等手段加以改进。"这一点当令学生视锻炼身体如吃饭一般,不可一日或缺。各种运动,应就学生程度分别规定,俾各学校切实遵行,不得徒尚外表,或避重就轻敷衍了事。如游泳国技骑术等,切实功夫,在有相当程度之学校,务须订入课程中责令实习。"

（二）解决方案

在认识到"国民之体力,为国力之基础;强国民之体力,为强国之基础""强国必先强种,强种必先强身""国民体格之改良发育,乃国家百年之大计"的同时,社会精英对尚武强身的具体实践方案纷纷提出自己的看法。

梁启超认为:"诚欲养成尚武之精神,则不可不具备三力"即心力、胆力和体力。在有关体力的问题上,他说:"体魄者,与精神有密切之关系者也。有健康强固之体魄,然后有坚忍不屈之精神。"他特别欣赏德国皇帝威廉二世的一段名言:"凡我德国臣民,皆当留意体育。苟体育不讲,则男子不能担负兵役,女好不能产魁梧雄伟之婴儿。人种不强,国将何赖?"所以他主张军国民体育。提出"体操而外,凡击剑、驰马、蹴鞠、角抵、习射击枪、游泳竞渡诸戏,无不加以奖励,务使举国之人,皆具军国民之资格。"

　　鲁迅于1922年在《呐喊》自序中也指出，"改变他们的精神是我们的第一要著"。他说："凡是愚弱的国民，即使体格如何健全，如何苗壮，也只能作毫无意义的示众的材料和看客，病死多少是不必以为不幸的。所以我们的第一要著，是在改变他们的精神。"

　　武术家张之江一方面强调了尚武强身的必要性，认为："拳术国技，为我国民族固有之体育"，"勇武之精神，为我民族之天性"。另一方面对传统体育强身的可能性做了十分通俗易懂的分析。认为习拳练武不仅在我国有悠久的传统和广泛的群众基础，还因为武术是一种优美的锻炼，具有很高的艺术性。习练者一经领悟足以增加浓厚的兴趣和美感，是具有较强吸引力的、为广大群众所喜爱的一种体育运动，极易在民众中普及推广。更为可贵的是，张之江考虑到社会落后的实际情况结合"拳打卧牛之地"的古训，提出练习武术不需要复杂的设备器材和专门场地，"不受经济条件的束缚""不分老幼，不拘贫富，不分性别，不拘人数，不拘场合"园，随时均可练习。因此，习武强身"有平民化的可能"，符合当时国情。

　　社会舆情的呼吁，社会精英的理论与实践的准备，推动尚武强身走上民国政府立法的道路，以自上而下的方式促进武术的发展。伴随尚武精神的提倡而兴起了诸多体育组织，如体育研究社（1912）、中华武术会（1919）、尚武国术研究社（1930）等，其中不得不提霍元甲为实现"欲使强国，非人人尚武不可"的主张而成立的精武体育会。精武体育会创立之后，"以提倡武，研究体育，铸造强毅之国民为要旨"，树立"爱国、修身、正义、助人"的精武精神。1911年9月，在精武体育会成立一周年之际召开了精武会的首届运动会，在社会上产生极大的影响。以后，精武体育会举行过多次类似的活动，如1918年在精武公园举行的大会操；1921年纪念精武体育会成立十周年时举行的大型庆祝活动等。并且精武体育会在大型活动的过程中时常邀请当时一些有名望的人参加，如1916年在精武体育会所举行的技击高级学院毕业典礼上，邀请孙中山做了重要讲话，后于1919年又邀请其为《精武本纪》作序，在精武体育会建会十周年之际，孙中山先生亲笔题词"尚武精神"，这些都扩大了精武体育会的知名度。

　　从第一届全国教育会联合会《军国民教育施行方法案》中"各学校应添授中国旧有武技"条款开始，在学校中教育中"注重国技"的提案就不断被历届全国教育联合会提及。《推广中华新武术案》《将中国固有武术加入专门学科案》《拟请全国中学校一律添习武术案》等，种种提案变化的是名称，不变的是教育界对武术强身的殷殷期待。除此之外，另一组社会团体会议——全国国民体育会议更是不遗余力地呼吁尚武强身，张之江在全国国民体育会议上的《请定国术课程为国民体育案》《请教育部订国术为各级学校必修课程，并呈请中央党部、国民政府通令全国党政军各机关团体公务员，实行早操，施以国术训练，并于国民军事训练中，添授国术为必修课程》《拟请部通令全国大中小各级学校列国术为必修科案》《请由部设中央国术体育特别训练班，严格补习，藉资沟通，以期健全师资统一教学案》等提案。

社会时局的需求以及社会舆情的呼吁促使国民政府高层做出表态：

> 《提倡体育通电（1935 年 8 月 2 日）》道：各绥靖主任，各县司令，各省党部，各省省政府，并转教育厅同鉴：查运动为锻炼国民体魄，以达成强种救国重要工作之一。实应极力提倡，普遍发展，故我国古者射御二事，列于六艺之内，为学子与士大夫必修之科。今日世界列强，举国上下，及以男女老幼，尤莫与不酷嗜运动，奋发逾恒……如此情形，殊怪所以改造健全民族之道，应即严令各中等以上之教职员及学生，与各小学校之教员，及党政军各机关之职员，嗣后每人必令选定一种运动或游艺之科目。由各机关主管长官，各学校校长负责组织，严加督促，并派定指导员，必须于每日下午五时至六时之间，冬季则于下午四时至五时之间，一体按时练习，持续不断。若遇风雨或冰雪之节季，户外不便运动，亦应由各该主管官与教育厅会商补救办法。务使持之以恒，不致一曝十寒，为唯一要义。

近代体育相关议决案中种种对于尚武强身的"立法"强音，毫无疑问有出于"民族之存亡"之目的而动用政府财政支持国术的"强种强国"。限于民国社会时局，这些立法自然难以在当时全国贯彻实施，但仅从近代武术发展的价值意义，无疑还是给国人留下了   笔宝贵的精神财富，也为武术步入现代化发展提供了难以忘却的历史经验。

第二节　文化自觉：现代武术的思想基础

"文化自觉"源自费孝通先生的思想，意指生活在一定文化中的人对其文化有"自知之明"，即明白它的来历，它的形成过程，所具有的特色和发展趋向，以加强对文化转型的自主能力，取得决定适应新环境、新时代的文化选择的自主地位。就世界范围而言，文化自觉还包括要理解多种多样的文化，增强在多元文化的世界里确立自己位置的能力，然后经过自主的适应，和其他文化一起，建立一个有共同认可的基本秩序，从而形成联手发展的共处原则。纵观新中国成立以来武术的发展，始终与我国现代社会政治、经济发展轨迹是相吻合的。武术思想的每一次变革，是中国社会变革的真实反映，是适应新环境、新时代的文化选择，是一种文化自觉的过程。

一、自觉于社会意识：现代武术思想演变自觉服务于我国社会意识

社会意识是指社会的精神生活过程，是对社会存在的反映，包括人们的政治法律思想、道德、艺术、宗教、科学和哲学等意识形态及感情、风俗习惯等社会心理。历史唯物主义认为：不是社会意识决定社会存在，而是社会存在决定社会意识；社会意识不仅反映社会存在，而且具有相对独立性，对社会存在具有能动的反作用。文化（作为观念形态的文化）是对一定的政治和经济的集中反映，在人类进入共产主义以前，一定的文化都必然反映特定集团或群体的利益，文化都具有意识形态性，离开意识形态的纯粹的文化是不存在的。意识形态决定文化的前进方向和发展道路，因而，文化建设绝不能离开意识形态而进行。

新中国成立以来的武术思想，无一不是带有鲜明而深刻的时代烙印。这在 1949~2019 年新中国武术思想发展的各个时期都有所体现。

1949 年新中国成立之初，体育教育领域既有自然主义体育思想又有民族主义体育思想。当时由于正遭受着以美国为首的西方资本主义国家的围堵，所以"以俄为师"、全面学习苏联经验成为新政权根据新中国成立初期国际国内形势而确定的方针。借鉴和引进苏联发展体育的经验与理论思想，苏联的体育模式和体育理论成为我国体育思想内容体系的重要元素之一。为发展与普及体育运动，"必须学习苏联及新民主主义国家的各种体育运动丰富内容和宝贵的经验"。"成千上万的人民经过体育锻炼，在保卫祖国及生产战线上有着显著的成就"。"现在工厂里存在着各种职业伤害和疫病，在苏联对于这些现象都有完美的措施，但最有效的改进健康和预防方法，乃是体育。"这种效仿，在新中国体育初创时期，对于建立中国社会主义体育学体系是有其积极作用的，极大提升了体育在新中国建设中的重要地位。

新中国成立初期是新中国武术思想重大转折期。在这时期，新中国通过一系列政治体制改革完成了对体育的社会主义改造。武术作为"中国民族旧有的体育"是"目前开展新民主主义国民体育，增进人民体能的一个很重要的形式"。同时，鉴于武术在长期传习过程中"染上了许多迷信、炫奇、空谈、各离宗派等封建成分"，当时从领导层到理论界都对"中国民族旧有的体育"进行社会主义改造给予了极大的关注，并围绕武术在新中国的功能作

用以及如何转型展开了激烈的讨论和深入的研究。总的看来,在新中国成立初期的武术理论研究领域,学术探讨的氛围较为浓厚,人民群众对武术在"防病祛病、增强体质"方面的期待,武术理论研究应该说取得了相当大的成就,并为新中国武术的进一步发展奠定了基础。

但是,20世纪50年代中期以后,由于我国面临清除旧社会遗毒以及镇压反革命等方面的重任,政治情况比较复杂。在武术的恢复与发展过程中出现了一些不良现象。对此,国家体委对武术工作开始"暂时收缩加以整顿"。但由于受"左"的思想干扰,对武术的消极作用评价过重,将武术中许多"精华"方面一并取缔,一批老武术家还受到不正确的对待。这时的理论界对武术的研究往往难以用客观的规律来说明武术现象和武术问题,而是用政治和意识形态上原因来代替对客观武术的理论分析。这样的理论研究不仅不能对武术现象做出科学说明,而且很容易受政治形势变化的影响而随时改变其观点和论证方法,严重时甚至窒息和扼杀理论研究的进展。

改革开放,武术发展迎来了重要的历史机遇。"唯技击论"批判影响下武术套路几十年一枝独秀,其对武术发展带来的消极影响是武术已经成为"中国式体操",成为中看不中用的花架子,由于长期不能讲打,武术原本的技击性无法传承,许多身怀绝技的老师父逐渐逝去。1979年以后,中国进入了改革开放的新时期,思想的解放和改革的实践为武术发展研究开辟了广阔的天地,武术理论得到空前的大发展。1979年4月28日,国家体委武术调研组递交关于挖掘整理工作的调查报告指出,国家对挖掘整理整理武术遗产的通知在武术界产生了积极的反响,调动了武术工作者的积极性,特别是老拳师备受鼓舞,他们从消极的情绪中解放出来,积极参加了各项活动,对传统武术运动的开展起到了推动作用。针对在挖掘整理工作中遇到的问题,提出积极出版武术书籍、创办学术性刊物等建议,这是中国武术思想发展史上的辉煌时期。武术研究贯彻"百家争鸣"的方针,对过去理论研究的许多"禁区"进行了重新探索,学术研究取得了很大的进步。对武术思想展开自我批评,武术界掀起了一番关于武术性质争论高潮。争论的结果是"武术的本质是技击","攻防技击性,是武术运动的主要特点"等成为武术界普遍的认识。"以对抗性的徒手搏击为主要形式的武术散手运动"逐步走上武术历史的前台。武术运动开启了"套路""散打"并举的发展方式。

1982年12月6日至12日,国家体委在北京召开了全国武术工作会议。会议提出:在新的历史时期,为了适应新形势,要在党的领导下,团结广大武术工作者,积极发展各种形式和各种流派的武术,深入挖掘、整理武术遗产,大力普及,努力提高,积极稳步地向外推广,为实现体育工作的三大任务,为振兴中华做出积极的贡献。这是近代武术史上一件大事。1982年的会议是中国武术运动的历史转折点,有如寒冬将尽时一声惊蛰的春雷,引发了武术的复苏。这次会议,将传统武术提升到"民族文化瑰宝"的高度,长期以来被视为"下九流"的武术从业者身份发生了根本性的改变,提高了武术和武术工作者的社会地位,振奋了精神。曾经被视为"藏污纳垢"之地的武术界,给武术工作者戴上地主资本家的"保镖护院"及反动派的"打手"的帽子相比,真是"天翻地覆慨而慷"。大家提高了认识,增强了信心,明确了方向,制定了措施,鼓舞了干劲,它对全面开创武术运动的新局面,适应社会主义文明建设的需要,有着重要的意义,是一次很成功的武术界的动员会议,是中国武术运动发展的历史的转折点。学者们对于很多重大的理论问题展开了热烈的讨论,提出了不少有创见的新观点,开阔了人们的视野,繁荣了武术理论研究,推动了武术运动改革的深入发展。这一时期的武术论著和各种武术理论教材大量问世,也是中国武术思想史上重要的转折点。从此,我国武术运动的发展进入了一个新的阶段。

后奥运时代,武术搭上"举国体制"步入历史的快车道。奥林匹克运动会是世界水平最高的综合性运动会,各国在奥运会上的成绩,关系到国家声望和民族的尊严。体育担负起"走向世界,为国争光"神圣使命。"促进武术成为奥运会项目,是我们向国际推广武术所要完成的一次飞跃,是竞技武术发展的最高目标"。武术争取加入奥运会的思想,使得竞技武术获得人力、物力、财力全方位的支持。再加上社会主义的"举国体制"的背景下,武术运动的发展更是注入了强大的动力,使其在短时间内形成了一个系统的人才网络、完善的训练和竞赛体制。

二、自觉于国家建设：新中国武术理论发展与整个国家建设的重大理论突破紧密相关

新中国成立以来,特别是改革开放以来,国家发展的大政方针政策理论的许多重大突破,如市场经济理论、文化自觉理论、健康中国理论等,都对武术理论研究产生了重大影响,进而促使新中国武术思想取得了若干重大突破与进展。

十四大确定的建立社会主义市场经济体制的思路和目标,社会主义市场经济理论的构建,为中国的体育经济学理论研究带来了新动力。人们思想上逐渐挣脱了意识形态的束缚,打破了思想的禁锢,中国的体育经济理论进入深入探索阶段。研究者意识到体育市场是我国社会主义市场体系中的重要组成部分,它是由体育用品市场、各类体育要素市场和专业市场组成的有机统一体。建立与发展较为完善的体育市场体系,是深化体育改革、转发体育机制和运行机制的客观要求,而且对促进物质文明和精神文明的建设,满足人民群众日益增长体育需求,具有重要的意义。发展体育产业是适应社会主义市场经济体制的需要,是推进体育改革、增强自我发展能力的一项重大战略举措。2014年印发的《关于加快发展体育产业促进体育消费的若干意见》,是我国体育产业发展的里程碑,提出:体育产业应当成为推动我国经济社会持续发展的重要力量,并确立了体育产业发展的十年计划。体育产业已成为驱动我国体育事业创新发展的突破口和体育事业改革的前沿。

基于市场经济、体育产业体系运作思想下的武术走上了创新发展的道路。以"功夫传奇"等为代表的功夫剧创造了多项文化"走出去"先进案例。以"武林大会"为代表的武术赛事拉开了真正依靠"市场运作"的武术发展模式,整合了市场资源配置,激发了广大民间资本,从而摆脱了主管部门"心有余,力不足"的管理问题。"在一定区域内经济发展的内部因素与外部条件相互作用而产生的生产综合体"的区域经济理论,让具有鲜明地域特征的武术文化活力四射,沧州武术节、国际传统武术节、中国郑州国际少林武术节三大传统武术节各具特色,交相辉映。

在新时期市场经济形势下,如何进一步挖掘传统武术内涵,促进武术市场产业化、规模化、现代化是学者研究的热点。其中,以套路和散打为代表的竞技体育赛事,以太极拳、健身功法为代表的健康产业,以武术服装、器材设计为代表的武术产品,以"功夫熊猫""功守道""江山如画"等以武术元素为创作理念的文化创意产业。武术文化产业已经摸索出一条独具中国特色的新型产业链,成为我国体育产业的重要组成部分。

个民族的强大,绝不仅仅是经济的强大,还必须有精神的强大。 个民族的复兴,绝不仅仅是经济的复兴,还必须有文化的复兴。党的十八大以来,为推动中华优秀传统文化的传承与发展,开展了一系列富有创新、富有成效的工作,有力增强了中华优秀传统文化的凝聚力、影响力、创造力。同时要看到,随着我国经济社会深刻变革、对外开放日益扩大、互联网技术和新媒体快速发展,各种思想文化交流交融交锋更加频繁,尤其是,针对民族复兴道路上出现的一些问题,社会出现了两种思潮:保守僵化的老路与改旗易帜的邪路。迫切需要深化对中华优秀传统文化重要性的认识,进一步增强文化自觉和文化自信,着力构建中华优秀传统文化传承发展体系。开辟"具有中国特点、中国风格、中国气派"中国文化。

正如党的十九大报告指出:"文化是一个国家、一个民族的灵魂。文化兴国运兴,文化强民族强。没有高度的文化自信,没有文化的繁荣兴盛,就没有中华民族伟大复兴。"文化自信既是一个国家、民族真正强大的标志,也是一个国家、民族发展的更为基本、更为深沉、更为持久的力量。党的二十大报告再次强调了文化自信在实现中华民族伟大复兴中重大意义:"推进文化自信自强,铸就社会主义文化新辉煌。全面建设社会主义现代化国家,必须坚持中国特色社会主义文化发展道路,增强文化自信,围绕举旗帜、聚民心、育新人、兴文化、展形象建设社会主义文化强国,发展面向现代化、面向世界、面向未来的,民族的科学的大众的社会主义文化,激发全民族文化创新创造活力,增强实现中华民族伟大复兴的精神力量。"

20 世纪 80 年代起,"文化热""国学热""读经热"等现象持续,迫切需要深入挖掘中华优秀传统文化价值内涵,进一步激发中华优秀传统文化的生机与活力。武术文化建设领域从"传承传统文化"中寻根传统武术的现代意义,到"文化自觉"思想的引领,再次探索武术在"弘扬与培育民族精神"的时代价值。

在经历改革发展的浪潮,现代奥运竞技文化冲击,武术发展出现种种"异化"现象,归结为"回归传统"抑或"接轨西化"的问题。受竞技武术套路追求速度、难度和造型的渗透,传统武术自身发生潜移默化的改变。"中国拳术的名称未改,承载她的土地未动,传袭她的人种未变。但是,整个拳术体系的模式、内容、观念和方法,除了那套传抄的阴阳五行八卦说,早已背离了自我,面目全非了"。在追求"体用兼备"的思想下陷入南辕北辙的危机。许多传统武术的套路、功法会随着传人的离世而"艺随人绝"。明代以来,少林拳各项套路多达 340 余种,而现在所保留下来的大致不过 40 余种。说明盛名之下的少林武术正面临蜕变的危机。类似少林拳的众多传统武术逐步消失,不仅仅表现于外在的技术层面,更重要的是表现为一种"文化血脉断裂"。在竞技武术发展向传统武术回归的道路上,应在文化自觉的理论指导下,向传统武术回归,对传统武术重新解读,这种解读是建立在当代武术人的时代视域之上,依托武术人的"前见解"和带着武术发展时代问题去和传统武术本文视域接触,去重新解读传统武术,把握其要义这种解读是当代武术人穿越历史时空和传统武术的一种视域融通。就传统武术而言,这种解读是一种时代水平的神会,从而在神会中读出传统武术新意,推进竞技武术创新发展。现代武术种种"异化"在葛兆光先生看来就是一种"思想史的变异"。正是由于当前武术知识与思想系统的解说和证成已经达到圆熟和完美,并充当了主流意识形态的时候,便引起人们对历史既满足又无奈的心情,这时历史被有意遗失,传统仿佛无须追问,就像初盛唐时代的知识系统的圆熟，元明之际理学从意识形态到知识制度的笼罩，在这种对知识与思想的满足中，渐渐弥漫成为"常识"。但是，当人们面对新知识遭遇文化震撼，又为回应震撼而不得不重新发掘资源，从而引起了历史记忆复活的时候，由于"常识"的失效，人们便常常在旧知识与思想的边缘处寻找可以对应新知识的"非常识"，于是，过去在边缘的旧知识和旧思想就充当了接引和诠释新知识和新思想的资源，从边缘又回到中心，这就引起思想史的变异。

在强调国家发展的"中国式经验"背景下，武术是作为当代中国文化自觉、文化自信等中国式体育被认知。这就要"避免在西方理论框架的笼中跳舞"。应该从中国传统表述中发掘更为贴近的书写手段，选择中国研究的依据和基础。因此，就要重新确立传统武术的地位，深入探索挖掘传统武术文化的精髓。以身体艺术为表现形式的传统武术的传播既要注重技术的传承，还要注重文化的保留，确保传统武术文化的整体传承。并做好传统文化的"原生态""活态"传播。传统文化中的思想和内容，会在武术练习者的性格、品质中潜移默化，从而诉诸生活实践中使练习者在身体体验的过程中接受中国文化，使人们真正融入中国传统文化之中，感受中国文化的博大精深。

我们要做的就是对传统武术保持一份"文化的自信"，"自信国外任何一项体育或者武术类项目也无法与之相比，从它悠久的历史、博大的内容以及与中国传统的哲学、中医、兵法等的水乳交融，我们就应该相信中国传统武术具有相当深远的价值，应该对传统武术有信心，从而去振兴国粹，使传统武术这一东方古老的格斗、健身技术在文化交融和文化输出的扭打中展现它新的生机"。传统武术的现代化转型，实质上是一个传统武术人对传统武术文化自觉的历程。我们要用客观的、冷静的、理性的，甚至是以一种同情的理解的态度来评估传统武术文化现状及其重要性。传统武术身份是确定的，那么传统武术的一系列传习手段、内容、形式等就应该与其他文化有不同之处，而不是与其他文化相似或者雷同，给人造成一种既是这，又是那的感觉，更不能类似当下竞技武术给人的感觉——与体操没有什么差别或者说，差别不大。要发掘和运用中国武术话语系统。例如，中国武术从天地人视角出发形成了"先天身体与后天身体"的图景，也从"三节四梢说、劲力说、气说"等建构了中国武术身体文化的话语系统。以坚实的拳种研究推动武术的学科建设、服务武术的理论建构，以中国武术的文化意义、发展经验与运作模式等新的认识成果增强文化自信。这些理论上的重大突破，对于武术理论的进一步发展具有重要而深远的意义。

第七章 文化再生产：近现代武术 思想演变的文化学分析

　　普列汉诺夫在《亨利克·易卜生》中写道："一切都在流动着,一切都在变化着,每一个事物都包含着自己消灭的萌芽。"纵览人类世界历史,变是主旋律,理解"变"需要直观的例子,诸如老子提出"道"来解释世界的变化,马克思提出社会再生产理论分析社会总资本的再生产和流通来阐明社会总资本再生产的实现条件。先贤们总是希望有一个固定的理论框架或系统来阐释人类的发展,从某种角度上来说是可行的,例如通过已发生的历史,总结出经验进而预判后世发展,正如卡尔认为历史研究以总结有普遍意义的历史因果关系为目的,进而指导人类社会的未来发展。曾经的历史需要今人的解释,如此历史就不仅仅是冰冷的"事实",即便 19 世纪狄更斯小说中的 Mr. Gradgrind 认为历史"是事实"因为十九世纪时注重事实的时代,而斯科特曾发声"事实是神圣的,解释是自由的"。本研究解释近现代武术思想史是以梳理近现代武术思想史发展脉络为目的,脉络的呈现依托"文化再生产"中提取出的理论视角,"文化再生产"理论与近现代武术思想史的契合来自英国著名学者曾经的重要言论"历史在一个静止的世界里是毫无意义的。历史,就其本质而言就是变化、运动,或者是进步"。变化是所谓"历史"的关键词,也是"文化再生产"的关键词。

　　文化再生产理论(皮埃尔·布迪厄,1997)是强调教育以文化为中介实现社会再生产功能的理论。试图克服社会再生产理论的某种缺陷,对学校在传递和再生产现存社会秩序中经常出现的复杂而矛盾的作用做出解释。从时间上看,文化再生产理论的诞生应当是晚于再生产理论与社会再生产理论;从作用上看,文化再生产理论是以社会再生产理论为基础的增加;从内容上看,文化再生产试图解释学校在传递和再生产现存社会秩序中经常出现的复杂而矛盾的作用。文化再生产理论的生产和传递对象是社会秩序,社会秩序属社会学范畴是一种动态有序平衡的社会状态,亦如古代中国思想家们所说之"治",所谓"治"即有条不紊的社会状态和该状态下的维护与巩固,而"乱"则表示社会秩序的破坏和社会的无序状态。

布氏认为教育将文化作为中介来实现再生产功能,再生产的内容是社会不平等,由于各个阶级存在文化差异,这种差异通过教育传递或再生产,并使之合法化,这里要强调文化差异是建立在阶级基础上的。在布氏的再生产理论中并不关注文化本身,而是注重社会关系的再生产,但在社会关系再生产的过程中或多或少会使文化这一中介发生变化。当前再生产理论不仅仅被应用于研究教育领域,而且在社会学等领域得到广泛应用,用以揭示社会现象或社会问题。本章将借助布氏再生产理论中"场域""惯习""资本"和"权力"这四个关键词来阐释武术思想,即研究将武术文化作为中介,探讨武术思想在布氏再生产理论中的种种关系,以及武术思想通过"人"在国家元场域传播所需条件,同时期待通过探究武术文化流变推导出武术思想演变的机制。

第一节　武术思想的基础:场域

武术思想生产场并不是对过去场域的复制,而是经过重新整合与建构再生产出来的生产场。布迪厄将著名哲学家黑格尔的公式"现实就是合理的"改为"现实就是关系的",以关系性思维分析社会,解释场域是"由不同位置之间的客观关系构成的一个网络,或一个构造"。场域是各种社会力量及利益交织的场所,是社会关系系统,其主体基于自身利益原则会使用各种不同的策略,推动场域结构发生变化,使得场域发生不断的调整、重塑,与社会结构形成相对应关系,有何种社会结构便会建构相对应性质的场域。理解场域,如同理解浩瀚宇宙中的星系,在引力与斥力的作用下,他们不断地产生、成长、运动、变形。综合来说,场域一直处于变化的状态,我们研究的目的是探索场域本体产生的终极原因,本体概念是体现事物的存在及其本质属性的概念,哲学思维的任务就是揭示和阐明本体概念,然后据以推出其他相关性质。基于此,研究希望借助哲学思维下的场域理论解释武术场的存在以及武术思想的衍生过程。

一、社会结构中的场域性质:武术场存在论的稳固与深化

社会结构是指社会诸多基本要素稳定的关系及构成方式,根据社会需要而自然形成或人为建立起来的。布迪厄笔下的结构主义包括生存心态与社会结构,社会结构便指向场域及社会阶级的社会生成过程,而场域可以根

据内在的特定结构反应外在的一系列影响，即有什么样的社会结构就会形成相对应性质的场域。因此，武术场的发展离不开社会结构的达变通机。

武术思想始终伴随着近现代社会发展历程而变，由最早的军事武术到传统民间武术变化过程，展现武术思想从一个场域到另一个场域焦点的转移。鸦片战争时期，面对外国侵略，落后的武举制度不再适应时代的需要日渐衰败，武术逐渐转移到民间，成为农民反清抗暴，强国保种的有力武器。新中国成立初期，武术被视为防病治病的健身运动被纳入体育部门管理。改革开放的春风吹来"百花齐放百家争鸣"的芬芳，被"清理、停止、整顿"多年的武术重新焕发出勃勃生机，成为广大人民群众喜闻乐见的文化、体育生活方式。国家对群众的身体健康关注度提升，武术作为一项健身运动，走入大众视野。武术思想所经历的每一次转变，都有其自身的逻辑和规则，通过元场域，包括政治、经济场域等对武术场的影响，武术思想生产场发生了变化，也改变了场域中"人"的武术思想。

（一）军事场域：武术技击固有性

军事武术也被称为军事武艺，军事武艺的功能和作用是实战搏杀，其最突出的特点可以概括为简单、实用、杀伤力大、一招制敌等，旨在制服敌人或使对方丧失战斗力。作为以技击为本质的武术，其技击性可以在战场搏杀、近距离搏斗等军事战术中发挥重要作用。

清末，虽然火器已经成为军事战场的主角，但无论是作为军队素质训练的手段，还是杀敌制胜的武器，武术在军队仍然扮演着重要角色。军中大臣曾国藩就十分注重习武保身，"练技艺者，刀矛能保身，能刺人……技艺极熟，则一人可敌数十……"，每天下午练习拳、棒、刀、矛、钯、叉，未曾间断过。民国初期，马良将创编的《中华新武术》推广至军事部队，书中包括摔角（摔跤）、拳脚、棍术、剑术四科内容，如此训练不仅是为了提高士兵身体素质和军队士气，更是为了提升将士在近距离搏斗中的实战能力。抗日战争时期，英勇的抗日将士在敌我武器装备悬殊、弹药紧缺的情况下，孕育出一批无畏的抗战队伍——大刀队。大刀队所配备的枪支性能较差，基本是落后的武器，但在赵登禹将军的带领下，利用中国式大刀夜袭敌营，绞杀上千余名敌人，屡立战功。除去偷袭、赤身搏斗等战术灵活运用的加持外，士兵所拥有的武术实战技能，是斗争胜利的必要手段。信息化时代，传统的人海战术逐渐失去其优势，取而代之的是小部分精锐特种部队突袭、渗透等战术。2020年在中印边境加勒万河谷地区，中印双方发生激烈的肢体冲突，印度军队公然违背与我方达成的稳定边境局势的共识，悍然越线挑衅，违背双方大国之间的承诺。在增援部队没有到达的情况下，祁团长带领10名官兵应用冷兵器近身格斗,以少敌众将印军赶了出去。根据 1996 年两国协商协议规定,不得在实际控制线两千米内开火或使用枪支或爆炸物进行交战,因此面对印方的一再挑衅,我方想出了使用冷兵器的想法,在平时训练中除了俘虏课目训练,还加入了冷兵器实战课目,力求在进行近距离搏斗、器械绞杀等军事对峙事件时,一招制敌,快速解决。由此可见,武术技击性在军事场域的作用并不会因热兵器、信息化社会的到来而走向消亡。

(二)民间场域:武术功能多样性

民间武术的发展源远流长,有着广泛的群众基础,是中华民族在长期生活和斗争中实践的结果。随着社会历史的发展和人们对武术需求的改变,武术的内涵和外延在民间场域不断发生变化,武术在民间的表现形式从技击实战性延伸为表演功能和健身功能等。

"辛丑条约"签订后,国家飘摇,时局混乱。武术家的生存空间受到挤压,迫使他们寻求新的生活方式,曾经风云一时的民间武术家隐退到剧院卖艺,成为京剧演员,以艺术表演的形式在舞台中重温当年闯荡江湖的英雄梦,涌现出《恶虎村》《连环套》《三岔口》等一大批反映绿林豪杰行侠仗义、打抱不平的京剧武戏剧目。逐步退出军事战场的传统武术,在新的场域迎来了新生。从抵抗外军侵扰到舞台表演的过程,是习武者在民间场域的武术思想延伸。场域不断向外延伸,作为国民政府委员张之江在 1936 年组织国术代表队参加德国第十届国际奥林匹克运动会表演,先后在新加坡、马尼拉等国进行 65 场武术表演,受到各界侨胞的喜爱,带动国际友人习武热潮,也为武术走出国门,传播中华传统文明做了一次十分有意义的探索。

中华传统武术为适应现代社会的发展,不断以新的形式展现在场域中。当前,国家号召建设"民族、科学、大众"的全民体育,太极拳、八段锦为代表的健身武术运动在全国广泛开展,体现了国家对人民群众体质健康的重视和关怀,武术健身功能进一步得以释放。在提倡文化自信、全民健身的时代,武术表演功能、健身功能、文化功能必将在民间场域大放异彩。

(三)教育场域:武术传播合法性

文化再生产理论是强调教育以文化为中介实现社会再生产功能的理论,试图克服社会再生产理论的某种缺陷,对学校在传递和再生产现存社会秩序中经常出现的复杂而矛盾的作用做出解释。武术教育是武术教育者按照一定的要求,对受教育者进行武术技术与武术理论的熏陶,从而达到对受教育者施加影响的目的过程。教育场域正是教育者、受教育者和其他教育参与者之间的共同价值取向所形成的场域。武术教育场是教育者运用"权力",有组织、有计划地对受教育者进行系统活动的组织机构,通过巧妙地使用相关制度保持秩序，将教育者和受教育者分工行动，在教育场传承武术思想。武术教育场好比是利益驱动者在场域上通过自身的权威推动武术的发展，试图将武术思想渗透到每一位受教育者之中，从而达到个体社会化和社会个体化。

晚清时期，受"国粹主义"思潮的影响，社会上存在将具有复古意味的武术推向学校的冲动，但面对军国民教育的国家意志，兵式体操自然而然地成为学校教育场的主要内容，国家教育机构通过学校教学任务将兵式体操传授给学生。五四运动之后，体育界为加速武术体育化的进程，建立"民族本位体育"的共识，在教育者吴蕴瑞、袁敦礼等人带领下极力推动武术体育化、教育化发展，武术在教育场的传播成为标准的"中国式体育"。通过教育场传播武术思想，培养学生武术道德修养，以及民族自豪感和自信心，教育场域满足了学生的健身文化和精神文化的双重需求。教育场的行为与国家提出的各项方针齐步走，20 世纪 90 年代提出的"素质教育"、21 世纪提出的"健康第一"以及当下的"健康中国"，均与我国提出的"增强人民体质"理念和"人民至上"理念一致。优秀传统文化是我们最具力量的文化软实力，是实现文化自信的源泉，是我们文化发展之源，积淀着中华民族最深沉的精神追求，国家对武术的重视程度逐渐提升，推动传统武术进校园，教育者以灌输文化专断的形式对受教育者合法传输武术思想，从国家行为到子场域行为的一致性，是教育场与国家场以共同价值为目的形成价值牵引力和统摄力，共同推动武术思想的发展和传播。

近现代是中国的崛起史，也是武术的曲折发展史。武术思想的演变对应着社会结构的变化，由军事场域到民间场域再到教育场域，每一步都是前人探索的结果，同时伴随着武术思想的退让与绽放。国家作为武术思想传承的实践场域，武术思想生产、传承与发展都不能脱离国家政策、经济条件的驱动。根据社会结构的变换，武术为延续自身形式所展现出来的"存在论"，体现的是场域中武术本质的巩固与深化。

二、场域的运行机制

诸多已经分化完成的场域组合了现存社会，不同场域间有着不可互融的特殊机制，但仍存在一些共通的运行机制。明晰了场域概念后，布迪厄认为，现代社会的最大特点是存在分化，在高度分化的社会中，社会空间是由相对自主性的、具有自身逻辑和必然性的小社会所构成，每个场都有其自身的特点，通过自身的相对自主性，实现相互关联、相互作用以及相互制约。

在透析场域结构后,布迪厄进一步指出,场域运转的机制是斗争。场域斗争从根本上来说是权力基础下场域主体对于资本的争夺,差异越悬殊,场域内冲突越激烈。场域主体的主观思维与所处空间具有一致性,即场域位置对场域主体思想产生影响。社会环境变化对武术思想的传承起到至关重要的作用,国家往往通过意识形态、政策法规对武术思想进行控制,武术思想生产场随着形态、政策的变化发生转变。

(一)社会分化下武术场的生成

社会分化是指社会中的个人或群体之间产生的,被社会认可了的区别。在社会学中,社会分化至少包含三个基本维度:社会分工、社会分层以及系统功能分化,在此三维度上展开相应的内容。其中,社会分工是社会分化的横向延伸,社会分工与社会分化成正相关,即前者越精细后者越复杂。从迪尔凯姆的社会分工论,经过帕森斯的社会分化论,逐渐演化成布迪厄的场域论。布迪厄认为社会分化的结果是形成了具有内部逻辑的场域,这种分化的过程被视为场域的自主化过程。社会空间中存在多种场域,各场域间迥乎不同,每个场域拥有其内部运行规则,造成了场域的独特性与差异性。武术空间场域的发展,万殊一辙。在武术思想指导下,通过不断强化自身的核心特质,聚合并内化自身特有的功能涵盖与价值属性,形成不同于其他场域的系统。

源于搏杀术的武术在长期的历史演进过程中不断与多种文化相融合,在保持其技击本质的基础上,支撑起武术独具特色的空间场域。武术门户的多元性使武术空间场域厚度增加,错综复杂,抵抗时空消极影响。不仅如此,经济的崛起伴随着人们需求的变化,体现出武术价值的多元性。从民国时期的强种强国至新世纪的强身健体、修身养性,以竞技武术为先导,表演武术、健身武术、学校武术并行,表现武术价值的多元性。武术独具特色的空间场域还体现在武术地域性,最为显著的便是"南拳北腿"之说,这一特点是在不同的自然环境以及思维气质中形成的。在截然不同的地域环境下,必然会形成不同风格、不同内容的地域武术,如:中原文化形成的少林派、荆楚文化形成的武当派、巴蜀文化形成的峨眉派、齐鲁文化形成的梁山武术。

场域自主化的过程就是场域获得独立的过程,武术场运用本场的技击性、多元性、地域性有别于其他场域,拥有一套内部机制。值得注意的是,在社会分工的促进下,人们交往与交换频率的增加与范围的扩大,打破了血缘和地缘的桎梏,基于家族和伦理建立的传统武术空间场域逐渐瓦解。这种情况下,要达到场域的自主化,必须在抵抗其他场域侵入的同时强化自身场域的差异性,避免同化危机。

（二）斗争性规定了武术场的动态性

对于动态性最简单的理解是系统永远处于运动和发展过程的一种特性，在布迪厄看来场域的斗争性是保持场域动态性的关键因素。各场域表面一团和气，实则暗流涌动，追求特定位置的背后是对权力的渴望，对相应位置上可支配性资源的渴望。场域是布迪厄用以分析社会结构的思维框架，在不均衡、不平等的社会结构中，各阶层、各领域中的个体及群体为了追求利益及平等，始终存在着斗争关系。

场域的斗争可分为外部和内部斗争。场域的外部斗争一般表现为场域之间的渗透、介入、干涉、干扰、阻碍、扶持等。作为元场域的政治和经济场域不断"侵入"武术场，实现掌控效应。1992年，社会主义市场经济的确立，导致了社会资源的重新分配，引发非公有制经济的快速发展，为第三产业的发展奠定基础，同时催化了体育产业的发展。1993年，印发的《关于培育体育市场，加快体育产业化进程的意见》中明确提出体育事业以产业化为发展方向的方针，此后一系列针对体育产业发展的政策文件相继颁布，武术产业也纳入了武术事业发展的轨道。经济和政治场域的介入促进了武术群体阶层分化程度的加深，催生了武术经纪人、武打明星、武校校长、武术产品研发等等武术相关职业的发展。在市场经济利益的驱动下部分局内人的武术思想逐渐转变为追求功利，将武术作为赚钱的工具，约架事件、武术打假等武术界乱象频出，这也是武术场进入现代化发展道路上的衍生品。

在社会体制的影响下，武术场中逐步形成竞技武术、社会武术、学校武术内部斗争的局面。20世纪80年代洛杉矶奥运会后，我国总结优势体育项目崛起经验，实行"举国体制"，集中培养优秀运动员参加国际比赛，在之后颁布的《奥运争光计划》的引领下，竞技体育在体育领域占据绝对的领导地位。受益于此背景，竞技武术成为武术场域的发展主流，竞技武术组织与管理者也拥有了较高的社会地位。作为武术场内被国家主推的竞技武术，顺理成章地获得了各种资源，武术套路走上了"高、难、美、新"的发展之路，与社会武术、学校武术出现了割裂。当竞技武术发展成为主导思想后，学校武术为了在武术场有立足之地，必须接受竞技武术的行为模式以得到认可，形成"局内人"的幻象，但此种做法割裂了与社会武术的联系。

场域这一概念的建设，并不是为了以静态的视角去描述社会结构，而是动态的观察解释分析社会，无论是政治、经济场域的干预，还是武术场内竞技武术、社会武术、学校武术的争相"上位"，武术场外部与内部斗争正是体现场域动态性的根本性质。斗争的根本在于夺取有限的资源，不同的场域位置拥有不均衡的资本，必然会产生各种冲突，冲突下场域主体力量的不对称,形成场域不断发展的推手。

第二节　武术思想实践逻辑:惯习

为了规避主客观二元对立的困境,布迪厄将研究的焦点放在实践上。马克思的实践观认为,人的实践都是在实践观念的支配下完成的,其实践主体一般情况下指的是人类,回答的是谁在实践的问题。而布迪厄认为实践主体指的是日常生活实践的行动者,行动者的活动是在惯习的支配下进行的。布迪厄的惯习(habitus)概念不同于实践观念,但作用和实践观念相同,惯习概念是偏重说明行动者的心理状态和身体性情方面,布氏所描述的惯习是一种建构性结构,是人们后天所获得的各种建构性图式的系统,可以转换的潜在行为倾向系统,是持久的可转移的秉性系统,具体表现为以某种方式进行感知、感觉、行动和思考的倾向,这种倾向是个体由于其生存的客观条件和社会经历而通常以无意识的方式内在化并纳入自身的。

由于语言翻译上的问题,再加上思想体系的差异,我国学者在翻译布迪厄所说的"habitus"的意思时,曲解了其原意,轻易地从字面上翻译成"习惯""习性"等。惯习是实践活动条件制约、人们的生存条件和生存能力的结合,是一种持久的、可转换的潜在行为倾向系统。实践活动的制约条件包括物质生活条件的制约,政治制度、文化制度等方面的规范,实践主体的身体状态、心理结构、认识和行动能力等因素都是维持实践活动的生存条件。而由于习惯是流传下来的传统,其缺乏创造性的行动方式。惯习虽然有受社会因素规定的一面,但更重要的是它具有生成性。它在调整和重构自身的同时重构实践的对象。习惯的主要特点是接受与延续,而惯习的主要特点是重构与创造,是作为外在的社会性在身体内的积淀因素,在实践中呈现一种操作行为与操作技能,既非理性的创新也不是本能的冲动。

总的来说,惯习是个体后天形成的"本性",是实践主体所处社会的环境在人精神层面的刻画,能够被随时唤醒且不容易消逝,作为一种精神图式长久地留存于人的思维、语言以及行为模式中。布迪厄提出,惯习是一种通过后天努力习得的具有动态性的体系,它能够根据特定的环境进行有目的的调节,而且是这些惯习所产生了与那些环境而非其他环境相一致的所有思想、所有观念及所有行动,它不同于不可预知的开拓性生成能力,也不同于原始条件下的重复性再生产,惯习能够在限制下使思想、行为等产品自由的生成,这些产品的生成受限于惯习生成所属的历史条件及社会环境。思想观念蕴含在身体化文化中,是其核心与本质,更是表现形式之一。武术思想是武术文化核心价值观的具体体现,因此武术惯习的再生产应是基于武术思想观念的再生产。惯习的形成、深化与实践主体特殊身份的建构与保持是密不可分的。实践主体在某个场域确立了其特殊身份后,会生成某种相应的惯习。通过在环境中对自主性的把握,根据自身的内在确定性,创造出自己得以永存的倾向。

惯习作为"社会建构的性情倾向系统",其特征具体如下:《翻译研究二维透视》(蔡瑞珍,2015)中惯习的特征被归纳为统一性、历史性、稳定性、生成性,作者认为惯习是一种"被形塑了的结构",也是一种"形塑过程中的结构",惯习具体体现在惯习行动中;《布尔迪厄文化再生产理论研究——一种教育社会学的视角》(黄俊,2016)作者认为惯习是下意识的反应,仅仅遵照此时此境中条件反射式的自动反应,作为一种强大的主观性力量惯习的特征包括稳定性、迁移性、趋同性、开放性;《话语理论与实践》(王永进,2018)中认为惯习是一种认识性和刺激性的机制,具体化地显示个人的社会语境的影响,具体特征:持久性和可转移性、历史性、开放性和能动性、无意识性。根据学者们对惯习特征的描写,归纳出惯习的四个特点,即持久性、可转移性、开放性与能动性,将其带入武术思想的流变中,具体为武术技击的演变、民间拳师流入军队教习武术、各个阶层武术思想的具体表达以及师徒传承制等四个方面。

一、惯习的持久性:由"打"到"不打"的技击观传承

惯习的存在具有持久性,即稳定性。惯习是一种性情倾向系统,是根植于我们身体内的心智系统,在历史环境的影响下,以无意识的状态嵌入主体的思维层面,成为主体行动无形的"支配者"。当主体的生命历程内化为惯习后便具有相当的稳定性,不会随场域的变化而产生大幅度的变化,布迪厄用"hysteresis"一词来表达其具有持久的延续性。技击乃武术之本,武术之真谛,无技击亦无武术。《纪效新书》中记载:"继光初到(蓟)镇,疏有云:教兵之法,美观则不实用,实用则不美观。"军队中的武术最看重技击性,不讲求套路的流畅或美观,随着对武术认识的不断提高,民间武术由单一的技击逐步演变为技击、套路、功法等,虽然每个时期对武术技击理解有所不同,但一直存在,即表现为武术技击的持久特征性。

在武术逐渐下移到民间的晚清至民国时期,其"以武聚众"也促进了人们对武术技击的认识。代表着传统与现代辩论的"土洋体育之争",在"科学性"理论的不断冲击下,对于传统武术的信任危机爆发,武术技击也被打

上"牛鬼蛇神"的印记,迫使传统武术技击的一部分进行现代化转变,竞技散打应运而生。武术自被发明以来便充斥着冷酷与血腥,这是由于当时的自然环境与社会条件无法满足人们的需求。随着我国经济的飞速发展以及综合国力的显著增强,人们的生活水平提高,生活中人与人之间爆发冲突的概率越来越低。在和谐社会的影响下,武术中的爱国、守信、重义、有礼等思想作为民间习武者的道德约束被更加重视,人们开始把对武术的技击追求提升到一层更高的境界,即能"打"之术而求"不打",追求"天人合一",动作随心随性出神入化,更为正确地解读与认知具有暴力性质的武术,对其领悟已经远远地超出了技击层面。随着社会转型,戏曲、电影、文学作品等融入武术元素,武术技击动作的美感通过视觉冲击留给人们极大的震撼,以另行的方式让更多人认识武术,记住武术。

慣习总是同历史保持一定的距离,迟缓地发生作用,当实践主体面对具体情境时,惯习下的武术技击思想发挥着巨大的作用。面对各种异化思想冲突,武术拥有者并未放弃武的技击思想,成为坚守者,维护其延续发展。

二、惯习的可转移性:从"自卫"到"卫国"的习武动机转向

惯习具有可转移性,即迁移性。实践主体在某个场域中形成的惯习并不具有易逝性,可以迁移至其他场域中,发生类似的效果。晚清以来,民间武术家习武练武是出于养家糊口抑或是自卫防身的生存手段,但在特殊的历史环境下,他们的习武惯习发生了迁移,升华为一种卫国大义。将武术带进军队教习,提高军队战斗能力,始终是武术家的梦想,与霍元甲同时代的武术宗师韩慕侠是典型代表之一。

韩慕侠,原名韩金镛,慕侠系其第九位师傅所赐,也呼应了其一生对武术的真挚追求。五六岁跟随他的外祖父学习迷踪拳,几年后经人介绍拜师张占魁习少林拳,后从师河间的刘奇兰和北京的董海川专修"形意拳"和"八卦掌",先后共从师九位大家,技法自然炉火纯青。处于混乱年代的韩慕侠有诸多的身不由己。1911 年,湖南巡抚杨文鼎想聘请韩为侦探队长,韩不愿为虎作伥,决意辞却返津。而后袁世凯欲请韩到自己御林军或讲武堂当讲习,韩知其背后意义没有答应。为实现以武救国宏愿奋斗了大半生的韩慕侠在 1925 年夏末迎来了天津少帅张学良的邀请,他恳请韩从戎东北军,韩同意后,张学良命令十六军军长宋双英拨出一千名士兵组成武术团,由韩全权带领训练,即为后世传唱歌谣"武术团,真敢干,十二个铜板上前线;大刀队,真英雄,十二个铜板打冲锋"中的大刀队。在武术团,韩用八卦刀和连环枪的套路施行顺步砍、拗步砍、左右砍、连剁带劈,把形意的五行连

环枪的劈崩钻炮横五枪,变化为步枪的刺拨挑崩劈5个刺杀动作训练士兵。除此之外,韩还非常重视武德教育,给官兵讲历史及爱国故事,不断提升他们的思想水平。由于军阀混战,军饷层层克扣,不到两年大刀队被迫停止活动。大刀队被编入宋哲元的二十九军,之后韩教授过的某位张团长,带领大刀队在马厂减河一带的小王庄、万家码头,西至唐官屯等地,与敌大战10数次,武德教育也凸显作用,士兵们在作战时骁勇无比,俗称"鬼子见了也打战"。

韩慕侠实现了武术进入军队后技击价值的运用以及武术思想教育的双重作用,真正做到了以武救国,与惯习的可迁移性相呼应。受到武术熏陶的人会在实践选择中趋向一致,除了韩慕侠外,杨露禅、佟忠义、傅剑秋等武术大师在不同的历史时期将武术带到军营,实现从"自卫"到"卫国"的习武动机转向。

三、惯习的开放性与能动性：武术传承方式变迁

前文强调惯习是一种性情倾向系统,它是稳定持久的,但不是永久不变的,具有开放性特征,开放性即对应能动性。由最初形成的惯习随着实践主体占据场域的位置变化而变化,为获得更多更有利的投资,主体会调整已存在的惯习,减弱或摘除不适用于该场域竞争的某些惯习。任何一种思想文化都需要在传承中发展,在发展中不断进步。武术思想文化经历了从原始农耕时代到现代社会千年的跨越,其传承方式与社会变迁所带来的种种变化一脉相连。武术思想文化传承的过程复杂,社会环境、制度建设以及民俗风情等因素渐渐变为浸润武术文化传承方式的独特空间。梳理其传承方式可以分为以下几点：血亲传承、师徒传承、结社传承至现代的专业化训练传承、班级课程传承。

血亲传承,顾名思义,是指具有血缘关系的宗族内部成员之间进行的传承活动,是人类社会出现最早的思想文化传承方式。受封建思想的束缚,传统武术形成了"传内不传外,传男不传女"的社会风俗,最具代表性的可数陈氏太极拳传承,传承人均为陈氏家族成员,且均为男性。技法原始性得以长久的保持源于封闭的传承方式,正如李泽厚在《中国古代思想史》中所言,"中国古代思想传统最值得注意的社会根基,是氏族家法血亲传统遗风的强固力量和长期延续"。但若家族遇到重大变故,那么武术面临的是艺随人绝的危机。

随着生产力的大幅度提高,以及血亲传承缺陷的显露,武术传承由宗族式的血缘传承渐渐融入为宗族以外的师徒传承。师徒传承制是指师徒双方

聚合在一起,按照一定的规范要求和权利义务,以传习某种技艺为纽带而组成的一种社会活动的方式,这是模拟血亲关系结成的传承方式。从释义可以看出,其核心在于师与徒,从"一日为师,终身为父"等俗语中可以感受到早期的师徒关系比较亲密。传统师徒关系可以划分为两个阶段,一为拜师前,即准师徒关系,在此期间,师父会对徒弟进行考察,古语云"徒看师三年,师看徒十年",无论是道德伦理还是"悟性",都是被考察的内容;二为拜师后,即正式师徒关系,成为正式师徒必不可少的步骤是行拜师之礼,也就是递帖拜师。在传道授技过程中,师父会先对徒弟进行道德品质教育,如《河北沧县孟村镇吴氏八极拳拳术秘诀之谱》的"谱规凡例"中规定:"为师授徒,须先教以仁义,再教以忠勇"。紧密的师徒关系促进了宗派的团结,但这种传承方式具有封闭、保守、排他的特点,使得各个门派间交流减少,不利于武术的健康发展。

清末,为推翻清政府统治,抵御外敌,涌现了大量的秘密结社组织。由于生产力水平低下,热兵器装备不足,拳法与农具器械成为结社组织最主要的攻击方式。通过一个个自觉形成的团队或群体,突破血缘传承以及师徒传承的局限性,民间结社组织成为武术传播的重要势力,促进了武术进一步开放化传承。

"土洋体育之争"后,西方体育思想渗透进入中国,客观化、可量化的竞技体育模式也逐渐成为主流。受此影响,逐渐形成师徒制与竞技训练共存的武术传承方式。竞技体育既然是比赛就少不了竞争,随之产生的就是以比赛成绩为主要目标的专业训练,与师徒制追求的长时间学艺练艺不同,竞技武术追求的是高、难、美、新,称呼也从师父变成教练。现代化进程中,竞技武术一枝独秀,其注重形式,缺少文化内涵,体现的并不是传统武术文化的核心。

近代以来,因为"尚武教育""强国强种"等需求,武术被纳入学校教育的范畴,尤其是当前"传承传统文化"的历史使命,武术在学校的传承越来越受重视,现代武术传承方式进入班级课程制。首先是武术作为学校体育项目被写进了中小学体育教学大纲中;其次是各高等院校先后开设了武术普修课程,包括24式简化太极拳、长拳等套路等内容;再次,我国各高校体育学院相继开设武术相关专业,设立硕士及博士学位。社会的发展日新月异,班级课程制逐渐取代师徒制,成为武术思想文化传承的主流。

惯习追求利己主义,伴着社会条件和外在环境的影响利己主义内化在实践主体的性情倾向系统中,通过对实践主体的行为模式进行再建构,使得性情倾向系统不断破旧立新。正是基于惯习的能动性,近现代武术思想演变呈现出鲜明的阶段性特征。武术思想文化传承经历了数千年，逐渐形成了师徒制、专业化训练制、班级课程制并立的局面。任何人才培养模式都有其弊端，任何文化传承方式都有短板，这符合事物的发展规律，现存的三种传承方式都有无法避免的缺陷，但可以相互借鉴，取长补短，共同目标都是促进武术思想传播，实现武术的长足发展。

第三节　武术思想实践工具：资本

马克思最早将资本概念引入他的政治经济学研究中，作为阶级分析的重要符号，使得资本概念成为马克思经济决定论取向的核心理论，在马克思的研究中，资本概念主要是经济面向的，而布迪厄的资本概念也正是来源于此。在《1844年经济学哲学手稿》中马克思指出"资本是对劳动及其产品的支配权。资本家拥有这种权力并不是由于他个人的或人的特性，而只是由于他是资本的所有者。他的权力就是他的资本的那种不可抗拒的购买力。"换句话说，真正拥有权利的是资本，而非资本家，后者不过是这种权利的一个象征或符号。布迪厄认为，资本是"一种以物化形式或'合并'"、具体形式积累起来的劳动，是一种权力形式，是社会结构的变体，个人能够积累的资本界定了他们的社会轨迹，产生阶级区分。之后，布迪厄在马克思的基础上继续丰富资本的内涵，将其存在形式一分为三，是其社会学宗旨的具体体现。

一、资本的存在形式

（一）经济资本：武术思想传播的基础

布迪厄所说的经济资本是理论架构中其他资本的基础，经济资本的概念相当于经济学中资本的概念，是由生产的土地、工厂、劳动、货币等不同因素以及经济财产、各种收入和利益构成的，可以用来获得商品与服务的金钱和物质性财富。经济资本既可以直接转变成金钱，也可以产权的形式被制度化。中华武术思想是长久以来人们对武术的认识，表现为人对于武术价值的考量，客观呈现出人对武术功能的追求。在经济全球化大趋势下，经济交往的活跃带动了文化之间的交流，中国体育产业逐渐成为国民经济支柱性产业，武术产业是其中一部分，它包括武术竞赛表演、健身休闲、教育培训、传媒出版、用品制造与租赁、文化服务与经济管理等方面。通过武术产业发展，找到武术文化思想对外推广所必需的经济支柱，包括强大的人力、物力、财力。在以经济利益为导向的大环境下,早已声名远扬的少林寺从未放弃过利用武术文化遗产来寻求经济利益,通过不断的包装,形成一个以少林武术为核心的产业链条。针对全国具有代表性的武校数据显示,以总资产 3.2 亿居于榜首的是少林寺塔沟武术学校,已发展为少林塔沟教育集团,下属少林塔沟武术学校、嵩山少林武术职业学院等四所武术学校,以及少林中学和金塔汽车驾驶学校;经营活动包含了武术竞技、表演、文化教学等方面。除此之外,少林武术节也是名震四海,推动河南成为著名的武术经济和旅游中心,全国武术文化浓厚的地区相继模仿此种模式,促进了地区经济发展,实现文化整合,思想交融。

（二）文化资本：武术思想传播的权力资源

布迪厄的文化资本概念开始对教育场的研究,解释不同阶级儿童在学业上的差异。文化资本是一种以教育资格为基础的被制度化的资本。在现代发达社会,文化逐渐变为权力资源,资本施为者在文化市场中探求的利益不断增大,高等学校成为复刻社会分层的关键因素。

在布迪厄看来,文化资本以三种形式状态存在:一是身体化状态,即具体化文化资本,指的是通过家庭及学校教育获得并成为精神与身体的一部分,即知识、教养、技能、品位等文化产物,这种形式的文化资本需要非常漫长的积累过程,无法通过赠送、交换的形式进行传承。身体是武术思想的载体,武术思想的不断积累与演变牵引着习武者对身体认知的改变。在武术以宗教血缘传承方式为主时,家族世系是获得武术这一文化资本的来源,这种资本的积累可能会覆盖整个社会化过程,比起经济资本,其传承更加隐蔽;现代社会,武术进校园活动成为武术思想与武术技能传播的重要渠道,社会上对于认识武术的路径也向教育场侧重,学校教育成为该时期获得武术文化资本的主要来源。

二是客观化状态,以文化商品的形式,即物化为某一形态,具体表现为图书、图片、古董、工具等。与第一种状态不同,它是可以直接传递的,使得思想文化具有了传承性特征,这些商品是理论的具体体现,包括了支持抑或是反对的声音,赞美或是批判的对立。就武术思想而言,记录在册是其实现代化传承与完善的重要手段。追溯武术的发展,我们可以回到先秦之前的徒手搏杀,当时的武术只是人们用以果腹争地的工具,并不存在什么思想内涵。随着社会发展,中国武术不断吸取着中国传统文化的精髓,武术的理论厚度不断加深,在《庄子·说剑》中记载:"夫为剑者,示之以虚,开之以利,后之以法,先之以至",这是武术理论上的重大突破,引发了"刚柔相济""以静制动"等一系列辩证关系的思考。在抗倭名将戚继光的《纪效新书》与俞大猷的《剑经》中直观地表明"阴阳转化"得当的一方就能在武术格斗中取胜，如"阴阳要转，两手要直""刚在他力前，柔乘他力后。彼忙我静待，知拍任君斗"。若没有此些书籍的记载，单凭口口相传，恐难以堵住悠悠之口，展现中国武术博大精深的传统文化思想基因。

三是制度化状态，即体制化状态，是指由合法化和正当化的制度所确认的各种学衔、学位及名校毕业的文凭等，这种状态下是相对客观、权威的文化资本。武术思想的传播并非听其自流，是基于国家民族、地方社会和武术精英的共治，制度化状态的文化资本是国家在场的具体体现。在法治社会下，国家制定了一项全面评价习武者水平的等级制度——中国武术段位制，这是武术界公认的"武术文凭"，是武者文化资本的具体化。1998 年国家体委批准建立并在全国实施武术段位制，2004 年宣布启动实施《武术段位制推广十年规划》，推动武术标准化规模化发展。武术段位制的实施，是国家为破除门户之见的重大举措，糅合各家的武术思想，取长补短。

（三）社会资本：武术思想传播的增值效应

布迪厄认为，社会资本是行动者通过所占有的持续性的社会关系网而把握的社会资源或财富。社会资本是由行动者所拥有的社会关系规模以及这些关系中所产生的资本的质量和数量决定的，需要注意的是，布迪厄所描述的社会资本属于个体层次，也就是说社会资本拥有者是个体。个体想要获取更多的社会资本，就要想尽办法跻身于各种"圈子"，获得圈内人对自己的了解和承认是融入这个"圈子"的第一步。出身于武术世家的冯志强师傅，八岁开始习武，曾习童子功、通臂拳、朱砂掌，1948 年随胡贞耀先师习心意六合拳，两年后又拜陈氏太极拳十七代宗师陈发科为师，在当时北京武术界已很有名气，因为他三十岁时练就太极与心意，融会贯通。成功融入武术圈的冯师傅，通过不断举办各种武术活动，以保证不被"圈子"边缘化。1979 年，冯师傅受邀赴约陈家沟，将先师亲自教授的陈式太极拳传给陈家第十九代弟子，如今陈式太极拳的兴盛与冯师傅密切相关。此后冯师傅社会资本的建立主要包括以下几方面：首先，参加各类社会活动：1982 年在"全国太极名家会演"上，冯师傅独自前往，几个回合下来，冯师傅的武艺得到大家认可；其次，开展对外交流活动：1984 年首次被公派去往日本讲学，这也是陈氏太极拳正式走出国门，之后二十年冯师傅踏遍五大洲四十多个国家和地区，为武术的对外传播做出了巨大的贡献；最后，创新拳种：陈式心意混元太极拳于 20 世纪 80 年代中期形成体系，90 年代开始在国内传播，集合了冯师傅的毕生所学，修炼守则中讲究六爱、六讲、六守、六修、六中，形成了"内外俱炼，以内为主；动静相兼，以静为主；练养结合，以养为主"练功原则。

社会资本的再生产需要建立在不间断社交活动和交换行为基础上的认同感,1990 年 6 月冯志强老师第六次赴日本交流,接待小组由日本的 20 多个太极拳协会负责人组成,安排冯志强老师授课,包括讲学、授拳等,照顾得十分周到,体现出圈内人的认同感。冯志强老师是一位武德高尚的爱国武术家,尚武精神在其身上得以充分展示,一言一行均以国家、民族、师门、人格为重,对于武术及武术思想的对外传播作出了贡献。

二、资本理论的特征

（一）资本与权力的关联性：武术各拳种的参差发展

在《资本的形式》一书中,布迪厄的观点是,"资本和权力这两者是相同的东西"。社会位置之间存在的力量关系即为权力,权力的高低直接取决于主体在场域位置的高低,而位置的高低则直接决定了主体在场域权力争夺的结果。"现代发展机制"于 18 世纪后期形成于欧洲,中国受到此影响是在鸦片战争后。资本作为获得某种利益的前提条件,形成了整个中国武术参与者们追逐名利的场面,也是武术现代发展的核心推动力。随着武术市场化发展的商业运作,更多武术人利用"权力"开设武馆,传播武术,将武术拳种传至上流社会。全国武术种类多达 129 种,发展受到资本、权力影响,出现参差不齐现象,拳种发展需要各种资本辅助,这是众多拳种在社会幸存且有效发展所必须的条件。如福建泉州永春县某地,村中习武成风,练习的拳种为咏春白鹤拳,村主任通过自身社会关系,以及职位权力等,在政府的支持下修建方七娘史馆、演武场等场地,成为咏春白鹤拳习练者训练基地,每年举办活动,大力推动咏春白鹤拳在国内外的发展。权力和资本可以促使拳种在社会上发展,是拳种在各阶层发展的催化剂,拥有资本也许不是拳种发展的唯一条件,但缺乏社会资本会导致拳种发展速度减慢、消失等,如西北黑虎棍,传承人为生活所迫,不得不放弃练习黑虎棍,其不仅社会关系薄弱,而且自身所拥有的文化资本,根本无法转化为社会资本以及权力去推动拳种在社会的发展,拳种继续传承出现问题,导致拳种逐渐走向灭亡的一个过程。资本和权力在武术发展过程中扮演着重要的角色,是推动武术发展的核心力,也是武术思想再生产的驱动力。

（二）资本发挥作用的条件性：武术发展的特定场域

布迪厄的观点认为,资本不可能是孑然一身存在,他的价值发挥需特定的场域,场域的结构取决于不同类型资本间的斗争占比,斗争的根本目的是维持或者改变资本分配的结构。非物质文化遗产,是指被各族人民视为文化遗产并世代相传的传统文化表现形式,及其相关的事物和场所。国家级非物质文化遗产代表性项目名录是由文化和旅游部确定、经中华人民共和国国务院批准并公布。2006年批准命名了第一批国家级非物质文化遗产名录，其中包括河南省登封市的少林功夫、湖北省十堰市的武当武术、天津市的回族重刀武术、河北省沧州市的沧州武术、河北省邢台市的邢台梅花拳、河北省永年县及河南省焦作市的太极拳。非遗不仅是经济资本，更是文化资本，国家大力推动非遗保护传承，把文化资源转化为具有生命力的产业优势，创建了属于武术非遗的生命场域。2020年12月，太极拳被联合国教科文组织列入《人类非物质文化遗产代表作名录》，作为武术符号化代表的非遗，在武术界再次掀起巨大浪潮。保护好非遗就是保护中华民族的文化思想基因，就是维护和传承人类共同的文明与思想，这是国家对于非遗项目的高度评价。与还未成功申请非遗的拳种相比，已经将非遗名号打响的拳种更好地掌握了社会资本，吸引投资者的目光，在非遗文化场域里进行资本斗争，利用文化旅游活动或是赛事宣传，更好地传播武术思想，因势利导打好非遗这张牌。

（三）不同资本类型的可转换性：武术实践的必然要求

场域作为特定的场所，各种资本在其中相互竞争、转换，重要的是场域本身存在的条件离不开这些资本的反复交换和竞争。资本体现着社会世界内在结构的某种强制性，决定了实践成功的可能性，属于积累的劳动。但是资本的转换比起资本的积累，实践者所付出的代价更小，任何一种单一资本不能确保实践者所处场域中出现马太效应，资本的转化便成了必然要求，在武术场中同样如此。武术及武术思想作为一种文化资本被记录在册，至于晚清时期，社会动荡，民不聊生，作为文化资本的武术出现了横向转换，以武术谋生存，向经济资本的迈步，这只是星星之火；到了现代，品牌效应的加持下，少林、武当等武术门派通过旅游业、制造业这些生产部门，赚得盆满钵满。在大众品牌广泛传播的屏障下是小众武术生存艰难的哀号，诱惑越来越丰富的现代，无法转换成巨大经济资本的小众武术不会成为人们的第一选择，后继无人，艺随人绝的悲剧时有发生。当任何一个实践者或者阶级拥有大量经济资本时，其合法性容易受到质疑，为了继续获取利益，实践者会将经济动机隐藏，大众武术品牌将目光又放回文化资本，教育场再次成为新的传播武术及武术思想的场域，这对于小众武术的传承也出现一丝曙光。文化资本的可传播性解决了小众武术向经济资本艰难转换的问题，同时也丰富了传承路径的可选择性。在这个过程中也会积累相应的社会资本，经济资本交往中的"透明度"是可见的，而社会资本交换的过程及目的却带有"隐蔽性"，通过一次"以武会友"的集会或者武术表演，确立一种只有当事人才能感触到的社会关系。不论在何种场域中,资本的占比和转换,是资本的本质,也是实践活动的必然要求。资本不同类型之间的可转换性,是实践者致力于资本再生产和社会空间地位再生产的策略基础。

第四节　权力整合与价值驱动:历史视角下的武术文化再生产的动因

权力是作为整个社会资本再分配的仲裁者和控制者而存在的,把权力斗争同社会场域结构及其运作机制结合起来,是布迪厄社会实践理论的一大特色。《国家精英》一书中阐述再生产时引入的是权力场域。"就其结构而言,权力场域就是力量场域,它是由不同的权力形式或资本类别之间的力量关系决定的。"实际上场域内是一个公平的竞争场合,各个群体或个人在权力场域内都拥有权力,只不过进入场域后由于分工或角色的不同所拥有的权力不同,各个群体受到不同权力形式之间的制约。"在一个给定的社会构成中,被各组成集团或阶级之间的权力关系置于文化专断系统主导地位的文化专断,尽管总是采取间接的方式,还是最完全地表现出统治集团或阶级的(物质的或符号的)客观利益。"也许"利益"并非是布氏理论文化再生产的目的或结果,但就某种文化的再生产而言"利益"是可以转化为一种权力或者价值驱动力,也就是说统治集团或阶级是因为维护其存在的价值利益而行动。

正是价值驱动形成了世间各种的权力场域,推动万物沿着不同的历史轨迹发展。同样,价值利益推动着武术文化再生产,也成了武术文化再生产内主要参与者——人或阶级或集团通过某些行动来完成武术文化再生产的主要驱动力。

一、清末武术文化再生产驱动力:谋求生存

1839 年,林则徐虎门一怒硝烟,海水能冲走这小小鸦片,也能载来外族坚船利炮。1840 年,今日历史书上标定的中国近代史元年,当时人民也不过是日趋难熬日子的继续。平头百姓想要好日子、爱国志士想要好国家、清王朝想要好帝制、列强妄图分肥肉。谁能想到有谋生愿望的中国人民、有要延续愿望的清王朝、有分食中国愿望的列强,他们这似乎相矛盾的愿望竟然在某种条件下交织在一起。当把这些愿望实现的结果作为某方获得某种利益来讲,整个中国近代史呈现出参与者们追逐利益的场面。

广西金田村作为太平天国运动发动的起点被载入史册,几个几乎算作

社会底层的人民摇身一变被书写成反抗清朝朝廷武装起义的领导。太平天国运动是一场农民开始抗争谋出路的运动，是一场底层民众最朴实的生存利益追求的反抗运动。太平天国运动过去后不久，公元1900年，在华北平原爆发了一场"中国普通农民起来把他们所憎恨的外国人和外国事物赶出中国"的义和团运动。义和团与太平天国相似之处在于农民（阶级或集团）为自己的生存利益抗争。对武术文化而言，义和团运动值得关注，从它的别称就可看出义和团与武术紧密相关。义和团又称义和拳、义和团事件、庚子事变，拳匪、拳乱、庚子拳乱等，此间不乏"拳"之一字体现。义和团以"扶清灭洋"为口号，作为以习练拳术为主的一种民间结社团体，团员皆学习拳术。通过习武广交天下武林好汉，利用传统武器反抗腐朽朝廷，站在这一意义上，武术促进了封建社会的灭亡，推动中国社会的文明进步。

　　清末诸如太平天国或义和团等反抗运动中，作为被统治的阶级其中包括农民、部分地主或其他各界人士，基于在乱世谋求生存的驱动力下开始加入反抗组织进行抗争，其间以习武获得抗争的力量。在近代农民反清抗暴斗争中，武术扮演着重要角色并在反抗斗争中实现再生产。农民起义军的武术教头武艺高强、能征善战，在起义军中团练中传播自己所习所练，农民军所过之处就是某种武术拳种传播之地。为适应不同战场需求，招法和器械将发生改变，不断筛选出适合在战场上使用的武术技术和兵器。这种筛选的过程也就是武术文化再生产的过程。

二、民国武术文化再生产驱动力：振奋民族

　　中国近代体育的发展和兴盛集中于民国，武术亦在此期间作为本土体育运动蓬勃发展。时值中国新文化运动的兴起，祖国深陷国际争端漩涡之中，列强视中华民族为可分割的利益蛋糕，此时国内有识之士惊醒，乘新文化运动望以新文化感染国人、振奋民族、维护国土。国民强健是对抗列强的基础之一，适时强兵、强国体育观念出现，并逐步贯彻民族大利益之强健国人进而维护国土。

　　1910年，霍元甲在上海创办了群众性武术团体精武体操学校，成为中国近代体育史上成立最早且具有重大影响力的民间体育团体，学校以教授、弘扬中华武术，培养革命力量为主要内容。之后的精武体育会以体、智、德三星会旗和三星会徽为标记，代表精武体育会以体、智、德三育为宗旨，倡导"爱国、修身、正义、助人""强民、强身""乃文乃武"的精武精神，弘扬中华文化，寓教于体的理念。受到尚武精神和军国民主义思想影响的孙中山先生，提出了振奋民族的观点，武术成为当时学校教育中的主要内容。徐一冰先

生在《整顿全国学校体育上教育部文》（1914）中首次提出将武术列入高等小学、中学和师范学校的体育正式课程内容。1915 年，"全国教育联合会"第一次会议中通过了由北京体育研究社提出的《拟请提倡中国旧有武术列为学校必修课案》等提案，推动了武术进入学校的步伐。武术进入校园必然是为了提升国人体质，强种从而强国的逻辑是合理的，振奋民族是为民族之延续，此为中华民族之大利益。那么为了适应学校，武术文化从内容上来讲就需要改变，由专家筛选编撰出的武术内容也就是在当时武术文化的再生产的结果，如中华新武术（也谓"马氏体操"）的编创。1927 年，由张之江先生等创办中央国术馆于南京中央体育场（现南京体育学院）以南坐落，全称是"中央国术馆体育传习所"。以培养军队教官、中等以上学校教员及公共体育场所指导员为目的，以"泛学博通"为教学原则的中央国术馆，广泛开设武术课，造就了一批技术全面的武术人才，成为后来发展武术的骨干。由尚武入手而引发的一系列武术教育相关变革也是一种文化再生产的过程，其驱动力源于尚武救国、振奋精神的价值利益追求。

三、新中国武术文化再生产驱动力：服务人民

新中国成立后，在党的领导下，武术从根本上改变了过去任其自流的局面，作为优秀文化遗产的武术成为学校体育课的重要内容。进入新世纪，国家启动了新一轮课程改革，课程改革的深入对武术课程的变革提出了进一步要求，武术被列入教育部重点支持项目之一。国家体育总局武术运动管理中心、武术研究院与教育部体育卫生与艺术司合作在学校推广武术段位制和武术健身操，中国武术协会青少年与学校武术指导委员会、全国学校体育联盟（武术项目）在推动"武术进校园"工作。为了符合课程改革标准，学校武术课程的内容、上课形式、教学方法手段都在不断地进行改革。学校武术教育有利于增强青少年体质、传承和发扬传统文化、提升民族自信心。正是基于服务于人民教育事业的价值驱动，国家对校园武术发展采取了一系列有效举措，这一过程也是武术文化再生产的过程。

在武术文化中，打是必不可少的一部分，将打斗搬上擂台作为一种具备表演、竞赛功能的运动在新中国成立后称之为"散打运动"。借庞朴先生的观点，诸如散打、套路表演等都是感官可直接感受的文化的物质层面。经过充分的反复论证，散打运动于 20 世纪 80 年代正式在全国推行，在传承传统文化，增进健康，展示风采的前提下，散打运动除了在技术上进行筛选同时对器材也进行改良。比如禁止踢裆插眼、击打后脑、反关节等技术，为了保证运动员人身安全，护具的穿戴亦是出于此种考虑。伴随各个时代科技的

进步，在防具的选材和设计上均出现改良，所呈现出的形式亦是在推动武术运动发展、服务人民健康这一价值驱动力下产生。

现代武术文化再生产的过程也是基于"一切为了人民、一切依靠人民"理念，在以人民为中心的重大政策制定与公共体育设施建设中，形成人民共建共享的武术现代化过程。竞技武术从套路竞赛"比演"一枝独秀，到散打竞赛、太极推手竞赛的"比打"厚积薄发，再到"打练结合"的暗流涌动，是武术竞技思想不断适应人民对武术的某种期待而做出的选择。武术健身思想从"增强体质、防病治病"到"丰富文化生活、服务全民健身"再到"促进身心健康、实现自我调适"是人们在社会物质文明不断进步，对精神文明追求不断升华、选择的结果。武术教育思想从"尚武教育"到"体质教育、套路优先"再到"技击引导、传承文化"直至"国学定位、课程改革"是社会进步，国家对武术教育需要选择的结果。

中国近现代武术思想的演变也是一种文化再生产的过程。虽然元场域（包括政治、经济场域）风起云涌，武术场仍然保持稳固与深化，具体表现为：军事场域中武术技击的连续性表达；民间场域中武术功能的多样化；教育场域中武术传播专断力的作用。场域理论不仅解释了武术场的构成，而且诠释了不同场域下武术思想的衍生过程。武术实践者的活动是在惯习的支配下进行的。惯习作用于武术的主体——人身上，在惯习的限制下，人的思想、行为等产物自由的生成，因此武术惯习的再生产应是基于武术思想观念的再生产。惯习的持久性与历史性特征让中国近现代武术思想按照自身逻辑得以连续性表达；惯习的能动性又让四种武术思想能够伴随外部社会环境的变化，完成实践主体行为模式的再建构，呈现出四种武术思想的阶段性特征。中国近现代武术思想的演变过程也是资本与权力斗争的过程，把握社会资本、创造经济资本、构建文化资本是四种武术思想延续"传统再造"的关键因素。

主要参考文献

一、书籍类

蔡龙云.琴剑楼武术文集[M].北京:人民体育出版社,2007.

蔡瑞珍.翻译研究二维透视[M].厦门:厦门大学出版社,2015.

蔡元培.蔡元培全集(第四卷)[M].北京:中华书局,1984.

蔡元培.蔡元培全集(第五卷)[M].北京:中华书局,1984.

昌沧,王友唐,郭博文,等.四牛武缘[M].北京:人民体育出版社,2004.

储培君.教育学教程[M].上海:上海交通大学出版社,1991.

辞海编辑委员会.辞海(缩印本)[M].上海:上海辞书出版社,1990.

辞海编辑委员会.辞海[M].上海:上海辞书出版社,2000.

崔乐泉.中国体育思想史:近代卷[M].北京:首都师范大学出版社,2008.

戴国斌.武术:身体的文化[M].北京:人民体育出版社,2011.

戴镏龄.世界名言大辞典[M].南宁:广西人民出版社,1996.

翟继勇.体育文明的现状与发展探索[M].北京:光明日报出版社,2013.

费孝通.乡土中国·乡土重建[M].北京:群言出版社,2016.

冯冰.布迪厄"实践理论"的中国案例[M].杭州:浙江大学出版社,2019.

傅砚农,曹守和,赵玉梅,等.中国体育思想史(现代卷)[M].北京:首都师范大学,2008.

傅砚农,曹守和.新中国体育指导思想研究[M].北京:人民出版社,2012.

高宣扬.布迪厄的社会理论[M].上海:同济大学出版社,2004.

葛兆光.思想史的写法[M].上海:复旦大学出版社,2004.

葛兆光.古代中国文化讲义[M].上海:复旦大学出版社,2006.

耿强.中国文学:新时期的译介与传播"熊猫丛书"英译中国文学研究

［M］.天津：南开大学出版社,2019.

宫留记.资本：社会实践工具：布尔迪厄的资本理论［M］.开封：河南大学出版社,2010.

郭玉成.中国武术传播论［M］.上海：复旦大学出版社,2008.

郭志禹.中国武术史简编［M］.北京：人民体育出版社,2007.

国家体委.中国体育年鉴(1988)［M］.北京：人民体育出版社,1991.

国家体委体育文史工作委员会.中国近代体育决议案选编［M］.北京：人民体育出版社,1991.

国家体委体育文史工作委员会.中国近代体育文选［M］.北京：人民体育出版社,1992.

国家体委武术研究院.中国武术史［M］.北京：人民体育出版社,1997.

国家体委政策研究室.体育运动文件选编(1949—1981)［M］.北京：人民体育出版社,1982.

国家体委政策研究室.体育运动文件选编(1982—1986)［M］.北京：人民体育出版社,1989.

国家体育总局武术运动管理中心.健身气功培训教程(试用)［M］.北京：人民体育出版社,1998.

河北百科全书编纂委员会.河北百科全书［M］.石家庄：河北人民出版社,2018.

洪治纲.梁启超经典文存［M］.上海：上海大学出版社,2003.

花建.文化软实力：全球化背景下的强国之道［M］.上海：上海人民出版社,2013.

花蕊.中国武术人物志［M］.徐州：中国矿业大学出版社,2015.

黄瑛.医林闻趣［M］.上海：上海科学技术出版社,2019.

姜国钧.庄子精讲［M］.长沙：湖南大学出版社,2018.

金春峰.冯友兰哲学生命历程［M］.北京：中国言实出版社,2004.

金耀基.从传统到现代［M］.北京：中国人民大学出版社,1999.

旷文楠.中国武术文化概论［M］.成都：四川教育出版社,1990.

李建强.文化名流名脉：百年河北师范大学［M］.上海：生活·读书·新知三联书店,2012.

李晋裕.学校体育史［M］.海口：海南出版社,2000.

李龙.历史学视野下的中国武术教育［M］.北京：北京体育大学出版社,2010.

李路路,李汉林.中国的单位组织：资源、权力与交换［M］.杭州：浙江人民出版社,2000.

李天骥,李德印.行意拳术[M].北京：人民体育出版社,1981.

李兴华.国民教育史[M].上海：上海教育出版社,1997.

李泽厚.中国古代思想史论[M].北京：中国人民大学出版社,1990.

李仲轩,徐皓峰.逝去的武林：一代形意拳大师口述历史[M].北京：人民文学出版社,2009.

栗劲,孔庆明.中国法律思想史[M].哈尔滨：黑龙江人民出版社,1983.

栗胜夫.中国武术发展战略研究[M].北京：人民体育出版社,2003.

梁启超.梁启超选集[M].上海：上海人民出版社,1984.

梁启超.中国之武士道.见饮冰室合集第七册[M].北京：中华书局,1989.

凌善清.太平天国野史(卷七)[M].上海：文明书局,1923.

刘放桐.新编现代西方哲学[M].北京：人民出版社,2000.

刘厚金.我国政府转型中的公共服务[M].北京：中央编译出版社,2008.

刘健清,李振亚.中国近代政治思想史[M].南京：南开大学出版社,2005.

陆学艺.当代中国社会阶层研究报告[M].北京：社会科学文献出版社,2003.

罗时铭,崔乐泉.中国体育思想史：近代卷[M].北京：首都师范大学出版社,2008.

马克思,恩格斯.马克思恩格斯全集：第42卷[M].中共中央马克思恩格斯列宁斯大林著作编译局,译.北京：人民出版社,1979.

马克思.马克思恩格斯文集：第2卷[M].北京：人民出版社,2009.

毛注青,李鳌,陈新宪.蔡锷集[M].长沙：湖南人民出版社,1983.

娜仁高娃.基础教育场域论[M].重庆：重庆大学出版社,2018.

戚继光.纪效新书[M]北京：中华书局,1996.

秦兴洪,白洋.中华民族抗日英烈谱[M].广州：广东高等教育出版社,1995.

邱丕相.武术文化传承与教育研究[M].北京：高等教育出版社,2011.

邱丕相.中国武术文化散论[M].上海：上海人民出版社,2007.

唐凯麟,张怀承.成人与成圣：儒家伦理道德精粹[M].长沙：湖南大学出版社,1999.

体育院、系教材编审委员会《武术》编写小组.武术[M].北京：人民体育出版社,1978.

体育院校教材编审委员会武术编选小组.武术[M].北京：北京体育出版社,1961.

王处辉.中国社会思想史[M].北京：中国人民大学出版社,2000.

王动.江湖惊风录[M].北京：新世界出版社,2018.

王岗.中国武术技术要义[M].太原：山西科学技术出版社,2009.

王宏等.中国社会转型期体育核心价值体系建构及特征研究[M].武汉：湖北人民出版社,2018.

王永进.话语理论与实践[M].上海：上海交通大学出版社,2018.

韦克难,沈光明.社会学概论[M].成都：四川人民出版社,2003.

温力.武术与武术文化[M].北京：人民体育出版社,2009.

温力.中国武术概论[M].北京：人民体育出版社,2005.

吴式颖,任钟引.外国教育思想通史：第一卷[M].长沙：湖南教育出版社,2002.

吴增基,吴鹏森,孙振芳.现代社会学[M].上海：上海人民出版社,2018.

伍绍祖.中国人民共和国体育史[M].北京：中国书籍出版社,1998.

谢伏瞻.中国与周边国家关系发展报告(2021)[M].北京：社会科学文献出版社,2021.

熊晓正,钟秉枢.新中国体育60年[M].北京：北京体育大学出版社,2010.

徐才.徐才武术文集[M].北京：人民体育出版社,1995.

徐一冰.中国近代体育文选[M].北京：人民体育出版社,1992.

许高厚.现代教育学[M].北京：北京师范大学出版社,1995.

阎伯群,李瑞林.国术之魂：天津中华武士会健者传[M].天津：天津古籍出版社,2018.

杨凤城.20世纪的中国：走向现代化的历程(思想文化卷1949—2000)[M].北京：人民出版社,2010.

杨详全.中国武术思想史纲要[M].台北：逸文武术文化出版社,2010.

杨祥全,杨向东.中华人民共和国武术史[M].台北：逸文武术文化,2009.

易剑东.武侠[M].广州：南方日报出版社,2002.

尹洪兰.近代中国武术的转型研究[M].沈阳：东北大学出版社,2016.

应美凤.木兰拳[M].上海：同济大学出版社,1992.

袁贵仁.价值学引论[M].北京：北京师范大学出版社,1991.

岳永逸.空间、自我与社会：天桥街头艺人的生成与系谱[M].北京：中央编译出版社,2006.

张岱年,方克立.中国文化概论[M].北京:北京师范大学出版社,2004.

张岱年.中国哲学大纲[M].南京:江苏教育出版社,2005.

张念瑜.绿色文明形态:中国制度文化研究[M].北京:中国市场出版社,2014.

张汝伦.现代中国思想研究[M].上海:上海人民出版社,2001.

张山.武林春秋[M].北京:人民体育出版社,2012.

中国大百科全书出版社编辑部.中国大百科全书:哲学卷[M].北京:中国大百科全书出版社,1987.

中国人民政治协商会议天津市委员会文史资料委员会.近代天津武术家[M].天津:天津人民出版社,2016.

钟启泉.现代课程论(新版)[M].上海:上海教育出版社,2003.

周爱光.竞技运动异化论[M].广州:广东高等教育出版社,1999.

周圣文.新时期民间武术与地方文化生态的传播和发展研究[M].北京:应急管理出版社,2020.

周伟良.行健放歌——传统武术训练理论的文化诠释[M].兰州甘肃文化出版社,2005.

周伟良.中国武术史[M].北京:高等教育出版社,2003.

〔澳〕J.丹纳赫,T.斯奇拉托,J.韦伯著.理解福柯[M].刘瑾,译.天津:百花文艺出版社,2002.

〔德〕斐迪南·滕尼斯.共同体与社会:纯粹社会学基本概念[M].林荣远,译.北京:北京大学出版社,2010.

〔德〕诺贝特·埃利亚斯著.文明的进程文明的社会起源和心理起源的研究[M].王佩莉,译.上海:生活·读书·新知三联书店,1998.

〔法〕布尔迪厄.文化资本与社会炼金术:布尔迪厄访谈录[M].包亚明,译.上海:上海人民出版社,1997.

〔法〕皮埃尔·布迪厄,〔美〕华康德.实践与反思:反思社会学导引[M].李猛,李康,译.北京:中央编译出版社,2004.

〔美〕艾莉森·利·布朗.福柯[M].聂保平,译.北京:中华书局,2002.

〔美〕柯文.历史三调:作为事件、经历和神话的义和团运动[M].杜继东,译.南京:江苏人民出版社,2005.

〔美〕迈克尔·波伦.植物的欲望:植物眼中的世界.王毅,译.上海:上海人民出版社,2005.

〔美〕塞缪尔·P.亨廷顿.变化社会中的政治秩序[M].王冠华,刘为,等,译.上海:上海三联书店,1989.

〔美〕威廉·F.派纳,威廉·M.雷诺兹,帕特里克·斯莱特里,等.理解课程(上、下)[M].张华,译.北京:教育科学出版社,2003.

〔英〕E.H.卡尔.历史是什么?[M].陈恒,译.北京:商务印书馆,2007.

〔英〕E.霍布斯鲍姆,T.兰格.传统的文明.顾杭,庞冠群,译.南京:译林出版社,2004.

〔英〕阿诺德·汤因比.历史研究[M].刘北成,郭小凌,译.上海:上海人民出版社,2005.

MICHEL FOUCAULT. *Discipline and Punish*:*The Birth of the Prison*[M]. New York:Vintage,1979.

J. C. SMART, BERNARD WILLIAMS. *Utilitarianism*:*For and Against*[M].Cambridge:Cambridge University Press,1973.

E. WARD,D. A. RUSTOW. *Political Modernization in Japan and Turkey*[M].New Jersey:Princeton University Press,1964.

PIERRE B. *Distinction*:*A Social Critique of the Judgement of Taste*[M]. Cambridge:Harvard University Press,1984.

PIERRE B. *The Forms of Capital*[M].New York:Greenwood,1986.

二、论文类

百韬.神经衰弱并不可怕[J].新体育,1962(12).

蔡宝忠,李成银.尚武精神:近代习武群体的凝聚力与社会思潮的影响力[J].武术研究,2017,2(2).

蔡宝忠.红色记忆:抗日战争时期的武术活动[J].武术研究,2017(10).

蔡大炎.武术教学如何贯彻素质教育[J].西安教育学院学报,1999(9).

蔡仲林,翟少红.体育教育专业武术必修课程现状对策研究[J].武术科学,2004(5).

蔡仲林,施鲜丽.学校武术教学改革的指导思想[J].上海体育学院学报,2007(1).

蔡仲林,汤立许."四个支柱"视角下武术当代发展的教育使命[J].上海体育学院学报,2011(3).

昌沧.中日太极拳交往轶事[J].中华武术,1988(5).

陈泮岭.国术之科学性[M].体育,1933,2(4).

陈淑奇,龚正伟.竞技体育异化与运动员权益保障问题之伦理审视[J].体育学刊,2009(1).

陈振勇,姚孔运.回族武术促进民族文化认同的指标体系建构与实证研究——以兰州回族武术为个案[J].体育科学,2012(9).

程大力.传统武术:我们最大宗最珍贵的濒危非物质文化遗产[J].体育文化导刊,2003(4).

邓力.京剧武生行当与清末民间武术的传承发展溯源[J].兰台世界,2013(34).

翟金生."练打结合"的探索[J].中华武术,1986(4).

翟金生.散手运动应充分体现中国武术的风格[J].中华武术,1989(3).

东群.满腔热情为人民[J].新体育,1977(4).

帆熔.我战胜了神经衰弱[J].新体育,1961(23).

樊舟.返本开新——我们的国学主张智慧东方[J].智慧东方杂志社,2014(6).

方平,徐美玲.浅析竞技武术套路运动的"高、难、美、新"[J].浙江体育科学,2001(4).

费孝通.反思·对话·文化自觉[J].北京大学学报(哲学社会科学版),1997(3).

费孝通.关于"文化自觉"的一些自白[J].学术研究,2003(7).

高建萍.论电视体育媒体的传统体育"文化自觉"[J].南京体育学院学报,2010(2).

关文明.论李小龙对中西体育交融的贡献成因及其启示[J].北京体育大学学报,1996(6).

郭怀,洪浩.中西体育文化的差异与武术在素质教育中的作用[J].周口师范高等专科学校学报,2001(2).

郭志禹.迁移原理在武术教学中的运用[J].上海体育学院学报,1984(2).

郭志禹,郭守靖.中国地域武术文化研究策略构想[J].体育科学,2006(10).

韩奉孝.现代社会下传统武术技击信任危机讨论[J].浙江体育科学,2021(3).

何东昌.加强中小学的体育教育,为提高全民族的健康水平打好基础[J].学校体育,1986(5).

洪浩,郭怀.论学校武术在素质教育中的作用与发展对策[J].湖北体育科,2001(3).

胡儿.作为自由搏击的散手是武术吗[J].体育文化导刊,2002(3).

黄瑞苑.现代科技对奥林匹克运动的负面影响及其化解之道[J].武汉体育学院学报,2013(8).

姬上兵,赵志荣.竞技运动中突出人性与异化的研究[J].沈阳体育学院学报,2013(4).

季浏.论面向学生的中国体育与健康新课程[J].体育科学,2013(11).

姜周存.启发式教学在武术普修课中的运用[J].山东师大学报(自然科学版),1989(4).

康戈武.全面梳理太极拳发展脉络[J].中华武术,2001(3).

康戈武,邱王相,戴国斌.从文化好奇到文化战略[J].体育文化导刊,2004(6).

李传奇,田雨普.回归身体——竞技体育的呼唤[J].体育学刊,2013(8).

李金龙,宿继光,李梦桐.中国武术礼文化及其传承与发展研究[J].山西大学学报:哲学社会科学版,2014(4).

李鹏.当代大学生要有健全的体魄[J].学校体育,1986(5).

李霞.生命本位与自然关怀[J].安徽大学学报(哲学社会科学版),2004(4).

李信厚,高亮.义和团武术活动史学价值省思[J].体育学研究,2021(6).

李仲戣.谈旧国术的改造[J].新体育,1950(2):14.

林建华.重视内景训练 提高武术教学效果[J].体育与科学,1986(5).

林克雷,李全生.广义资本和社会分层——布迪厄的资本理论解读[J].烟台大学学报(哲学社会科学版),2007(4).

林小美,杨建营.武术发展历程的阶段论[J].体育科学,2006(9).

林荫生.口诀在武术教学中的运用[J].体育科学研究,1986(10).

刘彩平,郭义军.当代学校武术教育价值——人的社会适应能力发展[J].北京体育大学学报,2011(2).

刘静,陈佩杰,王茹.太极拳运动队中老年女性外周血细胞细胞因子IFN-y、IL-4的影响[J].中国运动医学杂志,2008,28(5).

刘日明.论马克思对"敌视人的唯物主义"的批判[J].清华大学学报,2013(4).

刘生全.论教育场域[J].北京大学教育评论,2006(1).

刘同为,张茂林.武术套路运动竞技化历史寻绎[J].北京体育大学学报,2006(2).

刘治,刘菲.武术体育化:重生与尴尬[J].武汉体育学院学报,2010(8).

罗志田.道出于二:过渡时代的新旧之争[J].读书,2013(6).

马廉祯.论现实视角下的近代"土洋体育之争"[J].体育科学,2011(2).

马廉祯.武术挖整思变[J].体育文化导刊,2004(7).

马良.中华北方武术体育五十余年纪略[J].体育与卫生,1924,3(3).

马贤达.武术发展纵横谈(一)[J].中华武术,1992(11).

毛伯浩.武术的表演和竞技[J].新体育,1956(24).

牛爱军.从非物质文化遗产视角对"传统武术传承人"保护问题的探讨[J].武汉体育学院学报,2008(1).

彭成梁.执着的追求成功的探索——武术片《武林志》观后[J].电影评介,1983(9).

皮明勇.张之洞军事思想研究[J].近代史研究,1992(2).

乔凤杰.对儒释道思想的武术人文考察[J].上海体育学院学报,2003(3).

乔凤杰.由松而静,道法自然——漫说邱丕相教师的《悠悠太极养性情》[J].山东体育学院学报,2007(2).

秦鸿佑.我已经是一个健康人了[J].新体育,1960(22).

邱丕相,戴国斌.弘扬民族精神中的武术教育[J].哈尔滨体育学院学报,2005(4).

邱丕相,杨建营.武术套路教学改革的新思路[J].体育学刊,2007(7).

邱玉宇.太极拳锻炼对防止老年人跌倒作用机制的研究[J].护理研究,2008,2(2).

曲绵域.太极拳的生理保健作用[J].新体育,1973(2).

任国斌.锻炼身体也要坚持斗争哲学[J].新体育,1976(10,11).

任剑涛.自我规训的中国政治思想史[J].东岳论丛,2012(11).

任可欣,李翠兰,王美红.太极拳锻炼对中老年人血清 NO 含量和 NOS 活性的影响[J].河南师范大学学报,2001(4).

施超.规训与资本——福柯与布迪厄的权力观探析[J].江苏大学学报(社会科学版),2019(3).

石德生.米歇尔·福柯的谱系学及其渊源与理路[J].青海师范大学学报,2011(4).

苏肖晴,谭华.从自身人格完善到增强人民体质[J].成都体育学院学报,1993(4).

孙燕青.文化自觉与文化自信视野下的传统文化定位[J].哲学动态,2012(8).

唐明,唐健.新中国学校体育课程研究的简要回顾与展望[J].体育学刊,1999(1).

田金龙,邱丕相.打练结合技术模式的新探索——评析武术段位制教程[J].武汉体育学院学报,2012(10).

田松年.如何理解改革和开放使民族精神获得了新的解放[J].前线,1988(7).

王北.我是怎样甩掉"老病号"帽子的[J].新体育,1975(11).

王岗,邱丕相.重构中国武术教育体系的理论研究[J].上海体育学院学报,2008(5).

王岗,吴松.中国武术:一种理想化的技击艺术[J].体育文化导刊,2007(2).

王岗,张大志.从"体育"走向"文化":中国武术当代发展的必然选择[J].成都体育学院学报,2013(6).

王岗.中华武术:一个被忽视的活态文化传统[J].搏击武术科学,2007(8).

王洁,花家涛.武术拳种的拳场多元化表征——基于影像民族志《藏着的武林》的文本考查[J].安徽师范大学学报(自然科学版),2022(1).

王军.文化自觉与文化建设[J].社会观察,2005(4).

王茂叶.长期太极拳锻炼对老年女性血清睾酮/皮质醇、免疫球蛋白和生长激素的影响[J].首都体育学院学报,2009,21(3).

王瑞林.太极拳是神经官能症的良药[J].新体育,1960(8).

王若水.异化这个译名[J].读书,2000(7).

王燕.学校武术发展存在的问题与对策[J].哈尔滨体育学院学报,1998(4).

温力.从《武术竞赛规则》修订看武术技术发展[J].武汉体育学院学报,1987(4).

温力.试论武术运动的现状及发展[J].体育科学,1987(3).

温力.武术传统技术体系和训练体系的形成[J].武汉体育学院学报,1997,31(2).

吴昊,王晓东,温搏,等.近代中华武术精神的核心内涵、演进逻辑及其当代价值[J].湖北体育科技,2021(5).

吴秀庭.示范教学法在武术教学中的应用[J].哈尔滨体育学院学报,1987(3).

吴宣廷.武术的修身之本及其实践研究[J].浙江体育科学,2018,40(4).

熊晓正,陈晋章,林登辕.从"土洋"对立到"建设民族本位体育"[J].体育文史,1997(4).

　　徐伟军.中华身体观视角下的武学修为[J].北京体育大学学报,2010(9).

　　徐真.我为什么能坚持业余教拳[J].中华武术,1987(10).

　　许纪霖.启蒙的命运:二十年来的中国思想界[J].二十一世纪,1998(12).

　　许儒才.太极拳和冷水浴帮助我恢复了健康[J].新体育,1961(18).

　　杨安花.武术在中小学实施素质教育中的地位与作用[J].山东体育科技,2001(1).

　　杨建华.论社会分化的三个维度[J].浙江学刊,2010(1).

　　杨建营,邱丕相.从武德的实质和精神内核探析当代武术教育改革[J].沈阳体育学院学报,2009,28(3).

　　杨建营.现代性武术支配下的武术现代化发展研究[J].上海体育学院学报,2012(9).

　　杨铭.从师徒到契约:社会变迁中武术文化传承机制的演变[J].运动,2017(13).

　　杨强.体育强国发展战略的思考:突破与不足——基于《关于加快发展体育产业的指导意见》的解读[J].体育科学,2010(9).

　　杨青.截拳道与哲学[J].搏击,1994(9).

　　杨详银.试论口述史学的功用和困难[J].史学理论研究,2000(3).

　　姚文峰.由"控制"走向"交往"——批判教育学视野下师生关系转型[J].教育导刊,2012(10).

　　叶舟.工业文明的反思[J].理论参考,2005(8).

　　易剑东.试论近代武术军事功能的演化[J].成都体育学院学报,1995(1).

　　余利斌.高校武术教学与素质教育[J].搏击·武术科学,2006(2).

　　虞定海,王三,杨慧馨,等.24周太极拳锻炼对中老年人静态平衡功能的影响[J].中国运动医学杂志,2011(30).

　　苑城睿,陶萍.从师徒制到班级制:中国武术传承的嬗变与困境[J].吉林体育学院学报,2019(1).

　　张波,姚颂平.纯粹的体育:一种培育德行的身体活动——评《原生态的奥林匹克运动》[J].上海体育学院学报,2013(3).

　　张传亮.布迪厄实践理论的整体性解读[J].南京理工大学学报(社会科学版),2021(2).

　　张大志.中国武术师徒制传承的"变"与"辩"[J].武术研究,2017(10).

张舸,魏琼."静态"保护向"活态"传承的转身——非物质文化遗产保护与旅游业开发的互动研究[J].广西社会科学,2013(8).

张茂于.武术在高校体育教育中的地位及其作用[J].西南民族学院学报·哲学社会科学版,2000(5).

张守升.浅析健身气功防病治病机理与作用[J].搏击、健身气功科学,2005(7).

张子兵,张健,马文博,等.社会结构变迁下传统武术技击能力再现的困境及其应对策略[J].喀什大学学报,2021(3).

赵光圣,戴国斌.我国学校武术教育现实困境与改革路径选择——写在"全国学校体育武术项目联盟"成立之际[J].上海体育学院学报,2014,38(1).

赵双印.对八十年代武术工作的回顾与随想[J].体育文化导刊,2003(1).

周伟良.论当代中华武术的文化迷失与重构——以全球化趋势下国家文化安全为视角[J].首都体育学院学报,2007(1).

周伟良.师徒论——传统武术的一个文化现象诠释[J].北京体育大学学报,2004(5).

周伟良.文化安全视野下中华武术的继承与发展[J].学术界,2007(1).

周伟良.武术概念刍议[J].体育科学,1989(8).

周雨芃,杨建营.传统武术技击的弱化历程及提升途径[J].杭州:体育学刊,2019(6).

周玉芳.养身健美的木兰拳[J].中老年保健,1995(2).

周之华.浅谈武术教学中的素质教育[J].中国学校体育,1999(3).

朱东,马志刚,等.青少年武术运动员难度动作完成情况的调查与分析[J].上海体育学院学报,2009(5).

朱永光.继承传统武术技法,构建"打练结合"的散打实践体系[J].山东体育学院学报,2007(1).

祝大彤.振奋民族精神[J].电影,1983(10).

BOURDIEU. The economy of linguistic exchanges [J]. *Social Science Information*,1977,16(6).

CHANG R Y, KOO M, YU Z R, et al. The effect of tai chi exercise on autonomic nervous function of patients with econary artery disease[J].*Journal of alternative and complementary medicine*,2008,14(9).

PEICHI CHUNG. Hollwood domination of the Chinese kungfu market[J]. *Inter-Asia Cultural Studies*,2007,8(3).

后　记

书稿写完了，总觉得还少点什么。考虑再三，是否应该梳理一下自己的习武历程。虽然说这一历程在时间的跨度上即使对于中国近现代而言也是太短，但四十多年的习武历程正是中国改革开放、迈向新世纪翻开鸿篇巨制的关键时间段。成为时代"幸运儿"的我，感受到改革给国家带来的日新月异的变化，也感受到"举国体制"改变了我"地区少体校武术队"队员的人生轨迹。这些变化，不正是思想史的素材吗？基于过去的事情都可以是历史，及科林伍德在其名著《历史的观念》提出的"一切历史均是思想史"的理解，虽然我的这段习武经历离现在太近，会造成诸多问题。"撇开现实的、政治的制约因素不谈，单从学术研究、学者的立场上说，由于时间距离太短，有些问题难免看不清楚说不清楚，评价难免偏颇，论点和结论可能经不住考验"，但又受到《思想史的写法》的影响，认为至少这可以成为"大众的、非经典"的佐证素材。希望涉足"大众"的视野，寻找大量民间的、非经典文献的材料通过大众经历者的体验与记忆构建，追溯武术思想的脉络。这些故事与记忆往往来源于大众经历者的口述，或者记载于那些不入流文本中的片言只语，记录它却能使史料更加鲜活、历史研究更加具体生动，增添了历史研究的活力。基于以上的认识，决定完成书稿的最后一部分。

我的第一个习武场地是在老宅的前厅，大约三十平方的空间挤着村里十几位青壮年，沿着前厅的对角线练习"不丁不八步"。师傅是我的一位远房叔公，具体的相貌已经模糊不清，只依稀记得他的手掌粗糙且十分厚实，尤其是他的手指比普通人的手指粗得多。年幼的我，出于好奇也与几位孩童跟在这些叔叔们后面练起"三角马""贴身靠"等武功。在前厅习武的这群街坊邻居，究竟最后有没有将"武功"派上生活用场不得而知，却在当年流行的节日游街得到展示。作为村里参加县城节日游街的保留节目"肩膀戏"，就是孩童穿着各式戏服扮成孙悟空、观音等群众喜闻乐见的人物，站在青壮年的肩膀上沿街表演。这种表演的难度来自两方面，一方面是"底座"要稳，也就是说青壮年要足够健壮，步法要走得稳，尤其是在变阵时需要走

"8"字穿插更是对"底座"的稳定性要求极高。另一方面是"上架"要定,也就是站在上面的孩童要立身中正,镇定自若地展示角色要求,这就对孩童的"腿功"及心理提出极大的要求,尤其是表演的后半场,"底座"可以有人替换,而"上架"却要一站到底。因此一场表演下来,孩童的大腿往往要打战好几天。如此难度的"肩膀戏"自然只有平时有在"前厅"站桩习武的青壮年及跟在后面"偷师"的孩童可以胜任。这也算是我亲历到的第一个习武的"好处"。

引发我对武术兴趣的第一个武术"文本"并不是街头巷尾摆地摊的"武打小人书",这主要是因为从小来自母亲"整天看小人书以后肯定没出息"的教育,看书还是要看学校发的书才是正道。现在回想起来,其实这些武打小人书构成了我第一种武术的"迷梦",而真正激发起我武术求知欲的是一本《穴位及草药》。这本手抄本也是那位远房叔公留给我爹的,手抄本出于民国二十八年,仅有 10 页。每一页手绘一个人像图,并清晰点上穴位,边上附有时辰及解药。在我考上研究生那年,我爹郑重其事得将这本手抄交给我,并吩咐:"叔公离开时,将此留给我,只是做了粗略讲解,我当时不太明白,只是知道这东西不能传出去,会伤人。现在你读的是武术研究生,倒是可以好好看看。"这本手抄并没有让我成为武林高手,却激发了我解读武术文本的兴趣。

1981 年福建省宁德地区少体校成立武术队。陆荣光教练到宁德实验小学选拔队员,不知为何陆教练竟然看出我有练过一两下,就收我入队了。由此,我开始由闹着玩的民间武术学徒转变为有体制保障的少体校武术运动员。每个月只要交十斤粮票,就可以在少体校"包吃包住",唯一麻烦的是,由于我家是农户,没有粮票,一到月底就得叫我母亲去煤炭厂附近(当年民间票证交易点)买粮票。不仅如此,少体校每年还提供一套写着"宁德地区少体校武术队"的秋衣秋裤当作训练服,每当穿上这套衣服上学,在老师同学们面前晃来晃去,别提有多自豪了。体育场主席台是我们的训练馆,在硬邦邦的水泥地上铺上一层帆布(当年主要用于包裹货车车厢)算是武术垫子。这种垫子谈不上什么保护作用,除了防滑外顶多就是一种心理安慰作用。但是,我们这一批武术队员就是在这垫子上"硬生生"地练会了腾空飞腿、旋风腿、旋子、腾空摆莲、侧空翻等属于那个年代的难度动作。每天早晨五点半出操,七点半一边啃着馒头一边拎着书本向学校飞奔。下午上完两节课,武术队的队员就得回少体校训练直至天黑。寒来暑往,天天如此,但在印象中似乎没有感觉过多么辛苦。更多的记忆是师兄弟们一起挥洒汗水的快乐,尤其是每年暑期的"福建省少儿武术锦标赛"更是我们欢乐时光。

可以带上父母准备的各种干粮、水果,坐着长途客车到全省各地结交"武林"朋友。这种在少儿时期就开始"走南闯北"的比赛经历,增长了见识,是那个交通相对不便的年代同龄人所无法体验到的。

一晃大学四年匆匆而过。大学期间自然增长了不少见识,也学会种种技能。但是,武术技能水平却一年不如一年。原因是多方面的,其中来自提高学术水平的压力是最明显的。读书、做学问、写论文、考研、考博、评职称已经成为最重要的工作。2012 年出访日本又让我武术技能有了新的进步。为了出访的需要我拜福州鸣鹤拳大师林应术师傅学习了一年多鸣鹤拳,参与式观察深入福州民间武术,体验到中国武术的另一面,即何为传统武术,传统武术传承面临的困境。与大多数传统武艺一样,随着福建现代化的进程,与福州鸣鹤拳相伴而行的传统"野地"逐渐消失,其技击的实际运用空间、时间已经被极度压缩。虽然说经过几代传承人不断的创拳,注重"打"的鸣鹤拳已经逐步转变为适应现代人需求的"健身"的鸣鹤拳。但这种"雅化"依然改变不了其快速边缘化的处境。用林应术师傅的话来讲"连自己的儿子都不想学",曾经一度想让孙子传承,但自从孙子上了初中后由于课业压力也不得不放弃了。原本"传内不传外、传男不传女"等略带保守、神秘色彩传统武术,已经被残酷的社会现实颠覆。当我怀着无比崇拜的心情向这位武术传承人提出学艺时,林师傅恨不得立马将他的所有"武学"和盘托出,告诉我只要我想学,随时都可以找他。听说我是一名大学武术老师,赶忙将几十年习武珍藏的文献交付与我。叮嘱我这些材料与技术都是武学宝贝,丢了就再也没有了。一席肺腑之言让我心潮澎湃、热泪盈眶。这种感动源于被信任的一种责任"重担",更源于对传统武术现代传承深深的忧虑。随后一年里系统地学习了鸣鹤拳"八步连""二十八宿"等套路,以及"五步交""对箭功"等练功方法。练功之余林师傅还插空讲解传统中草药及正骨手法。师傅告诉我"现在习武已经不能养家糊口了,但是中草药及伤科正骨可以让我衣食不愁。"这句话让我陷入沉思,清醒之后似乎看到了传统武术的"一线曙光"。

随后在出访日本的半个月里,在町田市几个武道馆与他们共同体验中国传统武术。这次出访最大的感受就是,国外武术爱好者更感兴趣的是中国传统武术,渴望学习了解中国传统武术技击、养生方面知识、文化,而不是多年来我国武术工作的重心——竞技武术。相比于国内传统武术发展的困境,这种"墙里开花墙外香"的现实问题究竟出在哪里?的确,武术工作者、武术学者任重道远。

多年前,上海体育学院教授邱丕相先生到我校参加博士生论文答辩。

并给学院的师生做了一次关于"武术文化研究"的学术报告,会后还与邱教授有了一次深入交谈的机会。让我懂得武术学术研究的重要意义,感受到作为一名曾经武术运动员当前的武术研究者身负的使命;也让当年的我立志成为一名有"文化"的习武者,利用"民族传统体育学科"的平台,宣传武术,弘扬民族传统文化。手把手引领我步入武术文化研究领域的是上海体育学院戴国斌教授,是他让我"认识"了福珂、埃利亚斯、格尔兹、E. 霍布斯鲍姆、柯文、威廉·富特·怀特等一批国外学界大家,以及张岱年、费孝通、李泽厚、葛兆光、杨念群、罗志田等一批国内学界大师。从此以后,让我醉心于书籍的海洋,贪婪地摄取着那些学术巨匠智慧的光芒。

2014 年,趁着在上海体育学院学习的机会,到复旦大学文史研究院听葛兆光先生关于思想史写作的系列课程。葛兆光先生渊博的学识深深地吸引着在场听课的每一位学生,从教室的座无虚席甚至直接席地而坐听课,即可见其课程的火爆程度。记得当年的我在听完第一次课后,兴奋之余总想做点什么,以表达自己的"崇拜"之情,考虑再三决定前往书店购买葛先生的专著并请他签名。那天趁着课间休息,我拿着一本葛先生新著《宅兹中国——重建有关中国的历史论述》向葛先生索要签名。虽然他并不认可这种做法,也看懂了我这个学术"毛孩"的歪心思,但还是接受了我的请求并在书籍扉页签上了大名。每每回想起这段学习往事,心中便会燃起一股青涩之感,之后便是对自己依然学识浅薄的一种自责。是因为榜样过于伟岸吗?抑或是学海无涯,而我永远无法与之看齐之故。

多年前的一次广州研学之旅,经华南师范大学周爱光教授的介绍,程大力教授接受了我的一次访谈,程教授的武术文化历史研究方法让我终身受益。也是这次研学,与暨南大学马明达教授有了一次深入的访谈与学习机会,聆听马教授对中国武术历史研究的独到见解,我对"中华武术博大精深"有了重新的认识。尤其是马教授对武术技击本质的理解,让我决心不能做一名仅仅会练武术套路的"花架子"学者,"能文能武"才是武学研究的生命力所在。访谈之余马教授一句"希望你能先将福建的地方武术史做明白"的嘱咐至今铭刻于心。这也是我接下来武术研究奋斗的方向。地方史的研究是历史研究不可缺少的一个分支。地方史最重要的贡献在于,能让自己所熟悉的生活空间、地域文化,增加的一些"陌生感",借助时空维度及文献素材的观察,让熟悉的地方历史散发出独特的魅力。同样,我相信通过福建地方武术史的叙事,能让福建武术历史及当前的武术传承变得立体而有纵深,进而增加中国武术史的历史厚度。当然,对于福建地方史研究的信心源于福建师范大学历史学院林国平教授的点拨,林教授在闽台区域文化和福建地方史研究等领域取得令人瞩目的丰硕成果,这也让我有机会站在"巨人"的肩膀上继续前行。

回溯自己的习武心路历程,对照自己相伴多年武术思想史研究,那句"你站在桥上看风景,看风景的人在楼上看你"飘然于眼前,此时的我不再仅仅是看"风景"的人,也成了"风景"。

2022 年 12 月 12 日星期一